Tschingis Aitmatow

Karawane des Gewissens

Autobiographie, Literatur, Politik

Herausgegeben von Friedrich Hitzer

Aus dem Russischen
von Friedrich Hitzer und Charlotte Kossuth

Unionsverlag
Zürich

Die erläuternden Fußnoten im Text stammen vom Herausgeber

2. Auflage 1988
Die Übernahme der Übersetzungen von Charlotte Kossuth erfolgt mit freundlicher Genehmigung des Verlags Volk und Welt, Berlin/DDR

Umschlaggestaltung: Heinz Unternährer
Umschlagfoto: Jürgen Seidel
Gesetzt aus der Bembo 10/12' der Mergenthaler Linotype
Satz: Jung SatzCentrum, D-6335 Lahnau 1
Druck: Clausen & Bosse, D-2262 Leck
ISBN 3-293-00140-8

Inhalt

Notizen über mich

Die eigene Biographie für die Lektüre anderer, für eine Veröffentlichung zu schreiben, ist eine ziemlich schwierige Sache. Was da wohl besser ist: Ausführlich sein Leben schildern oder möglichst kurz? Schreibst du viel, heißt es: Was zieht der sich in die Länge; schreibst du wenig: Wozu schrieb er denn das, wenn er gar nichts zu sagen hat? Am besten ist – gar nicht erst schreiben . . .

Aber wenn es nun einmal sein muß, will auch ich es versuchen. Ich bin schon über Vierzig, da hat sich in meinem Leben wohl etwas getan.

In unserem Ail galt es als unbedingte Pflicht, seine Ahnen bis ins siebte Glied zu kennen. In dieser Hinsicht sind die Alten unerbittlich. Immer wieder prüften sie die Jungen: »Na denn, Batyr, sag an, aus welchem Geschlecht bist du, wer war der Vater deines Vaters? Und dessen Vater? Und seiner? Was für ein Mensch war er, was hat er gemacht, was reden die Leute über ihn?« Und stellt sich heraus, daß der Junge seine Ahnentafel nicht kennt, dringen die Vorwürfe bis zu den Ohren der Eltern. Was ist das nur für ein Vater ohne Sippe und Stamm? sagt man dann. Worauf achtet der denn, wie kann da ein Mensch aufwachsen, der seine Vorfahren nicht kennt, und dergleichen mehr. Hier liegt der Sinn in der Abfolge der Generationen und der gegenseitigen moralischen Verantwortung in der Sippe. Vielleicht ist es jemandem aufgefallen: Im Roman *Der weiße Dampfer* habe ich versucht, davon zu sprechen – durch den Mund des Jungen, als er sich mit dem auswärtigen Chauffeur unterhält.

Ich hätte meine Lebensbeschreibung auch mit diesem »feudalistischen Überbleibsel«, wie man das heute zu bezeichnen pflegt, anfangen können. Ich hätte sagen können, daß ich aus der Sippe Scheker stamme. Scheker ist unser Urahn, mein Vater ist Torekul, dessen Vater Aitmat und dessen Vater Kimbildi und dessen Vater Kontschudshok. Doch das reicht. Weiter wäre das bloß eine Aufzählung von Namen, über die ich ganz und gar nichts weiß. Und die Leute gibt es schon nicht mehr, die mir über sie etwas erzählen könnten. Mein Ururgroßvater Kontschudshok ist mir nicht dem Namen, sondern dem Beinamen nach überliefert. Ein Leben lang hatte er Tscharyks getragen, Schuhe aus weißgegerbtem Leder, deshalb erhielt er auch den Beinamen Kontschudshok – der Schaftlose, also der ohne Stiefel. Folglich stammen wir von den »Schaftlosen« ab, kein Anlaß, sich zu brüsten, aber so war es nun mal . . .

All dies und was ich noch erzähle, wurde mir übrigens nicht vom Vater mitgeteilt, er kam nicht dazu und mußte sich auch um anderes kümmern. Ich verdanke das vor allem meiner Großmutter väterlicherseits, Ajimkan Satankysy, und ihrer Tochter, meiner Tante Karagys Aitmatowa. Erstaunlich, wie nah und ähnlich Mutter und Tochter sein können, im Äußeren wie auch in Charakter und Seelenart. Für mich waren die beiden untrennbar, gleichsam ein und dieselbe Großmutter in zwei Personen, die eine alt, die andere jung. Ich danke dem Schicksal, daß ich diese beiden bemerkenswerten, weisen und schönen Frauen sehen und kennen durfte – sie waren wirklich prächtig . . . Sie wurden auch meine Erzieherinnen, wo es um alte Bräuche und die Familienchronik ging.

Den Großvater Aitmat habe ich nicht mehr erlebt. Er starb um die Jahre 1918 bis 1920, und ich wurde 1928 geboren (am 12. Dezember).

Am Rand unseres Ails Scheker (im Talas-Tal, Kirow-Rayon) liegt noch bis auf den heutigen Tag im Schwemmland des Kurkurëu ein alter, in die Erde gesunkener Mühlstein. Mit jedem Jahr verwittert er mehr und versinkt immer tiefer im Grund. Hier stand einst Großvaters Mühle.

Es heißt, er sei ein geschickter Mann gewesen, konnte nähen und brachte als erster eine Nähmaschine aus der Stadt, daher auch sein Spitzname »Maschinetschi-Aitmat«, das heißt Schneider Aitmat; Großvater konnte Sättel fertigen, verzinnen und löten, hervorragend auf dem Komus spielen und sogar die arabische Schrift lesen und schreiben. Trotz all seinem Unternehmungsgeist blieb er zeitlebens arm, er kam nie aus den Schulden und Nöten heraus, zeitweise war er sogar ein »Dshatak«, einer, der nicht nomadisiert, weil er kein Vieh hat.

Und da unternahm Großvater den verzweifelten Versuch, der Armut zu entrinnen. Er entschloß sich zum Bau einer Wassermühle, in der Hoffnung, die Einkünfte daraus würden ihn reich machen. Alles, was er und sein Bruder Birimkul besaßen, das gesamte Vermögen von zwei Haushalten, steckten sie in die Mühle. Den ganzen Sommer jenes Jahres hindurch gruben sie mit ihren Familien einen Ableitungsgraben vom Kurkurëu, der sollte der Mühle Wasser zuführen (heute kann man die Spur davon gerade noch erkennen), und gemeinsam errichteten sie Mauern und Dach. So verging ein Jahr, und die Mühle ging in Betrieb. Doch für den Pechvogel Aitmat lief es wieder schief. Ein Feuer brach aus, und die Mühle brannte bis auf die Mühlsteine nieder. Endgültig ruiniert, zog

Großvater mit dem zwölfjährigen Torekul, meinem Vater, zum Bau des Eisenbahntunnels bei der Station Majmak. Von hier aus kam mein Vater mit Hilfe der dortigen russischen Behörde an die russische Schule für Einheimische in der Stadt Aulije-Ata, dem heutigen Dshambul.

Ich schreibe das nicht, um eitel daherzuerzählen. Nichts geschieht auf der Welt ohne Grund. Wäre die unglückselige Mühle nicht abgebrannt, wäre Großvater nicht zur Eisenbahn gegangen, und Vater hätte wohl kaum in der Stadt zu lernen begonnen. Daß mein Vater in den ersten Jahren der Revolution bereits eine Bildung hatte (später studierte er noch zweimal in Moskau) und einer der ersten kirgisischen Kommunisten auf leitenden Posten war, daß er sich lebhaft für Politik und Literatur interessierte, daß auch meine Mutter – Nagima Chamsejewna Aitmatowa – eine gebildete, durchaus moderne Frau war, all das ermöglichte, daß die beiden mich an die russische Kultur und Sprache heranführten, somit auch an die russische Literatur, die Kinderliteratur, versteht sich.

Andererseits nahm Großmutter mich, ihren Enkel, ständig in die Berge mit zu den Nomadensommerlagern, diese außergewöhnlich bezaubernde und kluge Frau war von allen im Ail geachtet und wurde für mich ein Schatz an Märchen, alten Liedern, Dichtungen und Wahrheiten. Ich sah noch die Nomadenzüge des Volkes, wie sie einst waren. Ein Nomadenzug ist kein bloßer Umzug mit den Herden von einem Ort zum andern, sondern eine große wirtschaftlich-rituelle Prozession. Ein originelles Ausstellen des besten Pferdegeschirrs, der besten Verzierungen, der besten Reitpferde, des besten Packgutes und des besten Teppichs, der auf den Kamelen all dies bedeckte. Eine Schau der besten Sängerinnen unter den Mädchen, die Trauerlieder anstimmten, wenn man einen Ort verließ, wo ein Nahestehender gestorben war, oder auch Wanderlieder. Ich habe diese prachtvollen Schauspiele erlebt, als sie schon am Aussterben waren, beim Übergang zur Seßhaftigkeit sind sie gänzlich verschwunden.

Wahrscheinlich hat mir Großmutter, ohne es selbst zu merken, die Liebe zur Muttersprache eingeimpft. Muttersprache! Was wurde darüber schon alles gesagt! Aber das Wunder der Muttersprache ist nicht zu erklären. Nur ihr trautes, in der Kindheit erfaßtes und begriffenes Wort kann einen mit der Poesie erfüllen, die aus der Volkserfahrung stammt, sie kann im Menschen die ersten Quellen des Nationalstolzes wecken und den ästhetischen Genuß an der Vielfalt und Vieldeutigkeit der Sprache der Vorfahren vermitteln. Die Kindheit ist nicht nur eine herrliche Zeit, die Kindheit ist der Zellkern der künftigen Menschenpersönlichkeit. In der Kindheit wird das echte Wissen um die Muttersprache angelegt, da kommt das Empfinden für Zugehörigkeit auf – zu Menschen und Natur seiner Umwelt, zu einer bestimmten Kultur.

Ich kann, zumindest aufgrund meiner eigenen Erfahrung, sagen, daß sich ein Mensch in der Kindheit auf organische Weise zwei Sprachen aneignen kann, die ihm parallel zukommen, vielleicht sogar mehr als zwei, falls diese Sprachen von den ersten Jahren an in gleichem Maß einwirken. Für mich ist die russische Sprache nicht minder vertraut wie die kirgisische, von Kindheit an vertraut, und dies fürs ganze Leben.

Fünf Jahre war ich, als ich mich zum ersten Mal in der Rolle eines Dolmetschers befand, und ein Stück Siedfleisch war mein erstes »Honorar«. Es geschah im Sommerlager in den Bergen, wo ich wie üblich mit Großmutter war.

In jenen Jahren waren die Kolchosen erst im Entstehen,

sie begannen gerade, sich zu konsolidieren. In jenem Sommer hatte sich in unserem Dshajloo ein Unglück ereignet. Der Zuchthengst, den die Kolchose kurz zuvor gekauft hatte, verendete plötzlich. Am hellichten Tag brach er mit aufgedunsenem Wanst zusammen und gab den Geist auf. Die Pferdehirten waren tief bestürzt, der Hengst war wertvoll, ein Dongestütler, den man aus dem fernen Rußland hergebracht hatte. Man schickte einen Boten zum Kolchos, von dort einen weiteren zum Rayon. Und nach zwei Tagen kam zu uns ein russischer Mensch. Hochgewachsen, mit rotem Bart und blauen Augen, in schwarzer Lederjacke, an seiner Seite hing eine Feldtasche. Ich habe ihn mir sehr gut eingeprägt. Er verstand kein Wörtchen Kirgisisch, und die unsrigen konnten kein Wort Russisch. Man mußte eine Obduktion vornehmen, die Todesumstände des Tieres klären und ein Protokoll darüber aufsetzen. Die Pferdehirten beschlossen, ohne lang nachzudenken, daß ich der Dolmetscher sein mußte. Ich aber stand derweil inmitten einer Schar Kinder, wir beäugten den Ankömmling.

»Komm«, sagte der Hirte zu mir und nahm mich bei der Hand. »Dieser Mann kennt unsere Sprache nicht, übersetz du, was er spricht, und was wir sagen, das wirst du ihm sagen.«

Ich genierte mich, war erschreckt, riß mich los und rannte zur Großmutter in die Jurte. Hinter mir drein, von Neugier geplagt, alle meine Freunde. Kurz danach kommt wieder jener Mann und beschwert sich über mich. Großmutter war sonst immer zärtlich, aber dieses Mal verfinsterte sich ihre Miene.

»Warum willst du mit dem Zugereisten nicht reden, die Großen bitten dich sogar darum, kannst du vielleicht kein Russisch?«

Ich schwieg. Hinter der Jurte hielten sich die Kinder versteckt – was würde nun passieren?

»Was ist mit dir, schämst du dich, russisch zu sprechen, oder schämst du dich der eigenen Sprache? Alle Sprachen sind von Gott gegeben, also zier dich nicht, gehn wir!« Sie faßte meine Hand und führte mich hin. Die Kinder wieder hinter uns her.

In der Jurte, wo zu Ehren des Gastes bereits ein frischer Hammel garte, drängte sich viel Volk. Sie tranken Kumys. Der zugereiste Veterinär saß mit den Aksakalen zusammen.

Er lächelte und winkte mich zu sich. »Komm her, Junge, wie heißt du denn?«

Ich murmelte still vor mich hin.

Er streichelte mich. »Frag sie, warum dieser Hengst verendet ist.« Er nahm sich Papier zum Schreiben.

Erwartungsvoll verstummten alle, aber ich zog mich in mein Schneckenhaus zurück und brachte kein Wort heraus. Großmutter saß bestürzt da. Da nahm mich ein alter Mann, ein Verwandter von uns, auf den Schoß. Er drückte mich an sich und sprach mir vertraulich und ernst ins Ohr: »Dieser Mann kennt deinen Vater. Was soll er ihm jetzt von uns erzählen? Soll er ihm sagen, was für ein schlechter Sohn ihm bei den Kirgisen heranwächst?« Und dann erklärte er laut: »Jetzt wird er sprechen. Sag unserem Gast, daß dieser Ort Uu-Sas heißt ...«

»Onkel«, begann ich zaghaft, »dieser Ort heißt Uu-Sas, die giftige Wiese.« Und dann faßte ich mir ein Herz, ich sah, wie sich Großmutter und dieser Zugereiste freuten und auch alle anderen in der Jurte. Und fürs ganze Leben prägte sich mir diese Synchronübersetzung des Gesprächs ein – Wort für Wort, in beiden Sprachen. Der Hengst war wohl an dem giftigen Gras verendet. Auf die Frage, warum die anderen Pferde dieses Gras nicht fräßen, erläuterten unsere Pferdehirten, die einheimischen Gäule rührten es nicht an, sie wüßten, daß es ungenießbar sei. Genau so habe ich alles übersetzt.

Der Zugereiste lobte mich, die Aksakale gaben mir ein ganzes Stück heißes, duftendes Siedfleisch, ich sprang mit triumphierendem Blick aus der Jurte hinaus. Augenblicklich hatten mich die Kinder umringt. »Uch, toll!« riefen sie begeistert aus. »Du sprudelst pausenlos auf russisch daher, wie das Wasser im Fluß!« In Wirklichkeit hatte ich stockend gesprochen, aber den Kindern paßte es eben, sich das so vorzustellen, wie sie es wollten. Auf der Stelle aßen wir das Fleisch auf und rannten spielen.

Lohnt es denn, in einer literarischen Biographie solche Dinge zu erwähnen? Ich meine schon. Man sollte mit den ersten Erinnerungen eines Menschen beginnen, wann und wie das gewesen ist. Manche erinnern sich zurück bis ins dritte Lebensjahr, andere können kaum das zehnte im Gedächtnis behalten. Ich bin überzeugt, daß all das viel zu bedeuten hat.

In meiner Kindheit hat sich also diese Geschichte zugetragen. Großmutter war mit mir sehr zufrieden und erzählte noch lange danach ihren Bekannten von diesem Geschehnis, das ihr Herz mit Stolz erfüllte.

Sie verschönte meine Kindheit mit Märchen, mit Liedern und Begegnungen, mit Märchenerzählern und den Akyns, unseren Volkssängern, überallhin nahm sie mich mit. Sei es zu Besuchen oder zu einem Dshejentek, der Feier eines Neugeborenen, zu Beerdigungen und Hochzeiten. Sie hat mir oft ihre Träume erzählt. Diese Träume waren dermaßen interessant, daß sie nur ein Nickerchen zu machen brauchte und ich sie auf der Stelle weckte und aufforderte, mir zu erzählen, was sie im Traum gesehen habe. Kleine, kurze Träume befriedigten mich ganz und gar nicht. Da ging sie zu den Nachbarn, um sich »einen Traum auszuleihen«. Erst später wurde mir klar: Sie hatte sie sich einfach für mich ausgedacht.

Großmutter ist bald gestorben. Nun lebte ich ständig zu Haus, in der Stadt. Und ich ging dann zur Schule. Aber innert zwei Jahren verschlug es mich wieder in meinen heimatlichen Ail. Dieses Mal für lange Zeit und unter bedrückenden Umständen.

Im Jahr 1937 wurde mein Vater, Parteifunktionär und Hörer am Moskauer Institut der Roten Professur, von der Repression getroffen. Unsere Familie siedelte in den Ail um. Damals begann für mich die wahre Schule des Lebens, mit all ihren Verwicklungen.

In jener schweren Zeit hat uns Vaters Schwester Karagys-apa aufgenommen. Wie gut, daß wir sie hatten. Sie hat mir die Großmutter ersetzt. Wie ihre eigene Mutter war sie sehr geschickt, konnte Märchen erzählen und alte Lieder singen, im Ail genoß sie ebenfalls Achtung und Ansehen. Meine Mutter war schwer krank in den Ail gekommen, sie krankte noch lange, lange Jahre, aber wir waren vier Kinder, ich war der Älteste.

Unsere Lage war sehr bedrückend, aber Karagys-apa hat uns die Augen dafür geöffnet, daß der Mensch nicht verloren ist, wenn er sich inmitten seines Volkes befindet, so schwer seine Not auch sein mag. Nicht nur unsere Stammesbrüder, die Leute von Scheker – dieses »feudalistische Relikt« hat uns damals unschätzbare Dienste geleistet –, sondern auch die Nachbarn und bislang völlig Unbekannte haben uns nicht alleingelassen in der Not, sie wandten sich nicht ab von uns. Sie teilten mit uns, wo sie nur konnten – Brot, Heizmaterial, Kartoffeln und sogar warme Kleider.

Als einmal mein Bruder Ilgis und ich Reisig zum Heizen zusammentrugen – Ilgis ist jetzt Direktor des Instituts für Physik und Mechanik des Bergbaus an der Kirgisischen Akademie der Wissenschaften der Kirgisischen SSR –, näherte sich uns vom Weg ein Reiter, gut gekleidet und auf einem schönen Pferd.

»Wessen Söhne seid ihr?« fragte er.

Unsere Karagys-apa hat uns immer wieder beigebracht, daß man in solchen Fällen den Menschen in die Augen blicken und den Namen seines Vaters sagen mußte. Meinen Bruder und mich hat es sehr mitgenommen, was damals über unseren Vater geschrieben wurde, aber sie, Karagys-apa, schämte sich nicht unserer Schmach. Irgendwie hat diese Frau, die nicht lesen und schreiben konnte, begriffen, daß das alles erlogen war und nicht stimmen konnte. Ich habe schon damals Bücher über Kundschafter der Tscheka gelesen und insgeheim davon geträumt, man würde mich losschicken, einen Spion zu jagen, ich würde ihn schnappen und dabei zugrunde gehen, damit ich vor der Sowjetmacht auf die Weise die Unschuld meines Vaters unter Beweis stellen könnte.

Dieser Mann war also vom Weg hergeritten und hatte uns gefragt, wem wir gehörten. Und wenn es auch qualvoll war, habe ich, ohne die Augen zu senken, den Namen genannt. »Was hast du da für ein Buch?« wollte er wissen.

Das war ein Schulbuch, wie ich mich entsinne, ein Lehrbuch für Geographie, das ich hinterm Gürtel eingeklemmt hatte. Er schaute es sich an und fragte: »Wollt ihr in die Schule gehen?«

Und ob! Wir nickten und bissen uns auf die Lippen, um nicht loszuheulen. »Schön, ihr könnt in die Schule!« Dann ritt er davon.

Schon nach einer Woche besuchten wir die Schule. Wie es sich herausstellte, war das einer unserer Lehrer gewesen, Tynalijew Üsübaly. Ich kam in die Klasse der Lehrerin Inkamal Dsholowaja, sie hat mir in jenen Tagen viel Mitgefühl entgegengebracht.

Ich habe früh zu arbeiten begonnen, mit zehn Jahren erfuhr ich, was Landarbeit heißt.

Nach einem Jahr zogen wir ins Rayonzentrum um, in das russische Dorf Kirowskoje. Mutter wurde dort als Buchhalterin eingestellt. Erneut besuchte ich eine russische Schule. Das Leben hatte sich ein wenig normalisiert, und da brach der Krieg aus.

Im Jahr 1942 mußte ich die Schule aufgeben, uns alle zur Kriegszeit lernen zu lassen, war für Mutter zuviel.

Und so kam ich wieder heim nach Scheker, das von den Lasten des Krieges erdrückt wurde und abgewirtschaftet war. Man setzte mich als Sekretär des Dorfsowjets ein, unter den Halbwüchsigen war ich der bestausgebildete, ein anderer ließ sich für die Arbeit nicht finden. Ich war vierzehn Jahre.

Aber wo Unglück, ist auch Glück, wie man so sagt.

Wenn ich in der Kindheit das Leben von seiner poetischen und hellen Seite kennenlernte, zeigte es sich mir nun von seiner harten, nackten, leidvollen und heldenhaften Seite. Ich sah mein Volk in seiner anderen Verfassung – im Augenblick der größten Gefahr für die Heimat, in der äußersten Anspannung seiner geistigen und physischen Kräfte. Ich war gezwungen und verpflichtet, das zu sehen, ich kannte jede Familie im Bereich des Dorfsowjets, kannte jedes Mitglied einer Familie sowie die ausnahmslos karge Ausstattung aller Höfe. Ich lernte das Leben von seinen verschiedenen Seiten und in unterschiedlichen Äußerungen kennen.

Sodann arbeitete ich während der Kriegsjahre als Finanzbeamter der Rayonverwaltung und trieb von der Bevölkerung Steuern ein. Hätte ich vorher gewußt, wie schwierig das in Zeiten von Krieg und Hunger ist! Das war so qualvoll für mich, daß ich nach einem Jahr, im August 1944, diese Arbeit eigenmächtig hinwarf und dafür beinahe vor Gericht kam. Ich war dann als Rechnungsführer bei einer Traktoristenbrigade zur Getreideernte.

Der Krieg dauerte an, und das Leben erschloß mir, dem Jüngling, immer mehr und neue Seiten im Dasein des Volkes. All dies hat viel später, so gut es mir gelang, in den Novellen *Aug in Auge, Der Weg des Schnitters,* teilweise auch in *Dshamilja* und *Du meine Pappel im roten Kopftuch* Gestalt angenommen.

Im Jahr 1946, nach Abschluß der achten Klasse, immatrikulierte ich mich am Zootechnikum von Dshambul. Das ganze Praktikum von 1947 bis 1948 verbrachte ich daheim im Ail und konnte somit wie ein Außenstehender die Nachkriegsveränderungen im Leben der mir nahestehenden Menschen beobachten.

Nach Abschluß des Technikums im selben Jahr wurde ich als Bestabsolvent im Kirgisischen Landwirtschaftsinstitut angenommen, das ich übrigens auch mit Auszeichnung abschloß.

Die Literatur liebe ich seit der Kindheit, in der Schule verfaßte ich gern Aufsätze zu Themen freier Wahl, und schon während der Institutsjahre war mir klargeworden, daß mich die schöngeistige Literatur immer stärker in ihren Bann zog. In den Vorbildern aus der Literatur jener Zeit suchte ich Antworten auf die Fragen, die mich bewegten. Ich wünschte mir sehr, daß kraftvolle, eindringliche Werke über den Krieg und die Ruhmestaten des Volkes geschrieben würden. In der kirgisischen Literatur war damals das Kriegsthema noch nicht tiefgründig erfaßt. Ich wünschte mir, daß auch die kirgisische Leserschaft die Möglichkeit erhielt, die besten Bücher über den Krieg kennenzulernen. Von diesem Gefühl getrieben, machte ich mich daran, den *Sohn des Regiments* und die *Weiße Birke* auf eigenes Risiko zu übersetzen, ohne die geringste Vorstellung, was schöngeistiges Übersetzen und die Herausgabe eines Buches bedeuten. Als ich meine Übersetzungen zum Verlag brachte, wurde mir gesagt, daß diese Bücher längst übersetzt seien und demnächst herauskämen.

Mich hat das damals ziemlich getroffen, aber ausgerechnet dies war der Beginn meiner literarischen Arbeit. Schon als Student schrieb ich Glossen, Artikel und Skizzen für Zeitungen.

Nach dem Institut arbeitete ich als Zootechniker. In jenen Jahren verfaßte ich schon Erzählungen. Im Jahr 1956 begab ich mich nach Moskau und nahm an höheren Literaturkursen teil. Diese zwei Studienjahre haben mir, dem ehemaligen Zootechniker, außerordentlich viel vermittelt. Das betraf nicht nur die geisteswissenschaftliche und theoretische Ausbildung, sondern auch die unmittelbare Praxis – unsere Seminare und Diskussionen in den Oberkursen waren eine gute Schule fürs Schöpferische. Und ich selbst bemühte mich darum, am Besten des Moskauer Kulturlebens teilzuhaben, in der Literatur wie im Theater. Nach diesen Lehrgängen arbeitete ich als Chefredakteur bei der Zeitschrift *Literaturnyi Kirgisstan,* danach als Korrespondent der *Prawda* in Kirgisien, auch dies erweiterte den Kreis meiner Beobachtungen und ließ mich das Leben besser kennenlernen.

Ein Schriftsteller muß natürlich von Natur aus über die Fähigkeit verfügen, künstlerisch zu denken, aber seine Begabung und Persönlichkeit formen sich in Verbindung mit einem bestimmten Gesellschaftsmilieu, der geistigen Erfahrung und den Kulturtraditionen dieser Umgebung, mit deren Weltanschauung und politischem Aufbau. Für uns ist diese Welt die sowjetische Gesellschaft, die sozialistische Ordnung, die kommunistische Weltanschauung. Daraus entspringt die Orientierung im Schaffen von sowjetischen Schriftstellern.

Man muß nicht speziell betonen, daß 1963 die Verleihung des Leninpreises für das Buch *Erzählungen der Berge und Steppen* ein freudiges, ungeheures Ereignis in meinem Leben war. Ich bin dem Volk dankbar für diese höchste Ehre.

Niemand wird zum Schriftsteller allein aus sich selbst heraus: Die Erfahrung der Vorausgegangenen fließt ein in die Schöpferwelt des Künstlers, lange bevor er in sich literarische Neigungen erkennt. Freilich ist es bei weitem nicht allen von uns gegeben, auf dem schwierigen Wege der Kunst Neues zu entdecken und zu vollenden. Das hängt dann schon von der Begabung und der Weite der Lebensanschauung ab. Oftmals treten wir auf der Stelle, die bereits die Vorgänger erreicht hatten, häufig gehen wir rückwärts, was Meisterschaft, Gedankentiefe, Gestaltungskraft und Bildhaftigkeit betrifft. Offenbar vollzieht sich so der literarische Entwicklungsprozeß: Verwickelt, langwierig, ungleichmäßig, mitunter schwer erklärbar.

Über die Schicksale der Literatur und den eigenen schöpferischen Weg muß man oft und aus verschiedenen Anlässen nachdenken. Da ich von mir spreche, möchte ich mich hier über den *Weißen Dampfer* äußern, der unter den Lesern diverse Auseinandersetzungen hervorgerufen hat. Kontroversen gehören dazu, die Literatur hat sie nötig. Aber was mich hier die Ohren spitzen ließ, war, so paradox das klingt, die Gefahr einer äußerst wohlwollenden, meiner Meinung nach sehr ehrlichen Kritik. Manche Leser, denen etwa *Dshamilja, Der erste Lehrer, Der Weg des Schnitters* und andere Werke gefallen haben, möchten, ausgehend von ihren Vorstellungen über die Kunst, daß ich auch künftig nur in diesem Geist schreibe. Ich denke nicht daran, mich selbst zu verleugnen, leugne auch nicht die Bedeutung dessen, was vor *Abschied von Gülsary* und *Der weiße Dampfer* entstand, aber ich habe auch nicht vor, darauf festzusitzen, was für mich eine bereits zurückgelegte Etappe darstellt. Die Literatur muß selbstlos ihr Kreuz tragen und in die Verwicklungen des Lebens eindringen, damit der Mensch das Gute, Beste und Würdigste in sich, in den Menschen und der Gesellschaft kennt, liebt und darum bangt. Darin sehe ich die wahre Bestimmung der Kunst. Und mir scheint – das ist meine Überzeugung –, daß es auf immer so bleiben muß, da ja der Mensch in der Kunst auf der Suche ist und seine besten Bestrebungen bestätigt und all das abgelehnt haben will, was das Böse ausmacht und seinen sozialen und sittlichen Idealen widerspricht. Das geht nicht ab ohne Kämpfe, Zweifel und Hoffnungen. Und so wird es wohl ewig bleiben. Daher hat die Kunst dem Menschen immer und ewig über die Kompliziertheit und Schönheit des Lebens zu erzählen.

Ich weiß nicht, wie sich mein weiteres künstlerisches Schicksal fügen wird und ob ich etwas Interessantes werde machen können. Wie heißt es doch: Warten wir's ab, wir werden sehen ...

Die erste Autobiographie, geschrieben in Frunse 1971, veröffentlicht in *Sowjetskije pisateli* (Sowjetische Schriftsteller), Autobiographien, Band 4, Moskau 1972.

Der Mensch zwischen zwei Sprachen

Bevor ich auf das Problem zu sprechen komme, möchte ich auf die außerordentliche Aktualität des Themas für die kreative Arbeit hinweisen: Die Zweisprachigkeit gehört zur lebendigen Praxis zeitgenössischer Literaturen, viele von uns sind damit in der täglichen Arbeit konfrontiert.

Bei der intensiven Entwicklung der Kommunikations- und Informationsmedien von heute, bei der zunehmenden Alphabetisierung der Massen, der Massenkultur und der allgemeinen Industrialisierung des Lebens, entstehen für viele Literaturen der Entwicklungsländer Probleme eigener Art, sie resultieren aus der Zweisprachigkeit – der Bilingualismus ist charakteristisch für die jungen Literaturen der neuen Zeit.

Nach unserer Ansicht erwachsen daraus widersprüchliche Faktoren. Auf der einen Seite besteht die Gefahr, daß die Großsprachen die Sprachen kleiner Völker allmählich verdrängen und verschlucken. Auf der anderen Seite sind wir zutiefst überzeugt, daß sich reale Möglichkeiten ergeben, die vorhandenen Sprachen kleiner Völker zu erhalten und Bedingungen zu schaffen, sie zu aktivieren und an neue Formen des geistigen und materiellen Lebens der Nationen heranzuführen und auf dem Weg einer inneren Selbstentfaltung der Sprache wie auch einer direkten und indirekten Bereicherung durch die Kultur der führenden Weltsprachen zu vervollkommnen.

Jede Sprache ist das Werk des menschlichen Genius und

Wert einer allgemeingültigen Ordnung. Wir haben kein Recht dazu, auch nur eine Sprache zu verachten, gleich welchem Volk sie gehört und auf welcher Entwicklungsstufe sie sich befindet. Das Absterben und Verschwinden einer Sprache, die über keine schriftliche Überlieferung verfügt, müssen wir als Verlust der gemeinsamen Menschheitskultur ansehen.

In unserem multinationalen Land, der Sowjetunion, gehen wir eben von diesen Vorstellungen aus und halten an dem Prinzip der Gleichberechtigung aller Sprachen innerhalb der ethnisch-administrativen Grenzen ihrer Verbreitung fest.

Auf welche Weise ist das sprachliche Problem in den jungen Sowjetliteraturen gelöst worden? Vor der Oktoberrevolution hatten viele Völker unseres Landes keine eigenen schriftlichen Literatursprachen. Diese jungen Literatursprachen sind neu entstanden und bei ihren ersten Schritten mit einer der stärksten Literaturen der Welt in Berührung gekommen – mit der großen russischen Literatur. Angesichts dieser Lage gibt es für die neue Literatur bekanntlich zwei Wege, das Problem zu lösen. Zum einen könnte man sich völlig auf die »Unterstützung« der hochentwickelten Sprache verlassen und sich vollständig ihren Angeboten zuwenden. Zum anderen gibt es aber die Wahl der Koexistenz, man kann die Nationalsprache parallel entwickeln und dafür die Güter der führenden Sprache nutzen.

Wir haben in unserem Land den zweiten Weg gewählt, den schwierigeren, aber fruchtbarsten Weg. Die mündliche Literatur einiger Völker Mittelasiens, die früher ohne schriftliche Überlieferung auskamen, orientierten sich am System des russischen Schrifttums. Das hatte zur Folge, daß die sowjetische Literatur heute aus mehr als fünfzig verschiedenen Nationalliteraturen besteht. Über das künstlerische Niveau und die kreativen Möglichkeiten der neuen Sowjetliteratur kann man zumindest nach dem Maßstab urteilen, daß in diesen Sprachen erstmals die Bücher von Cervantes, Shakespeare, Tolstoj, Balzac, Dreiser, Hemingway und vieler anderer großer Künstler der Weltliteratur herausgegeben wurden. Die russische Sprache spielte dabei die Rolle einer Mittlerin und einer Sprachbrücke, die – historisch gesehen – die künstlerischen Ufer der Völker erstmals miteinander verband, die zuvor nicht einmal ahnten, daß es sie gab. Man kann überhaupt sagen: Die Größe einer Literatur fördert allemal, daß die jungen Literatursprachen ausreifen und vorankommen, auch auf indirektem Weg, wenn nämlich Werke kleiner Nationalliteraturen in die führende Sprache übersetzt werden.

Ich gehöre zu den Vertretern der kirgisischen Literatur. Und wenn meine Werke jetzt mittels der russischen Sprache in vielen Sprachen der Welt erscheinen, festigt die russische Sprache somit die Positionen meiner kirgisischen Muttersprache, fördert ihre Anerkennung und bezeugt ihre sprachlichen Potenzen. Ich gebe damit unsere Erfahrung weiter, die beweist, daß sich große Sprachen nicht unbedingt im Gegensatz zu kleinen Sprachen befinden und es durchaus möglich ist, daß sie aufeinander einwirken und miteinander auskommen.

Unsere Erfahrung spricht dafür, daß sogar Dialektgruppen und Dialekte große Möglichkeiten bergen, wenn man dafür die nötigen gesellschaftlichen und politischen Bedingungen schafft, die sie zu vollwertigen Literatursprachen werden lassen.

Ich möchte nun als Schriftsteller meine persönlichen Ansichten zum Wesen der Muttersprache in der schöngeistigen Literatur, und dies im Zusammenhang mit der Zweisprachigkeit, äußern.

Auf dem literarischen Gebiet kann man über vieles streiten, kaum umstritten ist jedoch der Vorrang der Muttersprache für den Schriftsteller, der über das Leben seines Volkes und wesensverwandte Menschen, über deren Charaktere und Besonderheiten, Psychologie, Traditionen und Gewohnheiten schreibt.

Es ist ziemlich schwierig, einem Menschen anderer Nationalität Schönheit und Güte der eigenen Muttersprache zu erklären. Mitunter sind diese Phänomene – die tiefe, unvergängliche Liebe zur Muttersprache, der Genuß ihrer Poesie – schlechthin unerklärlich, sie liegen auf dem Gebiet der intuitiven Wahrnehmungen. Ein echtes Kunstwerk, das in den Herzen der Landsleute seinen Widerhall findet und ihnen ästhetischen Genuß bereitet, kommt natürlich vor allem in der Muttersprache zur Geltung. Davon zeugt die Erfahrung vieler Künstler des Wortes und die Praxis vieler Literaturen.

Trotzdem gibt es im Leben nichts, was vollkommen unerschütterlich wäre. Die historische und kulturelle Entwicklung, die unserem Jahrhundert vorausging, hat die Kommunikation der Völker in einem solchen Maß verstärkt, daß die Bevölkerungen vieler Entwicklungsländer anfingen, zwei Sprachen zu beherrschen – die eigene und eine europäische Sprache. Wie soll sich ein Schriftsteller verhalten, wenn er zwei Sprachen vollkommen beherrscht? Soll er prinzipiell an seiner Muttersprache festhalten, oder umgekehrt in seinem Werk völlig auf die zweite Muttersprache umstellen?

Das Problem ist bei weitem nicht abstrakt. In unserem Land sammelten wir bereits etwas Erfahrung mit dem Bilingualismus im Kunstschaffen. Diese Praxis zeugt davon, daß es richtig ist, die Kenntnisse beider Sprachen zusammenzufügen. Ich kenne Schriftsteller, die gleichermaßen gut und ausdrucksvoll in zwei Sprachen schreiben. Ich habe mich hier auch auf mein Beispiel zu berufen. Ich schreibe meine Bücher in kirgisischer und russischer Sprache. Erscheint das Buch zunächst auf Kirgisisch, übersetze ich es sodann ins Russische, es geschieht auch umgekehrt. Diese zweiseitige Arbeit befriedigt mich zutiefst, sie bereichert den Schriftsteller innerlich und hilft – nach meiner Überzeugung –, den Stil und die Bildhaftigkeit der Sprache zu vervollkommnen.

Bei dieser Konferenz wurde gesagt, man könne nur in einer Sprache schöpferisch wirken, und zwar lediglich in der eigenen. Mit einer so kategorischen Behauptung kann man sich schwerlich einverstanden erklären. Ich nehme an, daß die gute Kenntnis einer anderen Sprache das Kunstschaffen nicht behindert, ganz im Gegenteil, sie stützt einen und fügt deiner Welt der Worte und Bilder etwas hinzu. Man kann hier an die Erfahrung des genialen Tolstoj erinnern. Lew Tolstoj beherrschte glänzend die französische Sprache, und er verfaßte schöngeistige Prosa in Französisch, das hinderte ihn aber nicht daran, einer der bedeutendsten Nationalkünstler des russischen Wortes zu werden. Dasselbe läßt sich von Puschkin, Turgenjew und anderen russischen Schriftstellern des vergangenen Jahrhunderts sagen, die das klassische Erbe der russischen Literatur schufen. Puschkin und Turgenjew verständigten sich in einem bestimmten Milieu ihrer Landsleute auf französisch, schrieben ihre Werke in russischer Sprache und erklommen außergewöhnliche Höhen ihrer vaterländischen Literatur.

Als ich diese Gedanken äußerte, widersprach mir jemand während einer Pause: Sie haben gut reden, Sie stützen sich auf das russische und französische Beispiel, das sind gleichermaßen hochentwickelte Sprachen, wir reden aber von den zweisprachigen Ländern mit »ungleichwertig« entwickelten Sprachen. – Durchaus richtig! Aber schließt das etwa die Möglichkeit aus, daß zeitgenössische Schriftsteller, die beide Sprachen beherrschen, Literatur in ihrem Mutteridiom schaffen? Im Gegenteil, bei einer richtigen Sprachpolitik dürfte dieser Umstand die Kultur der heimischen Sprachen anheben und ihrem Fortschritt zugutekommen.

Ich neige also nicht der Auffassung zu, ein Kunstwerk ließe sich nur in einer Sprache erschaffen. Alles hängt vom Talent und den gesellschaftlichen Bedingungen ab, die den Schriftsteller umgeben. Mir stellt sich das so dar: Je weiter wir uns entfalten, desto mehr wird der Bilingualismus zur Norm für die kommenden Generationen in vielen asiatischen und afrikanischen Ländern werden. Das ist die objektive Entwicklung in der Gegenwartsgeschichte der Völker.

Weiterhin will ich die Freiheit der Sprachwahl erwähnen, sie löste bei diesem Kongreß eine lebhafte Diskussion aus. Die Ansichten über die Freiheit des Künstlers bei der Wahl dieser oder jener Sprache bleiben unbestritten. Es muß dem Willen des einzelnen überlassen bleiben, sich in der Sprache zu äußern oder zu schreiben, die er hinreichend genug beherrscht. Niemand hat das Recht, wie das hier schon betont wurde, einem anderen die Literatursprache aufzuzwingen. Jeder muß sich so äußern können, wie er das will und am besten kann. Der emotionale Appell einer englischen Delegierten ist durchaus folgerichtig und bekräftigt allgemeingültige Prinzipien der Freiheit des Schaffens.

Auch wenn ich diese Ansicht teile, möchte ich dennoch die Schriftsteller zweisprachiger Literaturen auf unsere Pflicht aufmerksam machen: Intellektuelle und Patrioten sind ihrem Volk, der ganzen Nation und den künftigen Generationen verpflichtet.

Läßt sich dem auch immer nachkommen? Führt das mitunter nicht zu einer gewissen Einseitigkeit im Schaffen? Natürlich ist es am leichtesten, sich völlig auf die hochentwickelte Sprache mit ihren reichen Literaturtraditionen umzustellen und nur in ihr kreativ zu wirken, ohne sich mit den Sorgen der eigenen Literatur zu belasten und abzumühen, die entsprechenden Ausdrucksformen der Wörter und Bilder in der Muttersprache zu finden. Die Freiheit, sich so zu entscheiden, ist sogar sehr verlockend. Aber zehrt das nicht die Literatur unserer eigenen Sprachen aus? Würde dieses Vorgehen die Entfaltung der Nationalkultur fördern?

Über all das hat man nachzudenken, man sollte alle »Pros« und »Contras« abwägen, sollte sich Rechenschaft ablegen und daran denken, daß man sich bei der Wahl der Sprache offensichtlich nicht nur von den Möglichkeiten der Schaffensfreiheit leiten lassen soll, sondern auch von Erwägungen der Bürgerpflicht vor dem Volk, das dich hervorgebracht und dir seinen größten Reichtum vermacht hat – seine Sprache.

Diese Sprache ist die Mutter, vor der es bestimmte Verpflichtungen gibt. Zugleich läßt sich die geistige Kultur einer Nation ohne die aktive Nutzung der Leistungen höher entwickelter Kulturen unmöglich weiterentwickeln. Darin beruht der Kern der Fragen, hier ist der Weg zur Lösung des Problems.

Dem Essay – veröffentlicht in der Zeitung *Sowjetskaja Kirgisija* vom 17. September 1967 – liegt ein Diskussionsbeitrag für die Taschkenter Solidaritätskonferenz der Schriftsteller aus Ländern Asiens und Afrikas zugrunde.

Schnee auf dem Manas-Ata

Nach Scheker fahre ich ziemlich oft: zwei-, dreimal im Jahr. Zu verschiedenen Anlässen wie Hochzeiten und Beerdigungen. Gern würde ich auch meine Söhne, typische Städter, bewegen, engen Kontakt zu unseren Landsleuten aufzunehmen. Ich weiß nicht, ob mir das gelingt. Wie's scheint, ändern sich die Zeiten.

Unser Scheker ist ein großer, fest verwurzelter Ail mit reichlich dreihundert Wirtschaften. Wann ich auch hinkomme, entdecke ich hier und da neue Häuser unter neuen Dächern. Es werden immer mehr Familienhöfe. Der Ail wächst. Und er ist unübersehbar, liegt, wie man bei uns sagt, »an des Wassers Kopf«, am Fuß des Talas-Gebirges, des Pik Manas – genau unterm Sattel von dessen doppelköpfigem Gipfel. Diesen hochragenden Berg pflegte der Recke Manas auf seinem Roß zu erstürmen, um die Gegend ringsum zu betrachten – ob nicht Feinde im Anzug wären. (Man kann sich unschwer vorstellen, welch riesigen Raum Manas von jener Höhe überschaute. Es sind wahrhaft epische Maßstäbe! So wollte vor alten Zeiten das Volk seinen Sohn und Helden Manas sehen.) Wie dem auch sei, von dort, unterm ewigen Schnee des Manas hervor, kommt der ungestüme und eiskalte Kukurëu ins Tal, bringt Wasser und also auch Leben allem auf Erden ...

Ich bin immer bewegt, wenn ich mich Scheker nähere und bereits von fern – funkelnd in unzugänglicher himmlischer Höhe – die bläulichweißen Schneefelder des Manas erblicke. Überläßt man sich diesem Bild, schaut lange Zeit nur auf diesen Gipfel, auf den Himmel, dann scheint die Zeit stehenzubleiben. Es schwindet das Gefühl für Vergangenes. Nein, denke ich, nichts ist geschehen, nichts hat sich verändert, auf der Welt ist alles noch so wie vor zehn, zwanzig, ja vielleicht hundert und tausend Jahren. Der Manas steht da wie einst. Nach wie vor ziehen Wolken über ihn hin, dieselben Wolken. Und ich bin immer noch der Junge von einst, der des Morgens aus dem Haus läuft, diesen Berg überm Ail sieht und sich darüber freut. Doch leider, sich in Träumen verlieren kann man nur für ein, zwei Minuten . . .

Diesmal war ich bei meiner Fahrt nach Scheker aufgewühlter als sonst. Das hatte seinen Grund. Die Redaktion des *Ogonjok* hatte mich um einen Report über das Leben meiner Landsleute im Krieg gebeten. Zuerst hegte ich Zweifel: Was gibt es da schon groß zu berichten, Hinterland bleibt Hinterland. Krieg – das sind die Front, die Schlachten, dann erst kommt alles übrige. Diese Zweifel begleiteten mich den ganzen Weg. Als ich mich jedoch dem Ail näherte, die ewigen Schneefelder des Manas vor Augen, erinnerte ich mich an vieles.

Meine Kindheit, alle Kriegs- und Nachkriegsjahre hatte ich hier verbracht, in dieser Gegend, dem damaligen Ailsowjet Scheker. Ebenjene Zeit und die Menschen jener Tage gingen mir nun durch den Sinn.

Es waren ganz normale Leute – Werktätige, Bauern, Aktivisten, wie man sie in jedem Kolchos oder Sowchos antrifft. Wenn ich heute an den Krieg denke, sehe ich jeden gewissermaßen in Großaufnahme, in greller und voller Beleuchtung durch die Kriegsereignisse. An die Kundgebungen der ersten Kriegstage erinnere ich mich. Die gemeinschaftliche Verantwortung für das Schicksal des Landes wurde zur persönlichen. Unmittelbar von den Kundgebungen verließen Freiwilligenkolonnen das Kreiszentrum in Richtung Front. Wie ich es heute sehe, fand ein jeder, ob groß oder klein, an der Front oder im Hinterland seinen historischen Platz in diesem grandiosen Volkskampf... Ja, den historischen Platz. Anders kann man es nicht nennen.

Und daher sind es keine bloßen Redensarten, wenn wir sagen: »vor dem Krieg«, »nach dem Krieg«, »im Krieg«. Für mich liegt mehr in diesen Worten als die Chronologie der Ereignisse, für mich spricht aus ihnen eine Zeit bitterer Lebenserkenntnis, eine Zeit, in der unsere Gesellschaft Erfahrungen von universellem Rang erwarb. Denn der Krieg unterteilte nicht nur als globaler historischer Markstein die Menschheitsentwicklung im zwanzigsten Jahrhundert in ihre Vorkriegs- und ihre Nachkriegsperiode, sondern wurde auch zum Schicksal eines jeden, der ihn erlebte, zum Kriterium seiner Handlungen und sittlichen Werte. Der Krieg griff buchstäblich in jedermanns Leben ein, ich kenne keinen, der sich ihm so oder so hätte entziehen können. Wer das versuchte, geriet unvermeidlich mit dem Volk in Konflikt, denn wo es um die Existenz des ganzen Volkes ging, durfte es keine Ausnahme geben. (Diesem Thema widmete ich denn auch meine erste kleine Novelle, *Aug in Auge*.) Einem jeden präsentierte der Krieg auf seinem Lebensweg die größte Rechnung der Epoche...

Hier schulde ich schon Auskunft über die eigenen Erfahrungen. Bei Kriegsausbruch war ich dreizehn Jahre alt. Da also begann für meine Generation die Entdeckung der großen Welt. Jetzt kann ich es selbst kaum fassen, doch schon mit vierzehn Jahren arbeitete ich als Sekretär des

Ailsowjets. Mit vierzehn Jahren mußte ich recht komplizierte gesellschaftliche und administrative Fragen entscheiden, die auf verschiedenste Weise – noch dazu unter Kriegsbedingungen! – das Leben eines großen Dorfes betrafen. Doch damals war das gar nicht außergewöhnlich. Jungen, die 1941 die siebente Klasse beendet hatten, unterrichteten bereits in unseren Klassen – so Païsbek Mombekow (ein Leben lang, dreiunddreißig Jahre, war der Mann dann als Lehrer tätig!) und der heutige Direktor der Mittelschule von Scheker, Sejtaly Bekmambetow. Nach dem Krieg erst konnten sie studieren. Mein Bruder Ilgis, heute Direktor des Instituts für Gesteinsphysik und -mechanik bei der Kirgisischen Akademie der Wissenschaften, ist drei Jahre jünger als ich. Er ging damals zur Schule und arbeitete zugleich als Briefträger. Den ganzen Krieg über. Ich bin stolz auf ihn. Ein prächtiger und gewissenhafter Briefträger war er in jener bitteren Zeit. Der barfüßige, schmächtige Elfjährige – so einen würde man heutzutage kaum allein in eine nahe Straße gehen lassen – lief nach Soldatenbriefen und Zeitungen, die er dann den Leuten bei der Feldarbeit vorlas, viele Kilometer weit, über einen Fluß ins Nachbardorf, wo die Post war. Fünfzehn Jahre war er alt, als er – von der Vollversammlung des Kolchos »Dshijde« vorgeschlagen – die Medaille »Für hervorragende Arbeit im Großen Vaterländischen Krieg 1941–1945« erhielt. Er hat sie verdient. Das kann ich bestätigen.

Doch nicht darum geht es. Im Grunde verdanken wir beide, wie viele Halbwüchsige der Kriegsjahre, unsere besten Eigenschaften älteren Menschen, die uns mit Wort und Tat durch ihr Beispiel erzogen.

Ich weiß noch, im Winter 1942 wurde ich einmal vom Boten des Dorfsowjets, Kenesch, aus dem Haus gerufen.

»Steig zu mir aufs Pferd, Söhnchen«, sagte er. »Die Obrigkeit will es. Sicher geht's um etwas Wichtiges.« Er nahm den Fuß aus dem Steigbügel, zog mich auf die Kruppe des Pferdes, und wir beide ritten los. Er saß vorn, ich hinten.

Er war gleichfalls eine interessante Persönlichkeit in unserem Ail. Eigentlich hieß er Ibraïm. Doch weit und breit nannten ihn alle Kenesch. »Kenesch« heißt »Sowjet« und steht für »Sowjetmacht«. Er, der Ärmste der Armen, hatte als erster im Ail seine Stimme laut für die Erretterin der Armen, die Sowjetmacht, erhoben, war unser erster Landarbeiterdeputierter in den Jahren nach der Revolution. Ebendas zeichnete diesen lese- und schreibunkundigen Landarbeiter aus: Sein Leben lang agierte er auf allen großen und kleinen Versammlungen für die Sowjetmacht. Und stets versicherte er dabei, für sich persönlich keinerlei Vorteil zu suchen. »Für mich ein Stück Brot und fürs Pferd ein Bündel Heu – mehr brauch' ich nicht. Für die Sowjetmacht aber werde ich Tag und Nacht arbeiten, bis ich aus dem Sattel falle.« Als es darum ging, eine Staatsanleihe zu zeichnen, gab er seine letzte Ziege weg. So arbeitete er bis zum Ende seiner Tage als Bote und freiwilliger Agitator und starb, man kann schon sagen, tatsächlich im Sattel. An den Hängen des Manas gedenken die Menschen seiner bis zum heutigen Tag. Und bis zum heutigen Tag voller Staunen. In den Kriegsjahren war Kenesch bereits alt, doch seine aktive, leidenschaftliche Natur ließ sich nicht unterkriegen – einige Male war ich Zeuge seiner »spontanen« Agitationsreden auf Versammlungen. Man spürte die Erfahrung des Landarbeiterdeputierten, er sprach mit innerer Anteilnahme, seine Worte kamen von Herzen, zündeten ...

Dieser Mann also brachte mich in den Dorfsowjet. In

dem kalten, ungeheizten Raum mit dem Erdfußboden und den kleinen Fenstern aus Glasbruchstücken saßen drei Männer. Der hochgewachsene Graubart im Pelz, ein älterer Hirt aus Artschagul, dem Nachbar-Ail jenseits des Flusses, war Kabylbek Turdubajew – Vorsitzender unseres Dorfsowjets, seit der frühere an die Front gegangen war. Die beiden anderen in Soldatenmänteln waren verwundete Frontsoldaten: der Kolchosvorsitzende Alischer Aidarow, erst kürzlich aus dem Krieg heimgekommen, noch mit verbundenem Arm, und der Sekretär des Dorfsowjets, Kaly Nukejew, mit Krücken, die an der Wand lehnten. (Alle drei Veteranen sind noch am Leben: Kabylbek Turdubajew ist Rentner und verdienter Kolchosbauer, Alischer Aidarow Agronom beim Tabakanbau, Kaly Nukejew Vorsitzender des benachbarten Dorfsowjets Kök-Sai.)

»Die Schule mußt du einstweilen verlassen«, sagte mir damals Turdubajew. »Später holst du alles nach. Wenn der Krieg vorbei ist. Denn Kaly wird Brigadier ...« Er nickte zu Nukejew hin. »Mit seinen Krücken hätte er es natürlich viel leichter als Sekretär. Aber ohne Brigadier geht's nicht im Kolchos. Das verstehst du doch selber. Und sonst kann das keiner. Mir aber fehlt es an Schulwissen. Mein Lebtag hatte ich nur mit Vieh zu tun. Ich brauch' einen gescheiten Gehilfen. Da haben wir also beschlossen, du machst diese Arbeit ...«

So wurde ich Sekretär des Dorfsowjets. Artschagul, der Ail jenseits des Flusses, gehörte auch noch zu uns. Zwei große Aile, die unruhige Kriegszeit – der Vorsitzende aber kam von der Schafherde und der Sekretär von der Schulbank. So war die Lage. Das Leben indessen nahm seinen Lauf, stellte uns vor Aufgaben, die keinen Aufschub duldeten. Arbeit gab es zur Genüge. Und mit meinem Wissen war es auch nicht weit her. So verfügte das Kreisexekutivkomitee in einem Papier für das Territorium des Dorfsowjets eine »Malleïnisierung« – das war, wie sich später herausstellte, ein veterinärmedizinischer Terminus, und er bedeutete die Spezialbehandlung des Pferdebestandes mit irgendwelchen Präparaten. Ich aber sagte Turdubajew, uns erwarte eine »Mobilisierung« aller Pferde. Er wurde ganz grau im Gesicht. »Und was machen wir hier in den Kolchosen ohne Zugtiere?« Also begaben wir uns auf schnellstem Weg ins Kreiszentrum, ins Dorf Kirowskoje, vierzig Kilometer weit. Um Mitternacht ritten wir los. Trafen schließlich ein voller Unruhe. Doch dort erklärte man uns alles. Es war einfach ein Mißverständnis. Wie wir dann aus dem Kreisexekutivkomitee treten und die Pferde besteigen wollen – ich hatte ein großes Tier erwischt, war aber selber klein, trug obendrein Pelzmantel und Pelzmütze und war gegürtet, denn es war Winter –, da bekomme ich doch den Fuß nicht in den Steigbügel; es war einfach nichts zu machen. Wir mußten aber noch schleunigst zur Bank. Während ich vergeblich versuchte, aufs Pferd zu klettern, hob mich Turdubajew hoch – er war ein kräftiger Mann –, und schon saß ich im Sattel. Auch noch diese Schmach! Was war ich für ein Dorfsowjetsekretär, wenn man mich wie ein kleines Kind in den Sattel setzte!

»Ich mach' die Arbeit nicht länger!« erklärte ich ziemlich schroff.

»Es hat ja keiner gesehen«, beschwichtigte mich Turdubajew. »Und von der Arbeit kommst du nicht los. Du mußt eben noch lernen. Sowie der Krieg aus ist, gehst du wieder in die Schule. Vorwärts!«

Heute, nach vielen Jahren, danke ich dem Schicksal, daß es mich sozusagen von Kind auf mit interessanten, würdigen Menschen zusammengeführt hat. Einer von ihnen war mein Dorfsowjetvorsitzender, der weise Aksakal Turdubajew, ein ehemaliger Hirte. Anderthalb Jahre darauf, als Leute mit Schulbildung aufgetaucht waren, verwundete Offiziere, kehrte er wieder zu seinem ursprünglichen Beruf zurück. Viel später einmal trafen wir uns beim Totenmahl für einen uns nahestehenden Menschen, kamen ins Gespräch und erinnerten uns natürlich an die gemeinsame Arbeit im Dorfsowjet. Ich dachte, der alte Mann würde – wie bei solchen Gelegenheiten üblich – darüber scherzen, daß damals, da es nichts anderes gab, eine Schnepfe für eine Ente herhalten mußte. Aber nein, er unterhielt sich durchaus ernst. »Oft überlege ich noch«, sagte er, »ob wir damals alles so gemacht haben, wie es nötig gewesen wäre.«

Nötig aber war viel in dieser schweren, harten Zeit. Unentwegt wurden Menschen mobilisiert. An die Front, zum Arbeitseinsatz, für Bergwerke, zur Holzbeschaffung und sogar zur Arbeit am Tschu-Kanal, der in jenen Jahren weitergebaut wurde. Wir beschränkten uns nicht darauf, den Leuten ihre Gestellungsbefehle auszuhändigen und alles amtlich zu registrieren. Turdubajew hielt es für seine Pflicht, mit jedem Einberufenen und mit dessen Familie zu reden, da zu überzeugen, dort mit Rat und Tat zu helfen, stets gab er ihnen ein gutes Wort mit auf den Weg, fuhr oft selbst mit ihnen ins Kreiszentrum und ins Militärkommissariat, blieb an ihrer Seite bis zum Abtransport. Einige Male übertrug er diese Aufgabe auch mir, obwohl ich dafür kaum die geeignete Person war. Wie sehr ich mich auch bemühte, gesetzt zu wirken, Junge bleibt Junge.

Einmal geschah folgendes. Ein Hirte, der zum Arbeitseinsatz einberufen war, erschien nicht zum festgesetzten

Termin im Dorfsowjet, um ins Kreiszentrum verabschiedet zu werden. Den Boten schickte er unverrichteterdinge weg. Ich mußte zu ihm hin. Der Mann empfing mich auf der Schwelle seines Hauses, wütend und gereizt. Ehrlich gesagt, er hatte recht. Das ganze Jahr über war er mit einer Schafherde herumgezogen, hatte mit Frau und Kindern nomadisiert. Vier Hirten waren dafür vorgesehen, er hatte mit seiner Frau allein gearbeitet. Für seine Arbeitseinheiten hatte er nichts bekommen. Jetzt wurde er einberufen. Von den Bergen war er in sein unbewohntes, verlassenes Haus im Ail heruntergestiegen. Dort aber war alles wie leergefegt, es gab keinerlei Vorräte, weder Heizmaterial noch Kleidung, noch Futter für die Kuh.

»Wie kann ich losfahren und sie im Stich lassen!« sagte er und wies auf die kleinen Kinder und seine kranke Frau, die, mit einem Pelz zugedeckt, in einer Ecke lag.

Ich wußte nicht weiter. Doch mir war klar: Gesetz ist Gesetz, man mußte es erfüllen.

»Fahren Sie, wir kümmern uns schon«, versicherte ich ihm aufrichtig, obwohl ich mir nicht vorstellen konnte, wie und womit ich dieser Familie helfen könnte. Der Hirte lächelte traurig.

»Du-u willst dich kümmern?«

»Ja, ich, unser Dorfsowjet . . .«

»Na schön, Junge«, sagte er seufzend. »Geh nur, ich komm' schon irgendwie allein klar. Geh. Und hab keine Bange. Ich versorg' sie nur ein wenig, dann schickt mich meinetwegen ans Ende der Welt.«

Niedergeschmettert kam ich zurück in den Dorfsowjet. Ich erzählte alles Turdubajew. Sein Gesicht verfinsterte sich. Immerfort preßte er seinen Bart in der Faust. Er hatte so eine Angewohnheit.

»Was schlägst du vor?« fragte er in tonloßem Baß.

»Helfen Sie«, sagte ich. »Sie brauchen Heizmaterial, Heu, und mit Mehl ist's bei ihnen auch schlecht bestellt. Die Kleinen frieren, man sieht ihnen an, daß sie hungern.«

»Was nötig ist, weiß ich allein. Du hast ihnen Hilfe versprochen, im Namen des Dorfsowjets, nun sieh zu, daß du dein Versprechen erfüllst. Sonst werden uns beiden die Leute nicht mehr glauben. Geh zum Kolchosvorsitzenden und setz durch, daß sie dir ein Fahrzeug geben und Heu ranschaffen, Stroh zum Heizen. Setz durch, daß sie ihnen Mehl und Kartoffeln zuteilen. Der Mann muß morgen zum Arbeitseinsatz fahren und wissen, daß hier die Sowjetmacht ist. Mag der eine alt sein und der andre klein – immerhin sind sie die Macht.«

Es war nicht so einfach, dem Kolchosvorsitzenden das Erforderliche abzuringen. Ich hatte ihm gerade noch gefehlt! Er habe im Kolchos genug eigene Sorgen. Für alles sei er verantwortlich: Erfüll den Plan, gib dies und das. Niemand sagte dem Kolchos: Da, nimm! Immer nur: Gib! Um geben zu können, müsse man arbeiten. Aber mit wem? Wer solle arbeiten? Es gäbe niemanden, der auch noch Heu und Stroh für die Wirtschaften ausfahren könnte. Wenn der Mann zum Arbeitseinsatz müsse, dann solle er doch losziehen; schließlich sei er nicht der einzige. Das ganze Land kämpfe. Alle Familien litten Not, lebten ärmlich . . .

Mußte ich gerade im ungünstigsten Moment beim Vorsitzenden auftauchen? Dem Mann schmerzte auch so das Herz. Doch ich blieb hartnäckig, argumentierte, so gut ich konnte, bettelte. In meiner Verzweiflung war ich bereit, zur Heugabel zu greifen. Wir standen auf dem Pferdehof. Als ich schließlich gesagt bekam: Da sind Pferde, da ist Geschirr, Stroh findest du auf dem Feld, bei der Tenne, Heu steht dort in Schobern, wir haben keinen, der's wegfahren kann, kümmre dich selber – da stürzte ich mich auch schon in die Arbeit, spannte Pferde an, schmiß ein paar Heugabeln auf den Wagen und fuhr polternd auf die Straße hinaus. Ich mußte mich beeilen. Ein Wintertag ging schnell zur Neige. Auf der Straße hielt ich kurz beim Haus meines Vetters, Païsbek Mombekow. Er lebte bei Verwandten, der Vater war in der Armee, die Mutter gestorben, Païsbek selber unterrichtete, wie bereits gesagt, in der Schule, fünfzehn Jahre war er alt. Ich hatte Glück: Païsbek war zu Hause. Zu zweit fuhren wir aufs Feld Stroh holen. Wir packten den Wagen übervoll. Unterwegs kippte er uns um. Wir spannten die Pferde aus, richteten den Wagen – wenn auch mit großer Mühe – auf und beluden ihn wieder mit dem Stroh. Gegen Abend, noch bei Tageslicht, rollten wir in den Hof des Hirten. Hoch auf der Fuhre thronend, sah ich, daß er in seinem Garten bereits viele Bäume gefällt hatte. Keinen verschonte er. Wir luden das Stroh ab, er aber schwang unentwegt die Axt. Schließlich trat er näher, verschwitzt, mit dampfendem Rücken.

Wir schwiegen, und da sagte er: »Danke, Jungs. Ich hab' gerade Pappeln als Brennholz geschlagen. Ein wenig müssen sie trocknen, dann werden sie damit heizen können, während ich weg bin. Schade, die Bäume waren noch jung. Aber was hilft's. Nach dem Krieg pflanzen wir neue, so Gott will, sollen die dann groß werden.«

Ich reichte ihm ein Papier mit der Anweisung des Vorsitzenden, seiner Familie Mehl und Kartoffeln auszuhändigen. Ich erinnere mich genau – acht Kilo Schrotmehl und zwanzig Kilo Kartoffeln. Heu, versprach ich, würden wir am nächsten Tag morgens bringen.

»Verzeih, Bruder, daß ich mich neulich so ereifert habe«, sagte der Hirte betreten. »Mir war himmelangst: die Kinder noch so klein und die Frau in letzter Zeit oft krank. Sie hat sich in den Bergen erkältet. Sonst hätt' ich ja kein Wort verloren . . .«

Païsbek und ich brachten eine Säge, und wir zersägten an jenem Abend noch lange die gefällten Pappeln zu Klötzen, damit man sie dann in Scheite hacken konnte.

Ich kam sehr spät nach Hause, unterwegs von Hunden verfolgt. Und nachts fand ich keinen Schlaf. Ich fürchtete, ich könnte verschlafen. Frühmorgens mußte ich das Sammeln der Einberufenen und ihre Abfahrt ins Kreiszentrum überwachen. Doch das war es nicht allein. Verschiedene Gedanken machten mir den Kopf schwer. Ich dachte an den Krieg. Früher hatte ich ihn mir so vorgestellt: unentwegtes Maschinengewehrfeuer und Heldentaten über Heldentaten, die Feinde fallen wie niedergemäht, die Unsern sind gegen alles gefeit... Diese naive kindliche Illusion brach grausam zusammen. Kein Tag verging, ohne daß im Dorfsowjet »schwarze Papiere« eintrafen, Gefallenenmeldungen von der Front. Den Heldentod starb dieser, dann jener, der dritte, der vierte... Am schrecklichsten war, die Familien der Gefallenen zu benachrichtigen. Obwohl alte Aksakale die bittere Kunde mit gebührender Würde überbrachten und der ganze Ail jeden Gefallenen beweinte, war es doch meine Aufgabe, den Betroffenen das »schwarze Papier« auszuhändigen. Nicht gleich, erst später, nach dem ersten Ausbruch von Verzweiflung und Leid. Und doch war's schrecklich, der amtlichen, von meinem Vorgänger geerbten Feldtasche das handtellergroße Stück bedruckten Papiers mit dem Militärstempel und den Unterschriften von Majoren, Hauptleuten oder anderen Stabsoffizieren zu entnehmen. Der Text beanspruchte nur wenige Zeilen. Leise lese ich, übersetze die Worte ins Kirgisische und verstumme. Mir antwortet ein tiefer, hoffnungsloser Seufzer, als löse sich schurrend ein Steinschlag vom Berg, ehe er prasselnd talwärts stürzt. Mir fällt schwer, die Augen zu heben, auch wenn mich keine Schuld trifft. Ich übergebe das Papier. »Verwahren Sie es«, sage ich. Jäh wird das unterdrückte, verhaltene Weinen der Mutter von krampfhaftem Schluchzen zerrissen und geht über in langes, unendlich leidvolles Weinen. Soll ihr wirklich dieses Papier den lebendigen Sohn ersetzen?!

Ich kann weder aufstehen noch weggehen oder trösten. Welche Worte brächten hier Trost? In solchen Augenblikken möchte ich am liebsten aus der Tür stürzen, ein Maschinengewehr packen, ja, ein Maschinengewehr, und mit ihm ohne Atempause dorthin rennen, an die Front, woher dieses Papier kam. Um dort, vor Wut und Zorn rasend, die Faschisten reihenweise niederzuschießen, reihenweise, aus dem unerschöpflichen, nie verstummenden Maschinengewehr. Aber das geschieht nur in Gedanken. Wer gäbe mir schon ein Maschinengewehr, einem Jungen, der obendrein noch klein ist! Ja, wäre ich wenigstens größer!

Endlich gehe ich, bedrückt vom Leid mir nahestehender Menschen. Ich gehe, über der Schulter die Feldtasche vom Dorfsowjet. Darin aber sind noch andere Gefallenenmeldungen.

Von dieser amtlichen Tasche aus der Vorkriegszeit – solche Taschen trugen gewöhnlich reisende Bevollmächtigte – erzählte ich einmal einem Landsmann, dem bekannten kirgisischen Schriftsteller Aschim Dshakypbekow, Chefredakteur des Studios »Kirgisfilm«. Die Tasche hatte seinem älteren Bruder Aitaaly gehört. Aschim ging damals in eine untere Schulklasse. Aitaaly indessen war ein umgänglicher Bursche, er mied uns nicht, sondern organisierte Kriegsspiele, führte uns auf Feldzügen an; dann aber schoß er unversehens in die Höhe, wurde erwachsen und arbeitete kurz vor dem Krieg als Sekretär des Dorfsowjets. Später, als ich an der Reihe war, den Sekretärposten zu übernehmen, fragte mich Nukejew bei der Übergabe der Geschäfte: »Hast du denn eine Tasche? Worin willst du die Papiere austragen?« Natürlich besaß ich keine Tasche, in die Schule gingen wir damals mit den Büchern unterm Gürtel. Da kramte er diese Tasche vom Boden des Schranks aus einem Haufen alter Papiere. »Da, nimm. Das ist die Tasche von Aitaaly. Sie lag noch dort, wo er sie hingeworfen hatte, als er zur Armee ging. Nimm und benutz sie. Du wirst doch Papiere nicht in der Hand tragen . . .«

So kam ich zu dieser Tasche. In ihr entdeckte ich allerlei dienstliche Notizen, alte Quittungen, nicht ausgehändigte Benachrichtungen über die Besteuerung von Wirtschaften und zwischen alledem auch einen Brief in Versen, eine Liebeserklärung. »Aschyktyk kat« lautete der Titel dieser Botschaft. Offenbar war Aitaaly nicht mehr dazu gekommen, sie dem Mädchen zu überreichen, für das sie bestimmt war. Ich wußte nicht, was ich damit tun sollte. Der Name des Mädchens war nicht angegeben. Nur die Initialen. Mir schien es unangebracht, diesen Brief jemandem zu zeigen, ich zerriß ihn in meiner Naivität und in meinem Unverstand. Später bedauerte ich das sehr. Als die Nachricht von Aitaalys Tod an der Front in diese Tasche geriet, begriff ich das Unüberlegte meines Tuns.

Zu meinen Obliegenheiten gehörte es, an die Familien von Frontsoldaten nach einem Verzeichnis winzige Bündel von primitiven Streichhölzern aus einem Industriekombinat zu verteilen, selbstgefertigte, in kleine Stücke geschnittene Seife, Garn und Petroleum – »ein Medizinfläschchen« pro Familie.

Armut, Entbehrungen, Leiden. Wer dachte nicht: Ob all das jemals endet? Sind der Prüfungen noch nicht genug? Doch nicht darin bestand die schlimmste Prüfung. Das Volk bewies große, unbeschreibliche Tapferkeit, beugte das Haupt nicht vor dem grimmigen Antlitz des Krieges. Mochte das Leben so schwer sein, daß es mitunter schien, die Kraft reiche nicht mehr für noch ein Unglück, für immer neue Bürden, und die menschliche Geduld sei erschöpft – die Menschen gaben nicht auf, unternahmen wieder und wieder, was nur in ihrer Macht stand.

Viel ist schon über die Frau der Kriegsjahre gesagt worden. Gebührend und zu Recht hat man sie als Werktätige und Mutter gepriesen. Und dennoch: Wäre ich Bildhauer oder Maler, mein Leben widmete ich ihrer Darstellung, bemüht, meiner Dankbarkeit, meiner Begeisterung, meinem Stolz und meinem Mitgefühl für diese große Gestalt des zwanzigsten Jahrhunderts Ausdruck zu verleihen.

Ich erinnere mich, einmal erschien im Dorfsowjet ein Maler von außerhalb, ein älterer Mann. Für Mehl malte er Porträts von Stachanowarbeiterinnen. Assija Dubanajewa, unsere Schöne, beste Gruppenleiterin, fröhlich und umgänglich von Natur, wirkte auf dem Bild völlig verändert. Sie sah sich ähnlich und doch wieder nicht. Ich weiß nicht, ob dieses Porträt erhalten geblieben ist. Ein junges, schönes Gesicht mit Augen voller Unruhe und Leid. Wir standen neben dem Maler und sahen ihm bei seiner Arbeit zu. Jemand sagte ihm, die Assija auf dem Bild sei doch gar nicht ähnlich.

»Sie ist all denen ähnlich, die auf ihre Männer warten«, entgegnete der Maler.

Leider sah unsere Assija ihren Mann nicht wieder. Ihre Jahre verrannen mit Warten und Arbeit, Arbeit und Warten.

Halbwüchsige sind trotz allem große Kinder. Aber neben den Frauen nahmen in jenen Tagen gerade sie die

Männersorgen ums tägliche Brot auf ihre noch unentwikkelten, halb kindlichen Schultern. Die zwölf-, dreizehnjährigen Jungen von damals wurden Pflüger und Getreidebauern. Im Jahr 1942 beschloß unser Kolchos in Scheker, zusätzlich über zweihundert Hektar Neuland mit Sommergetreide zu bestellen. »Brot für die Front!« Damit war alles gesagt. Aus heutiger Sicht ist es überhaupt kein Problem, ein paar hundert Hektar zu pflügen. Man fährt einen Traktor auf das Stück Land, und die Sache ist erledigt. Damals aber, mit Pferden, bei den wenigen Pflügen im Kolchos, war es eine Heldentat, soviel Ackerland über den Plan hinaus umzubrechen. Ja, eine Heldentat! Ein Vierergespann mit einem Zweischarpflug schafft an einem Tag im Höchstfall einen reichlichen halben Hektar Brache oder Neuland. Da kann man sich's ausrechnen . . .

Die Pflügerjungen mußten aus diesem außergewöhnlichen Grund die Schule verlassen. Schon im Winter begannen sie nämlich die Pferde vorzubereiten. Ein Zugpferd braucht tägliche unermüdliche Pflege, sonst macht es schon in den ersten Tagen der Saatkampagne schlapp. Die Arbeit mit dem Pflug ist in der Landwirtschaft die allerschwerste. Auf dem Dorf weiß das jeder.

Um mit dem Pflügen und der Aussaat zu Rande zu kommen, zogen die Jungen in jenem Jahr bereits in den ersten Frühlingstagen aufs Feld. Der Boden begann gerade erst zu atmen. Genaugenommen war der Winter noch nicht vorbei. Ich erinnere mich, als wäre es heute – wir hatten Ende Februar.

Gleich in den ersten Tagen ritt ich auf das Neuland in der Kök-Sai-Steppe, um nach meinen Kameraden zu sehen. Als ich frühmorgens aufbrach, war der Tag grau und trüb. Am Ziel aber begann es unversehens heftig zu schneien. Die Flocken wirbelten, hüllten alles in Weiß.

Und für allezeit hat sich mir seitdem das Bild der kleinen Pflüger im Schneegestöber eingeprägt. Die Flocken waren groß, fielen dicht und tauten schnell. Sie erfüllten einen riesigen, öden Raum, verhüllten den Blick auf die ganze weiße Welt. Stille herrschte ringsum, Menschenleere, da war nichts als lautlos fallender Schnee. Doch die Pflüger ließen sich nicht beirren, trieben unermüdlich die Tiere an. Einen schwarzen Ackerstreifen entlang, der einen Hügel überspannte, zogen die Pflüge dahin, als wären es Schiffe, die im Nebel steile Wellenkämme bezwingen. Sie verschwanden hinterm Hang, als sänken sie in Wogentäler. Dann hörte man nur noch die Jungenstimmen. Ich ritt zu ihnen hin.

Die Pflüge tauchten aus dem Schneegestöber. In die Furche geduckt, hastig atmend, stemmten sich die Vierergespanne voran. Der Schnee taute augenblicklich auf ihren heißen Rücken, wurde zu weißem Dampf. Schwer hatten es die Gäule, die Erde unter ihren Füßen war feucht und glitschig, das Geschirr klitschnaß. Aber auch die Jungen, die sie antrieben, hatten es nicht leichter. Ihre Köpfe bargen sie unter nässeschweren Säcken. Diese Jungen waren ja noch halbe Portionen. Bei solchem Wetter hätten sie besser in einem warmen Winkel sitzen sollen. Doch sie waren Kriegskinder, sie wußten, das war ihr Los und ihre Pflicht.

Es schneit und schneit... Durch den weißen Flockenwirbel kriechen die schwarzen Gespanne mit den Pflügen. Keinen Augenblick bleiben die Pflüge stehen... Ich erkenne die Jungen an den Stimmen: Baitik, Tairybek, Satar, Anatai, Sultanmurat... Meine Klassengefährten. Lange zögere ich, mich ihnen zu nähern – sie sollen nicht sehen, daß ich weine.

Im Winter widerfuhr uns ein schreckliches Unglück.

Nachts klopfte es heftig ans Fenster. Aus dem Sattel gebeugt, schrie jemand: »Aufstehn! Schnell zum Pferdestall! Sie haben uns Pferde gestohlen!«

Im Handumdrehn war ich angezogen und rannte los. Aus allen Häusern stürzten Leute, warfen sich im Laufen schnell was über. Als ich mich dem Pferdestall näherte, hörte ich laute, erregte Stimmen. Wie sich herausstellte, hatten um Mitternacht, als der wachhabende Pferdewächter eingeschlafen war, Unbekannte die beiden besten Pferde aus ihrer Box am Tor herausgeholt. Der Wärter hatte zunächst gedacht, sie wären zufällig losgekommen, und begriff erst, als er entdeckte, daß mitsamt den Pferden auch die Sättel verschwunden waren. Da stürzte er hinaus, doch es war zu spät . . .

Wir mußten die Pferdediebe erwischen. Ohne erst zu satteln, sprang jeder auf irgendein Pferd, und schon preschten wir in verschiedenen Richtungen davon, ihnen nach. Was hätten wir schon tun können, wenn wir sie wirklich eingeholt hätten? Kein Pferdedieb hätte sich vor uns Jungen gefürchtet! Bis zum Morgengrauen durchsuchten wir Schluchten, Mulden und verlassene Winterhütten, aber nirgends fanden wir auch nur eine Spur. Es waren erfahrene Diebe. Wir waren fassungslos: Da hatten wir die Pferde für die Frühjahrsaussaat vorbereitet, hatten deswegen die Schule aufgegeben, und dann fanden sich Leute, die alles kaltließ . . .

Ich bemühe mich, möglichst zurückhaltend und lakonisch zu schreiben, denn es würde die Grenzen des Genres sprengen, wollte ich in allen Einzelheiten erzählen, was sich in jenen Jahren in unserem Scheker zutrug. Ich will versuchen, die Menschen und die Ereignisse zu gruppieren. Über meine Altersgefährten aus dem Dorf könnte ich noch viel Interessantes und Wissenswertes berichten, denn wir gehörten zu jener Generation von Halbwüchsigen, die schon am Tag nach dem Kriegsausbruch die Welt der Kindheit mit dem Strudel des Kriegslebens vertauschte, mit der leidvollen Wirklichkeit des Hinterlands; sie aber forderten von uns die Reife und den Mut von Erwachsenen.

Denke ich an meine damaligen Altersgefährten, dann gelange ich heute zu dem Schluß, daß meine Generation möglicherweise gerade durch die rauhen Verhältnisse so lebenstüchtig und charakterfest geworden ist. Das soll keineswegs heißen, der heutige materielle Wohlstand beeinträchtige die Lebenstüchtigkeit der Jugend. Im Gegenteil. Nur Unverstand verkehrt Gutes in Schlechtes. Jede Zeit stellt an den Menschen ihre Anforderungen, jede hat ihre Probleme, und daher ist das Leben niemals leicht, wenn man es ernst nimmt, etwas wagt und nicht bloß nach einem sorglosen Dasein trachtet. Ein Mensch, der in den Tag hinein lebt, stirbt als Persönlichkeit. Dabei konnten wir damals von solchen Möglichkeiten der Persönlichkeitsentwicklung, wie es sie heute gibt, nicht einmal träumen. Aber eigentlich geht es gar nicht darum. Ich möchte einfach sagen, daß unter meinen Altersgefährten aus der Kriegszeit nicht einer war, für den ich mich heute schämen müßte. Nicht ein einziger. Sie alle haben längst Familien, zumeist auch schon erwachsene Kinder, jeder geht seiner Arbeit nach, und ich bin sehr froh, sagen zu können, daß ihre Lebenswege von großer menschlicher Würde geprägt sind. Wen ich auch nehme, ich kann mich für jeden verbürgen. Die Brüder Taissarijew – die »Pflüger« Baitik und Tairybek – werken bis zum heutigen Tag, ohne die Hände in den Schoß zu legen, sind geachtete Männer im Ail, Kommunisten. Baitik ist Gruppenleiter, ein in der ganzen Republik angesehener Tabakbauer. Tairybek ist in der Feldwirtschaft ebenso unentbehrlich wie in der Viehzucht. Über Païsbek Mombekow sprach ich bereits – dreiunddreißig Jahre ist er Lehrer gewesen, ehe er vor zwei Jahren starb. Toktogul Ussubalijew hat es vom Rechnungsführer zum Kolchosvorsitzenden gebracht. Heute leitet er den Kolchos im benachbarten Bakaïr. Abdaly Nuralijew, ehemals Komsomolarbeiter, ist Kolchosaktivist. Toktogul Mambetkulow und Batima Orosmatowa unterrichten nun schon viele Jahre an der Schule die Kinder von Scheker. Nurija Dsholojewa und Orosgul Ussubalijewa arbeiten in fernliegenden Kreisen gleichfalls als Lehrer. Alymseït Doolbekow ist ein schon langjährig erfahrener Veterinärhelfer. Shaparbek Dossalijew arbeitet in einem Forstwirtschaftsbetrieb. Turgunbai Kasakbajew ist Vorsitzender eines der größten kirgisischen Kolchose. Im Kolchos »Rossija« gibt es allein sechzigtausend Schafe. Mirsabai Dsholdoschewa ist Hauptbuchhalterin eines ebenfalls sehr großen Kolchos in unserem Kreis Kirowskoje. Gapar Medetbekow ist ein bekannter Schauspieler am Dramatischen Theater von Naryn geworden ...

So haben sich unsere Schicksale gefügt. Unter unsäglichen Mühen, aber nicht ziellos.

Bei dem großen kasachischen Dichter Abai heißt es, das Leben gleiche der Bewegung des Meeres: So wie dort eine Wogenkette hinter der anderen herrolle, so folge auf die Welle einer »vorangegangenen Generation« die nächste, darauf die übernächste und so fort, ohne Ende ... Und das Meer lebt ...

Wenn ich an die Kriegsjahre zurückdenke, gelange ich zur Überzeugung, daß in unserer ethischen Entwicklung die »vorangegangene Welle« die entscheidende Rolle gespielt hat – die ältere Generation, die Generation der Frontsoldaten. Darüber könnte man sehr viel erzählen.

Natürlich sind die Generationen stets miteinander verbunden. In friedlichen Zeiten vollzieht sich dieser Prozeß auf natürliche Weise mittels Weitergabe von Erfahrungen und Traditionen. Im Krieg wurde das alles jäh unterbrochen. Unser stilles Scheker am Fuße des ewigen Manas, umgeben von Bergen, sah sich plötzlich im Strudel von Ereignissen, die die Welt erschütterten. Unsere Menschen, zum Schutz des Vaterlands aufgerufen, strömten an die Fronten, uns erreichten die Wogen der Evakuierten. Jenseits der Berge aber, durch die Bahnstation Maimak, die uns mit der Außenwelt verband, durch die nächstgelegene Stadt Dshambul, fuhren Tag und Nacht Militärzüge in die eine und in die andere Richtung – nach West und nach Ost. Hier pochte dröhnend der fiebrige Puls des kämpfenden Landes.

Einer der ersten, der uns aus eigener Erfahrung vom Krieg erzählte – von der Front, von Panzerangriffen, Bombenexplosionen und Waldbränden, vom Erlebnis der Schlachten, von Lazaretten und Militärchirurgen, von Tod und Tapferkeit –, war unser berühmter Ail-Sänger, der Dichter Myrsabai Ukujew. Er ist längst dahingegangen. Die Lieder von Myrsabai Ukujew aber kennt und singt man im Umkreis des Manas bis zum heutigen Tag.

Myrsabai Ukujew war der erste verwundete Frontsoldat, den unser ganzer Ail voller Freude, aber auch mit Bestürzung empfing, denn er wurde vom Wagen gehoben und bekam Krücken unter die Arme gesteckt: ihm fehlte ein Bein. Dergleichen hatten wir noch nie gesehen. Lahme und Krumme, die ja. Aber daß ein Bein hoch überm Knie einfach weg war, das war zumindest uns Jungen noch bei keinem begegnet. Es war schrecklich . . .

Früher einmal war er ein junger, schöner Lehrer gewesen. Er ritt auf einem grauen Paßgänger, und sein Roß hieß »Myrsabais dshorgo«. Myrsabai sang gern und dichtete auch eigene Lieder, während er in die Saiten seiner Tschertmek griff. Und nun war er ohne Bein zurückgekommen; unnatürlich bleich von Lazarettaufenthalten und Bahntransporten, stand er auf Krücken inmitten der Dörfler, lächelte und weinte mit allen.

An jenem Abend sang Myrsabai vor einer großen Volksmenge Frontlieder, die er im Lazarett verfaßt hatte. Das war für uns ein großes Ereignis, hat sich mir fürs ganze Leben eingeprägt. Wir alle waren ergriffen von Myrsabais Gesang, von seinem poetischen Bericht über den Krieg. Die Menschen lauschten mit angehaltenem Atem, gedachten der Ihren, die an die Front gegangen waren, lauschten und wischten sich Tränen ab … Er sang von sich, von seinen Regimentskameraden, doch das waren Lieder auch über einen jeden von uns, über das ganze Volk.

Stegreifpoesie ist schwer zu übersetzen und nachzuerzählen. Die Verskunst eines Akyn bezieht ihren Zauber daraus, daß man ihr Entstehen miterlebt – aus der Gleichzeitigkeit von Schöpfung und Vortrag. Dennoch will ich es versuchen. (Söhne verschiedener Völker – Russen, Kasachen, Usbeken und Kirgisen –, kamen wir uns in der Armee näher als Blutsverwandte. Wir haben eine Mutter – unsere Heimat; mit ihrer Milch hat sie uns alle genährt. Wie könnte unser Herz stumm bleiben, ihr Dshigiten, wenn unserer Mutter Unheil widerfährt? Gibt nicht sie uns Auftrieb, wenn wir einen steilen Berg hinauf müssen, schenkt nicht sie uns Hoffnung, wenn wir einen steilen Berg herunter müssen? Schwören wollen wir, wie unsere Helden einst schworen: Fällt uns der Tod, dann werden wir alle auf demselben Feld liegen, erringen wir den Sieg, dann werden wir alle auf demselben Berg stehen. So sprachen wir zueinander, während wir uns durch Wälder den Stätten näherten, wo wir auf die Faschisten stoßen sollten. Schon dröhnte unter unseren Füßen die Erde wie bei einem gewaltigen Erdbeben. Schon fielen Bomben, jagten mit ihrem gräßlichen Heulen die Seele aus dem Körper und ließen schwarzen Staub gen Himmel stieben. Wir warfen uns in die Schlacht bei Leningrad ...)

Das sang er seinen Ail-Gefährten. Besonders schön und rührend fanden wir jene Stelle in Myrsabais Geschichte, wo der Militärzug auf der Fahrt von Nowosibirsk an die Front offenbar seine Route änderte und unversehens auf jene Bahnstrecke geriet, die durch unsere Station Maimak führt. Im Morgengrauen passierte er, ohne die Geschwindigkeit zu vermindern, ohne Halt auf dem Bahnhof, die Maimak-Schlucht, den Tunnel, vorbei am Talas-Kamm, am Manas. Und offenbar improvisierte damals Myrsabai folgende Verse, die uns besonders erschütterten und seither zum Lied unseres Ails geworden sind. Es waren Abschiedsworte an die Berge des Alatau:

Meinem Blick entschwindet schon der Alatau,
der schneeblaue, wasserspendende Alatau.
Meinem Blick entschwindet schon unser Manas,
der weißhäuptige, väterliche Berg Manas.
Auf Wiedersehn, schneeblauer Alatau,
wünsch deinen Söhnen den Sieg über den Feind.
Auf Wiedersehn, väterlicher Berg Manas,
wünsch deinen Söhnen den Sieg über den Feind.
Gespiegelt in meinen Augen, nehm ich euch mit –
dich, schneeblauen, wasserspendenden Alatau,
dich, weißhäuptigen, väterlichen Berg Manas ...

Wie oft haben wir dieses Lied dann als Willkommens- und Abschiedsgruß gesungen!

In jenem Winter gaben wir den achtzehnjährigen Burschen das Geleit. Noch gar nicht lange war es doch her, daß wir gemeinsam herumgetollt waren. Mochten sie auch ein wenig älter sein – sie waren einfach unsere Spielkameraden, unsere Gefährten gewesen. Jetzt zogen sie an die Front. Mit ihnen Dshumabai Orunbekow, mein Verwandter und Freund. Blutjung war er noch. Er hatte die Schule besucht, dann im Kolchos gearbeitet. Das war auch schon sein ganzes Leben, das er auf dem Schlachtfeld dahingab. Ich erinnere mich, wie er dieses Lied anstimmte, als die Jungen im Leiterwagen Platz genommen hatten.

> Gespiegelt in meinen Augen, nehm ich euch mit –
> dich, schneeblauen, wasserpendenden Alatau,
> dich, weißhäuptigen, väterlichen Berg Manas . . .

Und los ging die Fahrt, die Straße lang durch den Ail. Ihre Angehörigen liefen hinterm Wagen her. Nur Myrsabai blieb stehen, auf seine Krücken gestützt, und lauschte dem Abschiedslied an die Heimat, das noch lange zu ihm herüberscholl.

Myrsabai Ukujew genoß in unserem Ail wahrhaft große Achtung und Verehrung. Kein Ereignis ging ohne ihn vonstatten – ob Kolchosversammlung (von seiner Rückkehr bis ans Ende seiner Tage war er Rechnungsführer und ständig Mitglied der Parteileitung), ob Familienfeierlichkeiten, Willkommens- oder Abschiedsfeste –, in Freud und Leid für den Ail war Ukujew stets gern gesehen, wurde er gebraucht, gehörte er einfach dazu. Mit einem klugen Wort, einem Lied flößte er den Menschen Hoffnung ein, ließ er sie an den Sieg glauben und für ihn kämpfen.

In unserem Ail waren groß und klein stolz auf ihn und

kannten seine Frontbiographie. Sie wußten die Namen aller, die mit ihm gedient hatten, wußten, wer sie waren und woher sie gekommen, sie kannten seine Kommandeure, denn von alldem handelte sein gesungenes Poem über den Krieg. Alle wußten auch, wie und unter welchen Umständen er verwundet, von wem er gerettet worden war.

Das war in den Wäldern um Leningrad geschehen, wohl im Sommer oder Herbst 41. Bei einem Gefecht explodierte eine Granate in nächster Nähe. Er erinnerte sich noch, wie etwas gegen sein Knie schlug. Als er wieder zur Besinnung kam, dauerte das Gefecht noch an, ringsum dröhnte alles von der Schießerei und den Detonationen. Er blutete stark, war außerstande, sich zu bewegen und wollte schon Abschied nehmen von der Welt – da erreichte ihn kriechend eine Sanitäterin. Das russische Mädchen Tanja. Im Ail nannten alle sie Tanija. Wenn doch unsere Tanija wüßte, wie Myrsabai Ukujews Dorfgenossen sie bewunderten, sie liebten! Schade, heute ist nicht mehr festzustellen, wer diese Tanja war, denn Myrsabai Ukujew lebt nicht mehr. Sie schaffte es, ihn zu verbinden und vom Schlachtfeld zu tragen. Über sie sang uns Myrsabai:

> Welche Mutter nur gebar ein Mädchen,
> dessen Güte keine übertrifft auf der Welt . . .
> Jene Frau lieb' ich mehr als die leibliche Mutter.
> Welcher Vater nur erzog solch ein Mädchen,
> dessen Kühnheit keine übertrifft auf der Welt . . .
> Jenen Mann lieb' ich mehr als den leiblichen
> Vater . . .

Diese Zeilen zitiere ich freilich in sehr freier Übersetzung. Stegreifpoesie, die so sehr davon lebt, durch den Vortrag des Verfassers die Zuhörer unmittelbar zu erreichen, soll man vielleicht nicht schriftlich festhalten. Auf dem Papier stirbt sie wie eine zwischen den Seiten eines Buches vertrocknende Blume.

Die Nachkriegsjugend von Scheker schuldete Frontsoldaten wie Myrsabai Ukujew in vielem Dank. Er nahm es sich sehr zu Herzen, daß wir die Schule aufgeben mußten. 1944, als der Krieg bereits nach Westen gerollt war, als nach und nach arbeitsverpflichtete Männer und viele verwundete Frontsoldaten heimkehrten, beeilte sich Myrsabai, uns wieder zum Lernen zurückzuschicken. Ein Teil von uns setzte sich zu der Zeit schon wieder auf die Schulbank. Nach dem Krieg fuhr ich zum Studium am Zootechnikum nach Dshambul. Es war, ich muß schon sagen, eine sehr, sehr schwere, eine Hungerzeit. Eines Tages rief man in einer Pause zwischen den Lehrveranstaltungen nach mir: »Dich sucht ein Mann auf Krücken!« Ich lief auf den Hof – es war Myrsabai-aka. Lächelnd strich er sich über den Schnurrbart. Auch ich freute mich sehr.

»Ich hatte in der Stadt zu tun, im Materiallager, da dachte ich mir, ich schau mal nach, wie du mit der Wissenschaft klarkommst.«

Ich erzählte ihm von unserem Leben und Treiben. Er war zufrieden.

»Komm mit auf die Straße«, sagte er und humpelte vom Hof. »Ich hab' dir was mitgebracht, es liegt im Wagen.«

Wir gingen zum Tor.

»Ich weiß doch, daß ihr's nicht leicht habt jetzt«, sagte er, »sehr schwer sogar. Laß dir's trotzdem nicht einfallen, das Studium hinzuschmeißen. Dazu haben wir jetzt kein Recht. Der Krieg ist zu Ende. Wenn's gar zu schlimm wird, gib mir Bescheid. Wir lassen uns im Ail was einfallen. Aber lernen mußt du . . .«

Ein Altersgefährte und Freund von Myrsabai Ukujew,

für uns damals eine ebensolche Respektperson wie er, war der erste Mähdrescherfahrer unseres Ails, der alte Kommunist Toilubai Ussubalijew. Heute ist Toiluke-Aksakal, wie wir ihn nennen, Großvater einer zahlreichen Enkelschar. Sein Sohn, Sati Toilubajew, ist Hirte einer Eliteschafherde im Sowchos Kök-Sai. Satis Kinder wachsen heran wie eine ganze Abteilung. Große Achtung genießt Toilubai Ussubalijew bei seinen Nachkommen. Doch am Vorabend des dreißigsten Siegesjubiläums möchte ich die jungen Leute zusätzlich daran erinnern, daß Toiluke in den Kriegsjahren einer der wenigen war, die man ihren Bitten zum Trotz nicht an die Front schickte – er war für mehrere Kolchose der einzige Mähdrescherfahrer. Und wie er auf dem Mähdrescher arbeitete, ist längst Legende geworden. Niemand hielte jetzt so etwas für möglich, eine derartige Mähdrescherruine würde man heutzutage gar nicht erst reparieren, sondern sofort verschrotten, er aber übertrug die eigene Lebenskraft auf diese Ruine und erfüllte seine Pflicht... Es ist sein Mähdrescher, der in meiner Novelle *Dshamilja* eine Rolle spielt. Im Sommer 1944, während der Erntekampagne, war ich sein Gehilfe. Solange der Mähdrescher zu tun hatte, und sei's Tag und Nacht, gönnten wir uns keine Ruhepause. Die Front mußte versorgt werden, das Getreide duldete keinen Aufschub... Es war der heroischste Sommer meines Lebens. Nie werde ich jene Tage vergessen...

Und wieder ein Lied. Schon grünt das Gras am Wegrand, schon ziehen Herden mit ihrem Nachwuchs über die Berglehnen, die Hänge. Bestellte Felder huschen vorbei wie Spiegel – hier Wintersaaten, dort Hackfrüchte... Und wieder Felder, hier Hackfrüchte, dort Wintersaaten... Hinter mir zurück bleibt Dshambul, der unaufhaltsam wachsende, vom modernen Tempo der Urbanisierung erfüllte einstige Karawanenstützpunkt Aulije-Ata. Von hier aus fuhren meine Landsleute in Militärzügen an die Front, hierher, an die Eisenbahn, brachten wir unser Brotgetreide für die Front. Und da, unter den Wolken vor mir, erkenne ich bereits die Schneefelder des Manas...

Der Erste Sekretär des Dshambuler Gebietsparteikomitees, Assan Bekturganowitsch Bekturganow, während der Verteidigung Moskaus Politleiter einer Schikompanie, erzählte mir einmal, das Vermächtnis der Gefallenen an die Soldaten des Regiments laute: das Leben so zu gestalten, daß man der Toten mit Stolz und reinem Gewissen gedenke.

Das gleiche könnten wir auch von uns sagen, von dem zahllosen Volksheer im Hinterland während der Kriegsjahre.

Daran mußte ich unterwegs denken, die Schneefelder des väterlichen Berges Manas-Ata vor Augen.

Essay für die Illustrierte *Ogonjok*, Nummer 19, 1975. Deutsch von Charlotte Kossuth.

Das ist eure Schuld, Landsleute!

Liebe Landsleute, verurteilt mich nicht wegen meiner Offenheit, laßt uns ganz und gar aufrichtig sein. Ich möchte hier alles sagen, was ich über die beschämende Geschichte denke, die sich in unserem Dorf zugetragen hat.

Erst kürzlich klingelte es an meiner Wohnung spät nachts Alarm. Eilends öffnete ich die Tür und erkannte zwei Frauen aus unserem Dorf – Mutter und Tochter, und sie haben mir folgendes erzählt:

Asylgul Abdalijewa war Schülerin in der siebten Klasse, als ihr auf dem Heimweg von der Schule zwei unbekannte Burschen auflauerten und sie am hellichten Tag gewaltsam in den benachbarten Bergail entführten, in die Kolchose »Bakair«. Dieses Verbrechen wurde in völligem Einvernehmen mit dem Großvater und dem Onkel von Asylgul begangen, das Mädchen wohnte damals bei ihnen. Ihr Vater war an der Front gefallen.

Bald danach flüchtete Asylgul aus dem Haus von Dyjkanbaj Birimkulow, der sie sich als Frau geraubt hatte. Sie rannte weg, in der Hoffnung, man würde sie zu Hause verstehen und in Ruhe lassen, ihr die Möglichkeit geben, den Schulunterricht fortzusetzen, wenn sie erzählte, wie grob und unangenehm sie diesen Menschen fand. Aber die Verwandten überschütteten sie mit Vorwürfen und Beschimpfungen; als der tobende Birimkulow herbeigeritten kam, schickten sie das Mädchen zurück. »Der Stein bleibt dort liegen, wo er hinfällt«, sagten sie ihr. Und der Mann brachte ihr »Verstand« bei: Kaum waren sie außer Reichweite von Menschen hinausgeritten, fing er an, sie brutal zu schlagen. »Ich laß mir nicht meine Mannesehre schänden, versuch nur noch einmal zu fliehen, und ich erschlag' dich!« bedrohte er sie. Und trotzdem floh Asylgul immer wieder, aber jedes Mal brachte man sie in Dyjkanbajs Gewalt zurück. So wurde die Jugend eines Menschen, eines Kindes von fünfzehn Jahren, verkrüppelt.

Die Zeit verging, ein erster Sohn wurde geboren, dann ein zweiter. Durch die Familie gebunden, hat sich Asylgul darum bemüht, im Interesse der Kinder sich an dieses ihr so verhaßte Leben anzupassen. Doch der Mann ergab sich weiterhin hemmungslos dem Suff, im Kolchos arbeitete er schlecht, er verdiente nichts und prügelte die Frau, wohlwissend, daß sie schwerlich davonrennen konnte. Sie lebten fast an der Grenze des Hungers. Schließlich ging Birimkulow so weit, das Haus zu verkaufen, um seine Schulden zu begleichen. Die Familie zog um in eine Erdhütte. Und bald darauf kam es zu einer Lösung. Eines Tages schlug Birimkulow bei der Arbeit in volltrunkenem Zustand eine Frau bestialisch zusammen. Er wurde zu sechs Jahren Haft verurteilt.

Zurückgelassen ohne Mann und mit minderjährigen Kindern, atmete die junge Frau, so seltsam das vom alltäglichen Standpunkt uns auch erscheinen mag, erleichtert auf. Asylgul übersiedelte in ihren heimatlichen Kalinin-Kolchos und trat als Melkerin in den Dienst des Landbetriebs. Hier erhielt sie mit den Kindern ein kleines Zimmer, man installierte ein Radio und Elektrizität.

Nach den vielen Jahren voll Schmähungen fühlte sie sich erstmals als Herrin ihres Schicksals, alles hing nun von ihr, ihrer Arbeit und ihrem Einsatz ab. Sie erwarb sich alsbald eine Melkmaschine und avancierte zur besten Melkerin.

Asylgul fand das Glück im Bewußtsein ihrer eigenen Menschenwürde. Und sie mußte sich eingestehen, wie kränkend es war, daß jemand anderer so viele Jahre selbstherrlich über ihr Los verfügt, sie verhöhnt und ihr Leben verkrüppelt hatte! War sie doch so jung und verstand gut zu arbeiten . . .

Unerwartet tauchte er im heurigen Herbst wieder auf. »Pack die Sachen, Frau, morgen fahren wir los in unseren Ail«, das waren seine ersten Worte. Asylgul sagte auf der Stelle, daß sie mit ihm nicht mehr leben wolle und nicht bereit sei, ihre Arbeit aufzugeben. Außerdem hat sie zugesagt, ihm zu helfen, alles mit ihm zu teilen, was sie besitze, wenn er sie und die Kinder nur in Frieden lasse. Alles schien absolut klar zu sein: Ein Mensch äußert seinen Willen, und niemand hat das Recht, ihn zu einem anderen Verhalten zu zwingen.

Aber, meine lieben Landsleute, ich muß zu meiner größten Bestürzung sagen, daß man in unserem Dorf Scheker bis auf den heutigen Tag offensichtlich ungestraft eine barbarische, mittelalterliche Willkür praktizieren kann. Und einer der eifrigsten Vertreter dieses Relikts ist Aschim Barpijew, der Onkel von Asylgul. Er war es, der den »lieben Schwiegersohn« mit offenen Armen empfangen hat, Asylgul Geld abverlangte, eine Kiste Wodka heranschleppte und zu Ehren des aus dem Gefängnis heimgekehrten Rowdys einen Hammel schlachtete, Gäste einlud und mit ihnen die ganze Nacht ein Saufgelage veranstaltete und am nächsten Morgen Asylgul befahl, sich auf den Weg zu machen. Asylgul lehnte entschieden ab. »Du fährst mit deinem Mann, untersteh dich abzuhauen«, gab Aschim von sich und drohte, sie zu fesseln.

Asylgul blieb unbeugsam. Daraufhin schickte Barpijew die Alten zu ihr, und die hoben an, sie zu schmähen: Wo gibt es denn das, eine Frau verachtet den Mann, sieh mal einer an, eine Aktivistin und Bestmelkerin, hat angefangen, viel zu verdienen, du bist und bleibst trotzdem die Frau für den Mann, und dabei bleibt es. Unterdessen hatte aber Barpijew durchgesetzt, daß Asylgul entlassen wurde. Die Frau lief in den Dorfsowjet, um sich zu beschweren, Barpijew holte sie jedoch auf dem Motorrad ein, drohte, sie zu schlagen und zu schänden, und zwang sie heimzukehren. Da Asylgul weiterhin auf ihrem Recht beharrte, beschlossen Birimkulow und Barpijew, sie und die Kinder gewaltsam zu entführen.

Und so war Asylgul erneut zur Flucht gezwungen, mußte die Kinder zurücklassen und entkommen, bevor die Gewalttäter ein Auto holten. Sie versteckte sich am Rand des Dorfes bei ihrer Mutter, einer alleinstehenden alten Frau. Die Mutter verbarg sie im Stroh. Als sie Asylgul nicht finden konnten, luden die enthemmten Feudalen ihre Habe und die Kinder ins Auto und entführten sie nach Bakair. »Ihre Kinder wird sie schon selber holen, morgen kommt sie angerannt«, lachten sie, zufrieden mit ihrer ungeheuerlichen Schandtat.

Überzeugt davon, daß Asylgul ihnen entschlüpft war, verrohten die Banditen buchstäblich. Sie durchkämmten auf Pferden den Ail, wollten mit ihr abrechnen, sie drohten der Schwester und der Mutter, sie würden aus dem Kreiszentrum die Miliz anfordern, Asylgul festnehmen und vor Gericht stellen lassen, wenn diese sich weigerten, sie zu übergeben.

Zwanzig Tage lang versteckte sich Asylgul im Stroh auf dem Hof bei der Mutter, bis sie sich endlich entschloß, aus dem heimischen Ail in die Stadt zu flüchten. In dunkler, stürmischer Nacht fuhr sie Anarbaj Satybaldijew, der Chauffeur der Milchfarm, zur Bahnstation. Dank dir, Anarbaj, du bist schon immer ein ehrlicher und empfindsamer Bursche gewesen.

Das ist die Geschichte. Und hier wende ich mich an Euch, meine Dorfgenossen, in erster Linie an den Vorsitzenden der Genossenschaft, den Abgeordneten des Obersten Sowjets der Republik, an Wassilij Iwanowitsch Tolstunow. Die Menschen achten Sie, Wassilij Iwanowitsch, als einen erfahrenen Leiter. Doch offenbar schätzen Sie Ihre Leute schlecht ein, wenn Sie irgendwelchen Gaunern und Verbrechern erlauben, Gericht über die Bestarbeiterin der Genossenschaft abzuhalten. Mich erstaunt, ja, ich sage es schärfer, mich empört Ihre Gleichgültigkeit, Wassilij Iwanowitsch, Sie können doch nicht behaupten, Sie hätten von nichts gewußt. Und vollkommen verblüfft mich in dieser Hinsicht die Untätigkeit des Sekretärs der Kolchosparteiorganisation, Eschalijew.

Und auch Sie, die Lehrer der höheren Schule unseres Ails, die Kommunisten Mombekow, Kolubajew, Abylgasijew, wie haben Sie sich nur durch die Klassentafel davon abschirmen lassen können, was sich im Dorf abspielt? Und Sie halten doch wohl im Kolchosklub Vorlesungen über den Moralkodex der Erbauer des Kommunismus. Und danach schütteln Sie bei einer Begegnung auf der Straße denen die Hand, die diese Ideale mit Füßen treten . . .

Und Ihr, Altersgefährten von Abdal Barpijew, dem Vater von Asylgul, Ihr, die Aktivisten der Kolchosbrigade – Akmatow, Satybaldyjew, Kolubajew? Wie habt Ihr diesen Hohn an der Tochter des Gefährten, der im Krieg gefallen ist, zulassen können? Wo ist denn Eure Soldatenehre?

Und schließlich möchte ich einige bittere Worte meinen Altersgenossen sagen, den Kameraden der Schuljahre, dem Vorsitzenden des Dorfsowjets Nuralijew und dem Kolchosstellvertreter Usulbalijew. Ja, mit unserem Kolchos geht es Jahr für Jahr bergauf. Doch nicht vom Brot allein lebt der Mensch. Schon seit langem habe ich bemerkt, daß Ihr in Eurer Arbeit allzusehr die geistige und ideelle Seite des Lebens unterschätzt. Und hier habt Ihr das Ergebnis. Ihr habt nicht einmal Eure beste Melkerin schützen können, die Aktivistin Asylgul, und Euer Kolchosbauer, ein junger Mann mit höherer Bildung, der sogar am Institut für Medizin studiert hat, nämlich Aschim Barpijew, hat sich als der rückständigste, finsterste Geselle entpuppt.

Ich weiß wohl, es ist nicht ausgeschlossen, daß nach diesem Brief einige meiner Dorfgenossen mit mir nicht mehr reden und mich nicht mehr begrüßen. Was soll's, ist ihre Sache. Dafür bin ich sicher, daß die Wahrheit siegen muß, nur darum geht es.

Liebe Landsleute! Ihr könnt sagen, es wäre wohl einfacher gewesen, sich bei Asylgul zu entschuldigen und diese Sache vor Ort zu regeln, auf unsere gewohnte Art, statt den Streit außer Haus zu tragen. Aber ich bin fest davon überzeugt, daß die Zeit angebrochen ist, unter uns laut und deutlich zu reden, vor dem ganzen ehrlichen Volk, das wäre nutzbringender. Und dies nicht nur für uns, sondern insbesondere auch für die Funktionäre des Kirower Kreiskomitees der Partei.

»Offener Brief an die Dorfgenossen, die Kolchosbauern von Scheker«, veröffentlicht in der Zeitung *Sowjetskaja Kirgisija*, 4. Dezember 1962.

Zerbrechliche Perle des Issyk-Kul

In der Geschichte der menschlichen Gesellschaft trat von altersher immer wieder ein innerer Konflikt zutage: Die Befriedigung der täglichen und unmittelbaren Bedürfnisse widersprach häufig den höheren Notwendigkeiten, die mit dem Alltag nichts zu tun hatten. Und vielleicht ist dieser Widerspruch am spürbarsten in den Beziehungen zwischen Mensch und Natur.

Wer sich mit der Lösung aktueller Aufgaben befaßt und darauf sein ganzes Augenmerk richtet, dem erscheinen diese Dinge unaufschiebbar und als die allerwichtigsten. Aber wir leben nicht im Vakuum, wir hausen und wirken in der Welt der Natur. Und von den Sorgen des täglichen Daseins eingenommen, stellen wir uns mitunter vor, daß wir aus ihr beliebig viel und jederzeit schöpfen können. Dennoch erweist sich in den letzten Jahrzehnten die Vorstellung von der Unversiegbarkeit der Naturschätze als immer trügerischer. Ich nehme das naheliegendste, weil für mich wohl schmerzhafteste Beispiel – den See Issyk-Kul.

Man nennt ihn die Blaue Perle und meint damit seine ungewöhnliche Schönheit. Das trifft durchaus zu. Eingeschlossen in die Fassung aus einem Ring von Schneegebirgen, zeichnet er sich durch sein indigofarbenes Wasser und seine kristallene Klarheit aus. Ich hatte Gelegenheit, an einigen Ufern des Stillen und Atlantischen Ozeans zu verweilen. Dort schleudert häufig die trübe Woge einer grimmigen Brandung, vermischt mit Schlamm, Sand, Schmutz und Ölflecken, den Menschen, der ins Wasser zu gehen riskiert, buchstäblich zurück. In solchen Augenblicken ist mir immer unser Hochgebirgssee eingefallen, der übrigens in vielem auch wie ein Meer ist. Doch wie friedfertig und menschenfreundlich sind seine Wasser, wie vollkommen und bereichernd ist es, sich hier zu erholen!

Blaue Perle ... Wenn wir dieses traditionelle Wort aussprechen, haben wir vor allem die äußerlichen, dem Auge sichtbaren Eigenschaften im Sinn. Doch die Perle hat auch noch ein anderes Wesensmerkmal, sie ist zerbrechlich – und ist sie einmal zerbrochen oder zerdrückt, ist ihr Wert zerstört.

Zerbrechlich, zart und – wie sich herausstellt – auch verwundbar ist die Perle des Issyk-Kul. Ich bin nicht der einzige, dem beim Gedanken an den See Gefühle der Bitterkeit und Unruhe aufstoßen. Der See zieht sich wie Chagrinleder immer mehr zusammen. Weiter und weiter verläßt sein Wasser das Ufer. Im letzten Jahrzehnt ist sein Spiegel um fast drei Meter gesunken.

Nach Berechnungen von Wissenschaftlern wird der Wasserspiegel des Issyk-Kul in den nächsten Jahrzehnten, falls sich nichts ändert, um weitere drei bis vier Meter sinken. Dabei beläuft sich allein der ökonomische Schaden, nach den Angaben der Staatsplanbehörde der Republik, auf Hunderte Millionen Rubel. Aber in welcher Währung soll man den ökologischen, sozialen und moralischen Verlust ausdrücken?!

Die Schadensliste der Gelehrten ist lang. Die Uferlinie kann bis auf fünfhundert, tausend Meter zurückgehen. Die Wassertemperatur um zwei, drei Grad sinken. Um fast einen Monat verkürzt sich die Badesaison, in den Erholungslagern der Jungen Pioniere wird es dann nicht drei, sondern zwei Ferienschichten geben. Rund zwei Millionen Tonnen Heilschlamm, deren Bildung Jahrtausende gedauert hat, sind dem Untergang geweiht. Der Ring der Sanddorn- und Meerträubelsträuche, der den See umrahmt, wird vertrocknen. Die Laichplätze werden verschwinden. Die Bedingungen für die Schiffahrt verschlechtern sich. Naturstrände werden verlorengehen. Die Bauten und Einrichtungen bestehender Sanatorien verlieren ihren Sinn ...

Die Aufzählung ließe sich fortsetzen ... Aber es reicht schon. Das jährliche Wasserdefizit im See hat schon 400 bis 500 Millionen Kubikmeter erreicht, zum Jahr 2000 verspricht es sich zu verdoppeln. Dieses Defizit läßt sich einfach erklären: Das Wasser der mehr als hundert Flüsse, Flüßchen und Bäche, die seit Urzeiten in den Issyk-Kul münden, erreicht in unserer Zeit nicht mehr die natürliche Menge – es verteilt sich beinahe ganz in die Bewässerung. Die Fläche des bewässerten Landes im Talkessel des Sees hat bereits 150 000 Hektar überschritten.

Kurzum, die Interessen der Menschen sind in einen Gegensatz zu den Bedürfnissen des Sees geraten. Ein Paradox? Wir brauchen doch den Issyk-Kul so sehr! Im Grunde läßt sich der entstandene Gegensatz auch anders formulieren: Der Mensch ist nicht gegen den See, er steht gegen sich selbst.

Ein Dilemma erhebt sich: Sollen wir den Weg gehen, auf den uns die täglichen ökonomischen Forderungen locken, oder die Sorge des Tages gering achten und mit der Natur das für ihre Existenz so lebenswichtige Naß teilen?

Am einfachsten wäre es zu sagen: Laßt uns das Wachstum der landwirtschaftlichen Produktion im Talkessel des

Sees stoppen, die Aufgaben auf andere Gebiete der Republik oder auch des Landes verteilen – der Issyk-Kul ist ja durch Staatsbeschluß als Allunionssanatorium ausgewiesen. Das hätte seine Logik: Bis 1990 wird die Zahl der Erholungsuchenden die Millionengrenze erreicht haben, und sie kommen aus allen Teilen des Landes. Folglich ist auch ihre Versorgung mit Nahrungsmitteln eine Angelegenheit aller Landesteile.

Zur gleichen Zeit sollten wir auch darüber Rechenschaft ablegen, daß die Ländereien, die im Gebiet des Issyk-Kul bereits erschlossen worden sind, nicht mehr aus dem Fruchtwechsel ausscheiden. Den Weg zurück gibt es nicht. Eine andere Sache wäre es, ganz auf jene Erzeugnisse umzustellen, die man für die Erholungsuchenden nicht von weither transportieren kann, bei Früchten, Gemüsen, Berghonig und dergleichen wäre das zu kostspielig.

Mit einem Wort, den Gebrauch des Wassers zu stoppen und es ganz dem See zu überlassen, ist unmöglich. Folglich muß man einen anderen Ausweg suchen. Projekte und Luftschlösser zur Rettung des Issyk-Kul hat es in den letzten Jahrzehnten eine Menge gegeben, aber sie alle sind reine Theorie geblieben. Und nun haben wir mit großer Erleichterung und einem Gefühl aufrichtiger Freude erfahren können: In den Entwicklungsrichtlinien unseres Landes, die durch den 26. Parteitag der KPdSU bestätigt worden sind, werden Aktivitäten zur komplexen Nutzung der Mineral-, Land-, Wasser- und Energieressourcen der Gebiete des Issyk-Kul und des Tschuja-Tales vorgesehen.

Eben deshalb ist es gleich von Anfang an nötig, in allen Dokumenten den Wasseranteil zur Auffüllung des Sees einzuplanen, und zwar als unveränderliche und unantastbare Größe. Hunderte von Millionen Kubikmeter Wasser jährlich sind für die Erhaltung des Sees und die Stabilisierung seines Spiegels nötig, sie sollten juristisch festgelegt und gesetzlich verankert werden, daß keine Amtsperson, unter welchem »objektivem« Vorwand auch immer, es wagt, den Anteil des Issyk-Kul anzutasten und für andere, meinetwegen auch die dringlichsten, Ziele zu nutzen. Ich halte es für wichtig, dies auch deshalb zu betonen, weil für die Versandung des Sees niemand persönlich haftet, da droht niemandem ein Verweis oder die Entlassung. Aber wehe, der Plan wird nicht erfüllt . . .

Es ist unsere Pflicht, mutig und weitsichtig einen vernünftigen Ausgleich zwischen den Bedürfnissen des Alltags und der Zukunft zu finden. Das ist natürlich schwierig, deswegen sind auch ernsthafte, unumstößliche Eindämmungsmaßnahmen unerläßlich. Das Schicksal des Issyk-Kul sollte eine Art Musterbeispiel richtiger Beziehungen zwischen Natur und Mensch im entwickelten Sozialismus werden, ein neues Zeugnis dafür, daß die fortschrittlichste Gesellschaft auf dem Planeten fähig ist, Mittel und Wege zur Erhaltung eines vernünftigen Ausgleichs in der unauflöslichen Kette zwischen Mensch und Natur zu finden.

Übrigens steht die Sorge um den Erhalt des Issyk-Kul in unserem Land keineswegs allein da. Denken wir an den Baikal und den Sewan, an die Onega und das Waldgebiet Beloweshskaja Puschtscha, an all die anderen Perlen der Natur, die wir den Nachkommen erhalten müssen.

Unsere Zivilisation hat jetzt einen Stand erreicht, wo der Mensch nicht nur »Verbraucher« der Natur sein sollte, sondern auch ihr Beschützer und Mitschöpfer. Heute hängen nicht allein wir von der Natur ab, sondern auch sie von uns. Durch unseren Willen und unsere Vernunft – das allergrößte Geschenk der Zeit und des Raumes, der Natur und der Geschichte – haben wir uns der Zerstörung des ökologischen Gleichgewichts zu widersetzen.

Im Kampf um Erhaltung und Erneuerung der natürlichen Reichtümer, um die Stabilität des ökologischen Systems darf es keine Hindernisse und Staatsgrenzen geben. Ein Ungleichgewicht mag an dem einen Ort nur schmerzen, in einem anderen Teil des Erdballs kann deswegen eine Katastrophe ausbrechen. Der Issyk-Kul ist da keine Ausnahme. Der See befindet sich an den Kreuzwegen der Zugvögel aus Sibirien nach Indien. In diesem Zusammenhang hat die Sowjetunion bestimmte Verpflichtungen gegenüber internationalen Organisationen übernommen. So bezeugt also die Rettung des Wasserreservoirs ein weiteres Mal vor der gesamten Menschheit die edlen und humanen Ursprünge der sozialistischen Lebensweise.

Das Projekt, den Wasserausgleich des Issyk-Kul zu erhalten, ist großartig. Seine Verwirklichung wird nicht weniger als drei bis vier Fünfjahrpläne beanspruchen. Diese Perspektive flößt Hoffnung ein, doch können wir bis dahin auch nicht tatenlos abwarten. Der Issyk-Kul fleht uns an, er braucht dringend »Erste Hilfe«! Es ist wie in der Medizin, je schneller sie da ist, desto besser.

Bereits jetzt werden intensive Projekte ausgearbeitet, einen Teil des Abflusses der Flüsse Karakara und Arabel-Su ins Becken des Issyk-Kul umzuleiten. Dafür sind insgesamt drei bis vier Jahre erforderlich, dann beginnt der Seespiegel sich allmählich zu stabilisieren. Dabei werden die Kosten verhältnismäßig niedrig sein. Nur sollte diese Sache nicht verzögert werden.

Dennoch ist das nur ein Teil der Problemlösung, Wasser dem Issyk-Kul hinzuzugeben. Ein ganzes Bündel von

Maßnahmen ist nötig, um ihn vor der Verschmutzung durch Giftchemikalien zu schützen und den Luftraum darüber vor der Verpestung. Das maßlose Wuchern der Industrie in den Küstenstädten muß verhindert werden. Mit einem Wort – viel Stoff zum Nachdenken und Abwägen.

Überzeugt und zuversichtlich blicken wir in die Zukunft, bereiten wir sie vor und bauen an ihr. Geben wir den künftigen Generationen die blaue Perle des Issyk-Kul unberührt und leuchtend in die Hand, möge sie zum kostbaren Geschenk für die werden, die uns folgen . . .

Artikel für das Jahrbuch *Schagi* (Schritte), herausgegeben vom Schriftstellerverband der UdSSR, 8. Ausgabe, 1981. Der Veröffentlichung folgte eine lebhafte Auseinandersetzung in der Öffentlichkeit, der Beitrag diente als gewichtiges Argument für Maßnahmen zum Schutz des Issyk-Kul-Sees.

Das goldene Tor

Mitten hinein in die vollkommene Stille der Morgendämmerung dringt durch die geöffneten Fenster unseres Hauses das betäubende Heulen der Flugzeugmotoren vom Flughafen her. Kaum ist die Sonne aufgegangen, streben Dutzende mächtiger Verkehrsmaschinen in die Tiefe des Himmels und nehmen Kurs in alle vier Himmelsrichtungen. Und ihnen entgegen steigen Flugzeuge auf, die Menschen nach Frunse führen, die vielleicht noch nie in der Hauptstadt Kirgisiens gewesen sind. Was werden sie zu sehen bekommen, wenn sie das alte Land des kirgisischen Volkes besuchen, das in die überlieferte Kultur und Lebensweise die Traditionen des Fortschritts einbringt und eine sozialistische Lebensweise geschaffen hat; werden sie am Antlitz der Stadt sofort erkennen, daß sie eben nach Kirgisien gekommen sind?

Ich spreche nicht von dem allerorten vertrauten »Herzlich Willkommen!«, das in der Schrift und der Sprache des Landes angebracht ist, auch nicht von den äußerlichen Merkmalen der Landschaft. All das ist hier vorhanden. Aber es fehlt das Einzigartige, das unsere Stadt prägen würde. Wenn man so will: Es fehlt das ruhmvolle »Goldene Tor«, dessen Bögen die Unverwechselbarkeit Wladimirs durch die Jahrhunderte trugen.

Da ich von Unverwechselbarkeit rede, fällt mir ein, daß vor kurzem in einer Zeitung das Photo einer neuen Straße in Wladimir abgedruckt war. Zunächst schien mir, daß sich der Reporter geirrt und die Städte verwechselt hatte: Eine solche Straße gibt es doch auch in Nowosibirsk. Aber dann wurde mir klar: Nicht der Reporter ist schuld, auch mein visuelles Gedächtnis hat mich nicht getäuscht, nur hat die Gesichtslosigkeit des modernen Städtebaus alle Anstrengungen unseres Gedächtnisses zunichte gemacht, wir sind nicht mehr fähig, die architektonischen Unterschiede der Zwillingsrayons zu registrieren, obwohl sie Tausende Kilometer voneinander entfernt sind.

Es hat eine Zeit gegeben, da die Leute hauptsächlich mit einer einzigen Frage an einen Abgeordneten herangetreten sind: Wie kommen wir zu einer Wohnung? In jenen Jahren war eine Einzelwohnung mit Komfort der Gipfel der Wünsche eines Menschen. Das Wohnungsproblem hat uns dazu gezwungen, auf einen Schlag eine Riesenzahl von Gebäuden zu errichten, und uns stand wohl der Sinn nicht nach Stil. Doch jetzt hat die Nachfrage nach Wohnungen abgenommen. Es geht im wesentlichen um eine Verbesserung der Bedingungen, in erster Linie um die Erweiterung der Wohnfläche. Das Land hat es also in einer unerhörten Anstrengung im großen und ganzen erreicht, daß der berufstätige Mensch sein sicheres Dach überm Kopf hat. Und es ist an der Zeit, nicht nur an die zweckmäßigen Wohnungseinrichtungen, nicht nur an die Menge der Wohnungen zu denken, sondern auch an die Schönheit und die Stadt als Ganzes, an ihre Proportionen und die architektonische Kultur. Man sollte Komfort mit Schönheit und Ausdrucksstärke der Bauten verbinden. Sonst werden wir sehr viel versäumen.

Ich liebe meine Hauptstadt, das einstige Pischpek und heutige Frunse, die Stadt am Fluß des ewig schneebedeckten Gebirges Alatau. Und wenn mich Gäste aufsuchen, halte ich mich selten mit der traditionellen Frage zurück:

Gefällt ihnen unser Frunse? Ich muß gestehen, meistens enttäuschen mich die Antworten. Die Gäste lächeln lieb und beeilen sich zu erklären: Eine wunderbare Stadt, so grün wie ein Garten. Der Fall ist klar: Wenn einem über eine Stadt nichts einfällt, heißt es: sie ist so grün und ruhig, oder: wie malerisch ist doch die Umgebung.

Natürlich gehören Blumenbeete und Parkanlagen auch zum Gesicht einer Stadt, gottlob, wie es so heißt, putzt eine großzügige Natur unsere Straßen heraus. Aber indem sie ausschmückt, verhüllt sie zugleich die Unansehnlichkeit vieler Gebäude, die ohne die geringste Spur von Geschmack erbaut worden sind.

In unserer Zeit sind sowohl die alten als auch die neuen Städte beträchtlichen Veränderungen ausgesetzt: Auch Frunse verändert sich. Doch wird es grau in grau vollgebaut und versteckt sich dabei schamhaft hinter grünem Laub. Man blickt auf ein neues Gebäude und denkt, man hat es schon in Taschkent oder in Wladiwostok gesehen. Ist es beispielsweise für einen Touristen interessant, in unsere Stadt zu reisen? Für ein, zwei Tage vielleicht, man schaut sich flüchtig um, und dann hat es sich mit Frunse, was kann man denn da noch besichtigen.

Den meisten unserer neuen Städte fehlt der romantische Anflug des Altertümlichen. Sie sind später, in den stürmischen Jahren der Sowjetmacht, gewachsen. Die Frage ist aber gar nicht, ob alt oder neu, sondern es geht um unsere gelegentliche Sorglosigkeit gegenüber dem unverwechselbaren Stadtcharakter, wir streben nicht danach, eine Straße so anzulegen, daß sie auffällt und gemütlich ist, wir vergessen, daß die Wohnlichkeit einer Stadt nicht nur auf dem Prägestempel der Zeit beruht, sondern auch auf den Anstrengungen der Zeitgenossen, die ihre Stadt einzigartig und keiner anderen gleichend gestalten. In Mittelasien gibt es Reliquienstädte: Buchara, Samarkand, Chiva. Wohin man kommen mag, sie sind überall in der Welt bekannt. Und warum? Weil sie mehr Einwohner haben als andere Städte? Weil sich dort weltbekannte Unternehmen befinden? Keineswegs, man kennt sie wegen ihrer Architekturdenkmäler. Die Architektur des Altertums war überall alt. Nur war die Baukunst unserer Vorfahren in diesen Städten derart hochentwickelt, so charaktervoll und von allem anderen Bekannten unterschieden, daß sie uns bis heute, durch das Massiv der Jahrhunderte hindurch, in Staunen versetzt, wie sie schon die Zeitgenossen von damals erstaunte. Aber auch die neuen Städte könnten ein eigenes Gesicht haben. Als Beispiel dafür gelten die jüngsten Hauptstädte in Mittelasien – Duschanbe und Aschchabad. Sie wurden in den dreißiger Jahren erbaut. Aschchabad sogar ein zweites Mal nach einem Erdbeben. Und dennoch zeichnen sich gerade diese beiden Städte, bei all den Mängeln des modernen Bauens, durch ihr Nationalkolorit aus, ihre Straßen und Plätze haben als einzige Charakter.

Ich verfechte keineswegs, daß man durch allerlei Verschönerungen das Bauen verteuern sollte. Ich bin nur davon überzeugt, daß man aus demselben Material, über das wir verfügen, und bei denselben Kosten, aber mit etwas Phantasie, die Gebäude reizvoller gestalten könnte. Eine Gesellschaft, die unseren sozialen und ökonomischen Standard erreicht hat, sollte schöne Städte bauen können.

Ein besonderes Wort gilt den Hauptstädten der Unionsrepubliken. Sie müßten gleichzeitig etwas Individuelles und Universales ausdrücken. Diese Städte dürften nicht nur Zentren der Verwaltung und Sammelpunkt von Handel und Produktion sein, sondern auch ein Konzentrat der Kulturwerte, ein Architekturbuch des Vergangenen und des Neuen in der Geschichte des Volkes. Angefangen von den Namen der Straßen und Plätze bis zur äußerlichen Gestaltung sollte die Hauptstadt die nationale Eigentümlichkeit der Region und die internationale Bruderschaft aller Sowjetvölker zum Ausdruck bringen. Die Suche nach einer harmonischen Verbindung des Nationalen und Internationalen im Antlitz der Stadt ist ein dankbares Feld für die Tätigkeit von Architekten, Künstlern und Bildhauern – sie sollten künftigen Generationen schöne, unvergeßliche Städte hinterlassen.

Zum Beispiel gefällt mir der Charme des besterhaltenen Teils von Alt-Baku. Offenbar war hier einmal ein verslumter Stadtrand mit engen Elendsvierteln. In den Jahren der Sowjetmacht ist davon nichts übriggeblieben. Dafür hat sich der Zauber der Altstadt erhalten. Baku ist unverwechselbar. Und das trifft auch auf den Teil zu, der in den Jahren der ersten Fünfjahrpläne erbaut worden ist. Du spürst, in die Hauptstadt von Sowjetaserbejdshan gekommen zu sein und zugleich in eine orientalische Stadt. Ich kann schlecht begründen, auf welche Weise diese Einzigartigkeit erreicht wurde. In erster Linie wohl durch die Anordnung der Bauten sowie die Form der Tor- und Fensterdurchbrüche. Sodann spielt wohl der Stein eine große Rolle, die Gravurornamente und Flachreliefs. Und nicht weit entfernt davon wird der neueste Stadtteil gebaut, weiträumiger und heller. Das ist erfreulich. Aber mir scheint, hier büßt Baku sein Kolorit ein. Zweifellos wohnen die Menschen im neuen Stadtteil komfortabler. Aber wozu muß man die Stadt hundert anderen ähnlich machen? Läßt sich das Stereotype nicht vermeiden und statt dessen eine Möglichkeit finden, den natürlichen Charme Bakus zu erhalten? Den Stadtbaumeistern von Tbilissi gelingt das ja. Tbilissi bleibt Tbilissi, eine andere Stadt wie die wird man vergebens suchen. Sie hat tatsächlich ihr »Goldenes Tor«.

Wenn man viel herumkommt in der Welt, vergleicht man unwillkürlich die Stadtgesichter. Ich bin in vielen westeuropäischen Ländern gewesen und muß feststellen, daß die dortigen Städtebauplaner sogar ohne architektonische Meisterleistungen durch eine vernünftige künstlerische Nutzung des natürlichen Reliefs der Wälder und Felsen, der Flußufer und Wasserläufe oftmals beneidenswert charaktervolle Stadtansichten erzielen. Aber wie traurig ist es mitunter, die Bulldozer in meiner Heimatstadt am Werk zu sehen, wo man es offensichtlich für unerläßlich hält, jeden Hang und Hügel einzuebnen, und auf glattem Platz die Gebäude hochzieht – genau wie für die Staatsparade: stillgestanden und zugeknöpft.

Erst vor kurzem entbrannte in der Zeitung unserer Republik eine Diskussion, ob man neue Bauten im Zentrum oder am Stadtrand errichten solle. Ich weiß, daß dieses Problem nicht nur die Bewohner Frunses bewegt. Mir scheint aber, es kommt weniger darauf an, wo man baut, sondern wie man baut. Ein schlechter Bau ist am Stadtrand wie im Zentrum kümmerlich. Besonders wenn sich dann noch rings um das Gebäude ein mit Gerümpel vollgestopftes Gelände befindet und abends die Straße kaum beleuchtet ist.

Die abendliche Stadt verdient besondere Aufmerksamkeit. Wenn man die Beleuchtung geschickt nutzt, kann das nächtliche Stadtbild märchenhaft werden. In letzter Zeit waren oft Appelle zu vernehmen, die Werbung in unserem Land verstärkt einzusetzen, man dachte dabei an Neontafeln, Glasfenster und andere Beleuchtungskörper. Ich lasse jetzt bewußt die Notwendigkeit der Warenwerbung aus dem Spiel und unterstreiche nur einen Effekt –

Reklame, Neon und Vitrinen verleihen der nächtlichen Stadt etwas Festtägliches. Ich rede schon gar nicht davon, daß Straßen ohne Schaufenster blind sind. Muß man denn noch jemanden überzeugen, daß es eine Kunst der Stadtbeleuchtung gibt und wir diese Kunst zu erlernen haben?

Übrigens gibt es noch ganz andere Möglichkeiten dekorativer Gestaltung. Traurig daran zu erinnern, aber Frunse hat beispielsweise nur einen Brunnen. Aus unerfindlichem Grund dienen bei uns Brunnen und Plätze beinahe als die offiziellen Zentren der Städte. Aber diese Plätze füllen sich mit Volk vielleicht ein-, zweimal im Jahr – zu den Festtagen. Zweifellos braucht jedes Volk einen geräumigen Platz, wohin sich der helle Strom einer vieltausendköpfigen Demonstration ergießt. Aber neben einem solchen Platz sind auch andere nötig – kleine, gemütliche Höfe unter freiem Himmel.

Vor kurzem schlenderte ich durchs Quartier Latin von Paris und geriet auf einen winzigen Platz, den alte Häuser von allen Seiten her einklemmten. Jener Platz ist nicht größer als ein gewöhnlicher Hof. Dort stehen vier bizarr gekrümmte Bäume und darunter – vier Bänkchen. Ein paar Steine liegen da. Und ein niedriger gußeiserner Zaun. Ich weiß nicht, wie dieser zierliche Platz heißt, doch bin ich sicher, ihn hat ein Künstler geschaffen, ein Poet des Städtebaus. Er hat vor langer Zeit diesen Platz zum natürlichen Mittelpunkt zwischen drei kleinen Straßen gemacht, zur Vollendung eines architektonischen Komplexes. Wieso können wir denn noch immer nicht durchsetzen, bei all unseren riesigen Möglichkeiten und den gut ausgebildeten Architekten, daß es in unseren Städten eine Fülle derartiger Winkelchen gibt? Warum muß denn der Mensch nach einem Arbeitstag immer ins Zentrum der Stadt zu dem einzigen Brunnen spazieren, wenn er seine

Nerven am Rauschen des Wasserstrahls beruhigen, wenn er ganz für sich allein sein möchte?

Vor einigen Jahren hat die Welt mit Bitterkeit erfahren, daß in Dänemark irgendwelche Barbaren der berühmten Rusalka den Kopf abgesägt haben. Was soll sich unsere sorgenbeladene Welt denn noch um die in Bronze gegossene Heldin des Märchens von Andersen kümmern? Das ist es ja eben: Unabhängig von der nationalen Zugehörigkeit, bewegt das Schicksal echter Kunstwerke die ganze Menschheit. Wie großartig ist es, wenn sich tausend Blikken auf einer Straße, im Park oder auf einem Boulevard ein meisterhaftes Denkmal darbietet. Kann man sich denn Moskau vorstellen ohne die Bronzefiguren von Puschkin und Gogol, Majakowski und Maxim Gorki? Und Leningrad ohne den Ehernen Reiter? Nie werde ich das Denkmal der 26 Kommissare in Baku vergessen. Es ist für die Menschen, für die Nachkommen gemacht, aber nicht zum Abhaken bei der Planerfüllung für Monumentalpropaganda. Die entblößten Körper der Kommissare drükken Kampf aus, Unbeugsamkeit und Willensstärke sogar noch im letzten Augenblick des Lebens. Der Tod ist ein Abschied, aber hier ist er es nicht – im Bewußtsein der Nachfahren bleiben diese Menschen ewig am Leben, denn sie sind für die richtige Sache gefallen.

Unter den Denkmälern, die ich in den Hauptstädten der Unionsrepubliken gesehen habe, kenne ich kein stärkeres. Und wiederum muß ich an meine Heimatstadt erinnern. Ich fürchte, wenn hier irgendeine Gipsfigur von der Straße verschwindet, wird das lange Zeit niemandem auffallen – außer dem nächsten Wachposten. Von einigen wenig ausdrucksstarken Skulpturen verdienter Leute abgesehen, haben wir fast kein einziges Denkmal des Stolzes auf unser Volk, sogar der große Dichter Toktogul muß vorerst auf seine Bronze oder seinen Granit warten. Aber welche reichhaltigen Möglichkeiten für das Bemalen der Stadt bergen die Motive der Folklore und des Nationalepos in sich! Mir schwebt die Skulptur des epischen Helden Manas vor, mit dessen Namen die alte Kultur und Geschichte des kirgisischen Volkes verbunden ist. Ich sehe die Gebäude vor uns, die mit Fresken zu historischen Themen bemalt sind. Und vielleicht trägt der Prospekt, an dem diese Bauten stehen, auch den Namen des legendären Manas, er schließt ab am Platz Ai-Tschurek, so genannt zu Ehren der im Volk so beliebten Mondgesichtsschönheit aus dem Epos »Manas«. Würde das denn so schlecht klingen? Ai-Tschurek-Platz oder Hotel »Parisat«?

Und wäre das vielleicht nicht angenehm, wenn man in irgendeiner Stadt Rußlands einen Brief schickt und auf den Umschlag schreibt: Ilja-Muromez-Straße? Manchmal fährt man durch eine Stadt, liest die Straßennamen und ist baß erstaunt: Wer hat die nur so getauft? Eine neue Straße, und sie heißt die »Krummschluchtige«, gleich daneben ist die »Lew-Tolstoj-Sackgasse«. Man denkt sich, nun gut, das Leben ist voller Paradoxe. Aber womit erklärt man sich die Menge der nichtssagenden Standardnamen? Man hat mir erzählt, in der alten sibirischen Stadt Tomsk wurde die »Gleichheitsstraße« umbenannt. Die revolutionäre Bezeichnung wurde vom Stadtplan getilgt. Man sollte äußerst vorsichtig an die Veränderung historisch gewachsener Namen herangehen, die mit Geschichte, Geographie und Kultur des Ortes verbunden sind.

Nach meiner Ansicht müßte man beim Exekutivkomitee eines jeden Stadtsowjets ein kleines gesellschaftliches Gremium einrichten, das Empfehlungen für die Benennung der Plätze, Filmtheater, Straßen, Hotels, Restaurants und Großkaufhäuser zusammenstellt. Der Name gehört doch auch zum Stadtgesicht, zur Ästehtik und Kultur der Zeit. Als in Moskau der Stadtteil »Tscherjomuschki« auftauchte, klang das lustig und ungewohnt.[1] Aber als sich dann Tscherjomuschki in allen Städten vermehrte, wurde das unaussprechlich langweilig. Vielleicht gefällt das manchen Genossen – wie in Moskau haben auch wir sozusagen unser Tscherjomuschki. Aber das ist keine Liebesbekundung gegenüber unserer Hauptstadt, das ist hundsordinäre Trägheit des Verstandes. Wenn bei unserem städtischen Exekutivkomitee ein Gesellschaftsrat tätig wäre, so lägen in Frunse, der Hauptstadt Kirgisiens, natürlich nicht fünf Minuten zu Fuß voneinander entfernt die Restaurants »Kirgisija« und »Kirgisstan«. Man hätte sich etwas Interessanteres einfallen lassen. Und es ließen sich noch mehr Beispiele anführen. In einer Straße der Stadt heißen ein Hotel und ein Filmtheater »Alatau«. Denselben Namen tragen eine Genossenschaft und eine Vorortssowchose.

Eine Stadt ist nicht einfach eine Anhäufung von Straßen und Häusern, nicht nur die Kreuzung von Hauptstraßen und Gehsteigen. Die Stadt ist vor allem eine langfristige Behausung vieler Generationen von Städtern. Das »Goldene Tor« einer Stadt ist ein weiter, vielseitiger Begriff. Es ist all das, was es in einer Stadt an Begabtem, Einzigartigem und Unwiederholbarem gibt, all das, was sich auf Geschichte und Gegenwart bezieht, all das, was vom schöpferischen Leben der Sowjetmenschen zeugt.

Essay für die Zeitung *Iswestija* vom 1. August 1969.

[1] »Faulbeerbäumchen«.

Er kannte eine Million Zeilen des ozeangleichen Manas

Vor einigen Jahren hat die Zeitschrift Sowjetskij Sojus *meinen Artikel mit der Überschrift »Er kennt eine Million Zeilen des ozeangleichen Manas« veröffentlicht. Er handelte von Sajakbaj Karalajew, dem herausragenden Erzähler des Epos »Manas«. Nun muß das Leben in der Überschrift dieses Artikels eine traurige Korrektur anbringen: »Er kannte eine Million Zeilen ...« Ja, wir reden jetzt schon von der Vergangenheit.*

Sajakbaj Karalajew ist vorgestern beerdigt worden. Für die kirgisische Kultur ist das ein riesiger, unersetzlicher Verlust. Sajakbaj Karalajew war einer der großen Künstler unserer Nation. Das Epos »Manas« ist nicht auf einmal so entstanden, wie es uns überliefert wurde. Der Genius des kirgisischen Volkes brachte es im Verlauf vieler Jahrhunderte hervor und trug darin seine Geschichte, seine Welterkenntnis und seine poetische Gabe ein. In einer weit zurückliegenden Epoche ist die Sage von Manas als Bächlein entsprungen. Das Bächlein hat sich in einen wasserreichen Strom verwandelt, seine Ufer sind immer weiter auseinandergetreten, und das stürmische Meer der Volksdichtung hat sich über die kirgisische Erde ergossen. Sajakbaj Karalajew hat das Epos im Zeitpunkt seiner größten Pracht und Blüte erkannt und sich einverleibt.

Um die ganze Tiefe und Breite der mündlichen Überlieferung aus grauer Vorzeit zu erfassen und dem »Manas« der Vergangenheit wie der Gegenwart die Treue zu halten, muß der Sänger über einen außergewöhnlichen Intellekt, ein phänomenales Gedächtnis, eine überwältigende Phantasie und künst-

lerische Begabung verfügen. Und so war unser Sajakbaj Karalajew, sein ganzes Leben hat er der Kunst des »Manas« gewidmet.

Jetzt ist er gegangen. Er ist entflammt und erloschen wie ein Komet. Wird am Horizont des »Manas« ein neuer Stern aufleuchten, der Sajakbaj Karalajew ebenbürtig ist? Man wird daran denken müssen. Unwillkürlich richtet man seine Hoffnung auf die Tiefen des Volkes – denn nur das Volk kann der Welt eine künstlerische Persönlichkeit wie den genialen Karalajew geben – vielleicht liegt ein neuer Sajakbaj Karalajew schon in der Wiege, vielleicht muß er noch geboren werden! . . .

In diesen Tagen, da wir uns von dem großen Sänger verabschieden, bin ich dankbar für die Anteilnahme der Redaktion von Sowjetskaja Kirgisija, *die sich dafür entschieden hat, den Aufsatz, der zu Lebzeiten von Sajakbaj Karalajew geschrieben worden war, nachzudrucken.*

Schon seit mehr als drei Dutzend Jahren sind kirgisische Gelehrte damit beschäftigt, das alte Heldenepos »Manas« aufzuzeichnen und zu systematisieren. Und wenn man jetzt die vierbändige gekürzte Fassung des »Manas« durchblättert, ist man regelrecht erstaunt. Wie konnte ein Volk, das über kein eigenes Schrifttum verfügte, es schaffen, durch viele Jahrhunderte hindurch diesen Koloß an poetischer Sage bis in unsere Tage zu tragen?

Die Kirgisen gehören zu den ältesten Völkern Zentralasiens. In den vielen Jahrhunderten ihrer Geschichte haben sie die Kultur des Epos außerordentlich hoch entwickelt. Die langwährende Existenz als Nomadenvolk unter besonderen historischen Bedingungen (kein Schrifttum, keine darstellende Kunst, der ständige Kampf mit starken Feudalstaaten um Freiheit und Unabhängigkeit) bei einer hohen poetischen Begabung hat Epos und Sage aufblühen lassen. Die Kirgisen haben in ihren Epen eingebracht, was viele andere Völker in den Schilderungen der Geschichte, in der schöngeistigen Literatur, in Theater, Malerei und Bildhauerkunst dargestellt haben.

Von den fünfzehn sogenannt kleinen kirgisischen Epen, die uns in mündlicher Form überliefert sind, wurden in unserer Zeit zehn Epen gedruckt. Ein jedes davon zählt Hunderttausende von Gedichtzeilen. Ein jedes von ihnen bildet eine bestimmte Geschichtsepoche ab. Und ein jedes erschließt die vielgestaltigen Seiten des Lebens, die Schicksale von Menschen und Völkern. Das »Kodshodshasch« zum Beispiel – die älteste dramatische Verserzählung über einen Jägermenschen – ist die Verbeugung des Menschen vor der Natur und seinem Kampf mit den Naturkräften. »Oldschobaj und Kischimdshan« ist eine lyrische Mär, ein eigentümliches Steppendrama von »Romeo und Julia«. »Kedej-Khan« – der »Armen-Khan« – ist eine Sozialutopie. Aber unter allen kirgisischen Epen ist die gewaltigste Schöpfung natürlich der »Manas«. Eine erstaunliche Erscheinung der Kunst.

Der »Manas« ist ein Epos wie ein Ozean. Dem Umfang nach übertrifft es alle in der Welt bekannten Epen. Es gibt elf Varianten des »Manas«, einige davon zählen über siebenhunderttausend rhythmische Zeilen. Von seinen Dimensionen und dem Lebensgehalt her nimmt der »Manas« einen der ersten Plätze in der Epik der Welt ein. Das Leitmotiv des »Manas« ist der Kampf des kirgisischen Volkes mit fremdländischen Unterjochern, es besingt die Siege des legendären Recken Manas, der die verstreuten Kirgisenstämme um sich schart. Dennoch ist das nur ein Teil des Inhalts, und darin erschöpfen sich bei weitem nicht die Hauptthemen des Epos. Neben grandiosen Kämpfen und Heldenszenen nehmen im »Manas« die unterschiedlichsten Seiten des menschlichen Daseins einen breiten Raum ein. Eine verblüffende Weite und Vielfalt der Kunstformen wie der Erkenntnisse kommt zum Ausdruck. Hier finden sich lyrische Liebesthemen wie auch soziale und moralisch-epische Motive. Hier sind die Kenntnisse der alten Kirgisen über Geographie, Medizin, Baukunst, Astronomie und Kriegshandwerk angeführt. Die reichhaltigste Skala künstlerischer Formen und Mittel ist auszumachen: von der einfachsten Satire, vom Humor bis zu tragischen Höhepunkten, die durch gewaltiges seelisches Leiden erschüttern. Uriger Realismus verknüpft sich mit märchenhafter Phantastik, Symbolisches mit tiefer Psychologie, und Philosophie steht neben dem Glauben an Magie und Zauberei, intime Gefühle steigern sich zu großen Herzensleidenschaften, während sich die Liebe den verwandschaftlichen und patriarchalischen Interessen des Feudalkollektivs unterordnen muß. Der »Manas« ist die riesige, vergangene Welt des kirgisischen Volkes, sein großartiges Gemälde, das es in die Weltkultur einbrachte.

Das Epos »Manas« wurde von Generation zu Generation und von Mund zu Mund weitergegeben. Es dürfte schwerfallen, unter Kirgisen einen Menschen zu finden, der die Geschichte des Recken Manas nicht kennt. Und die Erinnerung an die besten Manas-Sänger erhält sich im Volk über Hunderte von Jahren. Deshalb ist das Erscheinen eines so großartigen Künstlers wie Sajakbaj Karalajew nicht verwunderlich. Er ist ein weiser siebzigjähriger Mann, der auf ein langes, ruhmreiches Leben zurückblickt. In den Jahren des Bürgerkrieges kämpfte er in den Reihen der roten Partisanen in Sibirien gegen Koltschaks weißgardistische Armee. Im Sattel, an Rastplätzen und am Lagerfeuer trug Sajakbaj Karalajew Stücke aus dem »Manas« vor. Er erinnert sich daran, daß Menschen, die überhaupt kein Kirgisisch konnten, stundenlang dem »Manas« zuhörten. Das zeugt davon, daß Karalajew schon damals über eine außergewöhnliche schauspielerische Meisterschaft verfügte. Heimgekehrt, wird Karalajew der bekannteste Sänger des »Manas« in ganz Kirgisien.

Der hervorragende Kenner der internationalen Epik, der kasachische Schriftsteller Muchtar Auesow, nannte ihn den »Homer von heute«, den »Rhapsoden des 20. Jahrhunderts«. Dieser Enthusiasmus ist nicht übertrieben. Man wird kaum einen Menschen finden, der rund eine Million Verszeilen auswendig kann. Um die Textvarianten des »Manas« und der anderen »Kleinepen« in Karalajews Interpretation aufzuzeigen, wären Jahre und Jahrzehnte erforderlich.

Wenn man Karalajew ins Gesicht sieht, seine Gestik und den Ausdruck der Augen wahrnimmt, dann hört man auch schon diesen Menschen in seiner außergewöhnlichen Gabe der künstlerischen Wiederverkörperung, es scheint, als liege in seiner Person die Quelle des Epos. Sein ganzes Antlitz ist gleichsam von den Winden verflossener Zeiten umweht. Die Geschehnisse und die Weisheit jener Zeit, die Erlebnisse der Menschen, der Schmerz, das Gute und das Böse treten in einer einzigen Person zutage. Karalajews Interpretation ist voller seelischer Inbrunst, Rhythmik, Passion und Inspiration, gepaart mit Schwermut und Leid: Erlebnisse und Tränen neben Mut, Entschlossenheit und Kühnheit. Und dann gleich wieder Nachdenklichkeit, Lachen und Weinen.

Mir war es einmal vergönnt, gemeinsam mit Karalajew in eine der Kolchosen des Tschuja-Tals zu fahren. Die Nachricht von Karalajews Ankunft breitete sich augenblicklich im ganzen Dorf und in den benachbarten Ails aus. Von überall strömte das Volk herbei – von den Feldern und den Viehzüchtereien, in Autos und auf Traktoren. So viele wollten Karalajew hören, daß sie im Kolchosklub natürlich nicht Platz fanden. Da ist Karalajew eben auf der Straße aufgetreten. Man stellte einen Stuhl auf einen Hügel, die Zuhörer gruppierten sich um ihn so gut es ging – auf der Erde, den Ladeflächen der Lastwagen, im Pferdesattel. Plötzlich tauchte eine Gewitterwolke auf. Und ein schrecklicher Wolkenbruch ergoß sich über der Menge. Aber Karalajew unterbrach seinen Auftritt nicht, und niemand entfernte sich. Die Menschen lauschten »Manas« unter strömendem Regen. Sie waren vollständig vom Gesang des Sängers erfüllt. Ich werde das nie vergessen.

Wenn man mich nach bedeutenden Menschen meines Volkes fragt, würde ich wohl als ersten Sajakbaj Karalajew nennen.

Der Stolz auf die Geschichte und das Schaffen des eigenen Volkes ist wohl jedem Menschen zu eigen. Aber wenn ich an das Epos »Manas« denke, verspüre ich den größten Stolz aus dem Bewußtsein, daß »Manas« jetzt ein gemeinschaftliches Kulturgut der sowjetischen Völker geworden ist. Nach einer mehr als tausendjährigen Geschichte wurde das Epos »Manas« in den Jahren der Sowjetmacht erstmals niedergeschrieben und herausgegeben. Große Teile sind in die russische Sprache übersetzt worden, und dies hat die Möglichkeit erschlossen, »Manas« der Kultur der Menschen zu vermitteln.

»Manas« beginnt in unserer Zeit sein zweites Leben. Er lebt auf in Büchern, Opern, Dramen, und kirgisische Filmemacher bereiten einen Film »Manas« vor.

Sowjetskaja Kirgisija, 12. Mai 1971. Nach Karalajew wurde die vollständige Variante des »Manas«-Epos niedergeschrieben, in russischer Übersetzung sind Teile davon veröffentlicht.

Ein Wort über Auesow

Mit den Jahren kommt die Überzeugung, daß das absolute Grundgesetz für alles auf dieser Welt – alles fließt, alles ändert sich – auch für die gilt, deren Namen in der Erinnerung der Nachkommen weiterleben. Freilich fließt für sie die Zeit wie gespiegelt – in unserem Bewußtsein, hier entwickelt sich ihre weiter.

Ich meine damit, daß der Faktor Zeit eine erstaunliche Eigenschaft besitzt, sie ist bisweilen unangenehm, aber immer unabänderlich und setzt sich immer durch: Sie rückt nämlich alles zurecht und bringt in die verflossene Geschichte Korrekturen ein – an Überlieferungen, die einst Mode waren, an offiziellen und privaten Meinungen, an der Bewertung dieser oder jener Persönlichkeit, dieses oder jenes Ereignisses.

Dieses Gesetz der Zeit tritt besonders in Literatur, Kunst und an den Schicksalen von Schriftstellern und Werken unvermeidlich, folgerichtig und streng zutage. Denn das Urteil der nachfolgenden Generation ruht auf einer neuen Stufe der geistigen Erfahrung, auf der Suche nach neuen Kriterien und Bewertungen, die nötig sind, um die neuen Entwicklungsprobleme zu überdenken. Diese Kraft ist jene historische Objektivität, die wir im alltäglichen Leben als Gerechtigkeit bezeichnen.

Daher rühren auch manchmal jene Überraschungen, wenn sich als Tal erweist, was zuvor als Berg gegolten hat. Und diese bittere Wahrheit hat man zu akzeptieren.

Es geschieht auch umgekehrt, die Nachfahren machen auf einmal eine Entdeckung und erschließen sich ein zuvor unerkanntes, unbemerktes oder zu Lebzeiten gar unverstandenes, bedeutendes, ursprüngliches Talent. Ja, auch das kommt vor, wenngleich selten. Am häufigsten bringt die Zeit andere Korrekturen an: Eine zuvor hochgehaltene, hochgelobte und mit allen Ehren überschüttete Größe fängt an zu schrumpfen, wie der Ballon, aus dem allmählich die Luft entweicht ...

Doch davon ist jetzt nicht die Rede. Das Leben geht über solche Zufälligkeiten hinweg. Es gibt Wahrheiten, die der Wahrheit entstammen. Größen gibt es, die aus den tektonischen Wandlungen der Erdrinde entstanden sind, und es gibt Söhne, welche die Epoche geboren hat. Und hier werden andere Maße angelegt.

Schon viele Jahre sind verflossen, die uns von Auesow trennen, von jener unvergeßlichen Zeit, als wir das Glück hatten, mit ihm in Verbindung zu stehen. Den Schmerz des Verlusts haben wir überwunden und können nunmehr wagen, uns mit aller Bestimmtheit zu sagen: Auesow hat vor der Geschichte und dem Gericht der Generationen bestanden.

Name und Werke von Muchtar Auesow gehören nicht mehr zur Biographie einer einzelnen Persönlichkeit, sondern zur Biographie eines Volkes. Jetzt sind Muchtar Auesow und das kasachische Volk untrennbare Begriffe. Der Name Muchtar Auesow krönt die Kultur, den Geist und das Denken des zeitgenössischen kasachischen Volkes. Zur Klassik des 20. Jahrhunderts gehört auch der Name Muchtar Auesows. Davon soll nun die Rede sein.

Ich will kein Referat halten. Ich befinde mich auf diesem Forum nach Geheiß des Herzens, will hier lediglich meine Gefühle äußern und mich vor Auesows Größe verneigen als der jüngere Bruder im Schaffen und als sein Nachfolger, ich möchte nur einige Gedanken über Auesow mitteilen und ein paar Fakten anführen.

Wenn ich von der Größe Muchtar Auesows spreche, denke ich an die Entwicklung seines Talents, das historisch aus der Tiefe des nationalen Selbstbewußtseins, der Philosophie und der bildhaften Weltwahrnehmung des kasachischen Volkes entstanden ist, ich denke an eine Begabung, die glücklicherweise mit einem der herausragenden Phänomene der Gegenwart zusammenfiel, mit der Epoche der Oktoberrevolution, die das Denken des Künstlers mit neuen gesellschaftlichen Ideen bereicherte, ich denke an das Talent, das die umfassende Frage nach Gut und Böse stellt und dabei mit der Lebenserfahrung seiner Epoche den höchsten Sinn der gesamten Erfahrung aller Zeiten – die grundlegenden menschlichen Ideale – in den Brennpunkt seiner Interessen rückte. Ebendies macht die Größe von Muchtar Auesow aus, darin beruht das Wesen seines Werkes: Wenn er von den Schicksalen des kasachischen Volkes sprach und dessen Leben darstellte, traf er die Substanz der Menschennatur in ihrer universellen Bedeutung. In seinen Werken hat er uns dies vermittelt, angefangen vom »Enlik-Kebek« bis zum monumentalen »Abaj«.[1]

Die Zeit ist gekommen, Auesow gebührend zu würdigen: Muchtar Auesow ist ein großer Humanist unserer Zeit, sein ganzes Leben, sein gesamtes, umfangreiches Werk kann das bezeugen.

Und es ist bei weitem kein Zufall, daß in der einzigartigen Edition des 20. Jahrhunderts, nämlich in der zweihun-

[1] Deutsch 1950: »Vor Tau und Tag«, die Hauptfigur dieses Romans ist der Dichter Abaj Kunanbajew.

dertfünfzigbändigen »Bibliothek der Weltliteratur« mit den Meisterwerken aller Zeiten – von den ersten Schrifttumsquellen, den Lehmtafeln Sumers und den Papyrusskripten des alten Ägypten, von den Keilschriften Babylons und Akkads, also den Meisterwerken, die uns durch die strengste Selektion der Jahrtausende, durch alle Zeiten und Epochen, durch alle Kulturen und Zivilisationen hindurch überliefert sind –, daß in dieser Sammlung der herausragenden Denkmäler, die von der Geschichte selbst zusammengetragen wurden, daß hier neben Dante und Shakespeare, Lew Tolstoj und Thomas Mann, neben Gorki und Scholochow, zwei der zweihundertfünfzig Bände Weltliteratur unserem Muchtar Auesow gehören! Einen solchen Platz nimmt bei weitem nicht jeder Klassiker ein. Ich glaube, das ist der Beitrag des kasachischen Volkes zur künstlerischen Schatzkammer der Menschheit.

Außerdem glaube ich, das ist ein Beitrag aller turksprachigen, in der Vergangenheit nomadisierenden Völker. Das Epos »Abaj« ist unsere geistige und soziale Enzyklopädie, unser gemeinsames Mandat, unsere gemeinsame Rechenschaft über all jene Zeiten, die wir im unermeßlich weiten euroasiatischen Raum verlebt haben, über all unsere Leistungen, über unser Wertesystem, unsere künstlerische und sittliche Welt – unsere Nomadenkultur, unser großes poetisches Wort. All das hat im Werk von Muchtar Auesow seinen Ausdruck gefunden, in seiner Prosa, in seinen Dramen, vor allem jedoch im »Abaj«, in dem bereits das herannahende Gewitterrollen des revolutionären, so schicksalträchtigen Rußland zu vernehmen ist. Auesow hat uns in diesem Sinn auf ein Weltniveau des künstlerisch-historischen Denkens gehoben. Um die Welt zu überblicken und von anderen gesehen zu werden, um bei der Verkündung der Würde des Menschengeistes Resonanz zu finden, muß man selbst hoch stehen – auf einem Gipfel wie Muchtar Auesow. Von Auesows Höhen aus messen wir uns selbst und kommunizieren mit anderen Kulturen und Völkern.

Darüber zu reden, ist jetzt an der Zeit, und wir sollten darauf vor aller Welt stolz sein, denn wir erklären und bestätigen uns durch Auesow, in ihm erkennen wir unseren Verstand, unser Gewissen und die Schönheit des Geistes. Durch Auesow haben wir der Welt über die Möglichkeiten, den Reichtum und die Kraft der Turksprachen Kenntnis gegeben, als Werkzeug des Denkens, als Akkumulator unserer historischen Traditionen.

Auesows Arbeit, seine schöpferische Phantasie und Idee sind einzigartig und unvergleichlich. Hier geht es nicht nur um die Historizität und epische Größe der Trilogie »Abaj«, all dies ist gegeben, aber besondere Aufmerksamkeit verdient, daß die Hauptperson des Romans – Abaj Kunanbajew – eine der machtvollsten Gestalten der realistischen Literatur unserer Tage ist, die Einzigartigkeit beruht darin, daß sich Auesow wie ein Raketenträger den Weg in den Kosmos bahnt und Abaj auf dessen ewige Umlaufbahnen hinausträgt, sichtbar für alle. Zweifach ist hier die Entdeckung, doppelt die Lösung der Aufgabe: Auesow rühmt Abajs Persönlichkeit, und Abaj rühmt das Volk der Kasachen als Dichter und Denker. Und dies verschmilzt wechselseitig zum Allgemeingut eines Volkes: Gefühle und Leidenschaften, die in Menschenseelen vertraut und nachvollziehbar sind, finden dort ihren Widerhall, wo das Wort alle vereint, wecken das Gefühl der Nähe, Brüderlichkeit und des Miterlebens, wo immer diese Menschen sein, in welcher Sprache sie auch sprechen und welche Lieder sie singen mögen. Darin gründen Allgültigkeit und Universalität der künstlerischen Durchdringung der Welt. Abaj und Auesow sind in meiner Wahrnehmung unzertrennliche Figuren.

Ich möchte die Gelegenheit nutzen und sagen, was mir diese Erkenntnis gegeben hat. Auesow hat mich begreifen lassen, daß es ein bestimmtes Gesetz gibt, das im Werk eines großen Dichters die Stimme des Volkes programmiert, so wie das Feuer in der Materie angelegt ist. Was in der Seele lebt und das Blut zum Wallen bringt, was in Gedanken, Gefühlen und Weltempfindungen der vielen Menschen vorhanden ist, findet seinen höchsten Ausdruck in der Kunst des Dichters. Der Dichter wird gleichsam zum Hauptplatz, wohin die Bürger eilen, an den Tagen des Triumphes wie auch der Schicksalsschläge. Wenn also die Verse des Dichters die Seele und den Willen des Volkes ausdrücken, wenn in den Versen des Dichters die Geschichte der Heimat gefeiert und beschrieben wird, wenn die Verse des Dichters den Menschen von der Wiege bis zum Grab auf dem ganzen Lebensweg begleiten und wenn der Dichter stark, aktiv, beliebt ist und selbst liebt, wenn er, durch Erfahrung weise geworden, das Ewige im unsterblichen Menschengeschlecht erfaßt, ja dann möge das Wort hochleben, die Schönheit und der Stolz der Vernunft, diese Freude und Freigiebigkeit der Muttersprache, dann möge der erste Vers hochleben, in welcher Sprache er auch erstmals verfaßt worden sein mag, und dann möge der Vers gedeihen, der für alle Zukunft Bestand hat.

Jeder möge auf seine Art den Sinn und die Gestalt des Abaj von Auesow verstehen. Ich erlaube mir, es so zu sagen, wie ich es aufgefaßt habe . . .

Auesow hat sehr wohl gewußt, daß Literatur nie nur für sich allein und im eigenen Haus »groß« sein kann. Das ganze Werk von Auesow zeugt davon, wie tief er den russischen Realismus erfaßte wie auch Werte und Kultur des europäischen Denkens. Hier ist nun ein Wort, gemünzt auf Auesow, angebracht: Die russische Klassik und die russische Sowjetliteratur bleiben für uns die allerersten Quellen der Meisterschaft und der geistigen Ziele.

Aber ich sagte schon, die Zeit fließt auch für die Toten, und die Geschichte schreitet auch für die voran, deren Namen im Gedächtnis der Nachkommen zurückbleiben, das war nicht bloß so dahergesprochen.

Während des verflossenen Jahrzehnts, nach dem siebzigsten Jubiläum Auesows, ist sein Werk studiert und erforscht, ergänzt und weiterentwickelt worden. Während dieser Zeitspanne wurde postum und erstmals in russischer Sprache eine der frühesten und erstaunlichsten Arbeiten Auesows veröffentlicht – der Roman »Lichaja godina«.[1]

Nach meiner Ansicht war das ein bedeutsames und grundlegendes Ereignis für uns. Das spricht dafür, daß die Partei – wie immer – die richtigen Entwicklungswege der sowjetischen Literatur voraussieht.

Seinerzeit hatte ich die Gelegenheit, mich zu »Lichaja godina« zu äußern. Vom handwerklichen Können und der künstlerischen Kraft ist der Roman hinreißend geschrieben. Hier möchte ich jedoch die politische Bedeutung dieses Auesowschen Romans erwähnen. »Lichaja godina« ist eine weitere Bestätigung dafür, daß die sozialistische Revolution in allen Bereichen des rußländischen Imperiums unvermeidlich war, wie das auch ein weiteres Mal zugunsten unserer Wirklichkeit aussagt, daß der so-

[1] Wörtlich: »Unheilvolle Zeiten«, in der DDR veröffentlicht unter dem Titel: »Aufruhr der Sanftmütigen«.

zialistische Internationalismus der einzig wahre Entwicklungsweg in den Wechselbeziehungen der Völker ist.

In diesem Zusammenhang möchte ich wiederholen, was ich im Vorwort zu »Lichaja godina« geschrieben habe: »Nur für dieses eine, daß die in Rußland aufgekommene Oktoberrevolution den imperialen Kolonialismus zerstörte und damit unsere Völker vor dem physischen Verschwinden gerettet hat, bin ich bereit, die Revolution bis ans Ende meiner Tage zu rühmen, meinen Kindern und Kindeskindern zu vermachen, was sie für den Ursprung unserer Tage zu halten haben – den Oktober!«

Nicht nur »Lichaja godina« war das neue Wort in der Chronik der letzten Jahre von Auesow. Die bedeutenden Novellen »Karasch-Karasch« und »Sergej Ljatyj« haben auf der Kinoleinwand ihr zweites Leben erlangt. Diese Werke, in höchstem Maß gelungen, harmonieren mit der Eigenart und den Gesetzen der Filmsprache. Diese Filme gehören zu den besten Leistungen der sowjetischen Filmkunst der letzten Jahre. Ich erinnere daran um so lieber, als hier kirgisische Filmemacher einen unmittelbaren Bezug dazu haben. Hervorragende kirgisische Künstler – Tolomusch Okejew, Bolot Scharnschijew, Sujmenkul Tschokmorow – haben bei der Gestaltung der Auesow-Filme alle ihre Gefühle, ihr ungewöhnliches handwerkliches Können, ihre ganze Sohnesliebe und Verehrung des uns gleichermaßen verwandten Muchtar Auesows eingebracht. Das kirgisische Volk sieht Muchtar Auesow, angesichts seiner besonderen Beziehungen und Verdienste um die kirgisische Kultur, als den eigenen Sohn an, als seinen Schriftsteller und Repräsentanten.

Und dies sei nicht der schönen Worte wegen gesagt. Wir alle wissen, wieviel Zeit, Aufmerksamkeit und Hilfe Auesow der benachbarten kirgisischen Literatur gewidmet hat. Wir alle wissen sehr wohl, wie in Folge einer leichtfertigen, verantwortungslosen, fehlerhaften und vulgärsoziologischen Bewertung des mündlichen poetischen Volksschaffens über dem großen kirgisischen Epos »Manas« die Gefahr des Verbots und damit des Verlusts schwebte. Dank der gewaltigen Bildung Auesows, dank seiner Prinzipienfestigkeit und Überzeugungskraft war es der Öffentlichkeit gelungen, dieses unsterbliche Volksgut zu schützen. Wir werden das politische Engagement und den schriftstellerischen Einsatz Auesows nie vergessen.

Die kirgisischen Filmkünstler haben sich dem Werk Auesows in dankbarer Brüderlichkeit zugewandt. Auesow hatte eine weite, kreative Sicht der gesellschaftlichen Vorgänge. Er trat für internationale Beziehungen ein. Er sagte, wir sollten die Nähe unserer Nationen nicht abschreiben, wenn wir eine einheitliche Kultur der sowjetischen Gesellschaft schaffen, die in sich das Beste und Fortschrittlichste, alles Ursprüngliche in den Nationalkulturen aufnimmt, der Entwicklung aller Sprachen und kulturellen Besonderheiten Raum gewährt; wir sollten unsere historisch gewachsene, ethnische, linguistische und kulturelle Gemeinsamkeit nie aufgeben, sondern im Gegenteil all dies gebrauchen, um unter den neuen Bedingungen des Sozialismus, der für Kasachen und Kirgisen die Seiten eines neuen Schicksals aufgeschlagen hat, das in der vorrevolutionären Zeit Versäumte möglichst rasch nachzuholen; wir sollten einander helfen und die Kräfte auf dem Gebiet von Kunst und Literatur vereinigen.

Was mich betrifft: Ich bin ein leidenschaftlicher Anhänger der Traditionen Auesows, seiner Auffassung von Internationalismus, seiner Vermächtnisse. Und als Kaltaj Muchamedshanow und ich das Stück *Die Besteigung des Fujiama* aus dem Leben der kasachisch-kirgisischen Intelligenz von heute verfaßten, haben wir uns das nicht deshalb vorgenommen, weil wir beide nichts Besseres zu tun gehabt hätten, sondern weil wir in der Praxis das Vermächtnis Auesows verwirklichen wollten.

Die Erfahrung Muchtar Auesows demonstriert überzeugend, zu welch intellektueller Reife, künstlerischer Höhe und geistiger Vollkommenheit eine Nationalliteratur in unseren Tagen und unter den Bedingungen unserer Gesellschaft fähig ist. Und deshalb fassen wir die Integration der sowjetischen Literaturen nicht als Unifizierung und Verschmelzung der Sprachen zu einem Monolinguismus auf – was uns unsere ausländischen Opponenten immer vorwerfen –, sondern als ideelle, weltanschauliche politische Einheit der verschiedenartigen, verschiedensprachigen sozialistischen Kulturen, denn jede Sprache verkörpert Lebenserfahrung und jahrzehntealtes Bemühen ganzer Völker ... Die Sprache ist das Selbstporträt eines Volkes. Jede Sprache ist groß an ihrem Platz, jede Sprache ist teuer und ursprünglich in der Palette der allgemeinmenschlichen Werte. So denken wir, die für die Leninsche Nationalitätenpolitik eintreten.

Künstler und Volk sind zwei miteinander verknüpfte Größen. Das Volk bringt Talente hervor, es bewertet und bewahrt das Beste, was seine Meister erschaffen. Die Verbindung ist hier reziprok: Der Künstler ist die geistige Stütze des Volkes, und das Volk ist die geistige Stütze des Künstlers. Gäbe es nicht das heutige kasachische Volk und die sowjetische Gesellschaft, Auesow hätte noch so genial sein können, sein Ruhm und seine Größe wären nicht so zum Klingen gekommen, ebensowenig wie Puschkin ohne das russische nationale Selbstbewußtsein kein Puschkin wäre und man Schota Rustaweli längst vergessen hätte, gäbe es keine grusinische Sprache und kein grusinisches Volk. Muchtar Auesow ist auch in diesem Sinn eine glücksgesegnete Persönlichkeit, denn wir alle wissen sehr wohl, welche Liebe und allseitige Verehrung sein Name genießt – nicht nur bei Jubiläen, sondern auch im alltäglichen und geistigen Leben der Nation.

Ja, der Name Muchtar Auesows wird bleiben, solange es die kasachische Sprache und das kasachische Volk auf Erden gibt!

Ja, der Name Muchtar Auesows wird Bestand haben, solange Menschen Bücher lesen ...

Rede, veröffentlicht in der Zeitschrift *Prostor*, 12/1977.

Karawanenführer des Gewissens

Zum 400. Geburtstag Shakespeares

Von jeher wurde dem Menschen gepredigt, die Welt sei vergänglich und der Mensch nichtig, einsam, machtlos gegenüber seinem Schicksal und der Geschichte, und noch heute mühen sich Kräfte, ihm das einzutrichtern. Man sagt ihm: »Du bist nur ein Sandkorn, das der Zeiten Wind ins Nichtsein verweht; das Leben ist Fäulnis, ist ein Nichts.« Man sagt ihm: »Wozu Gerechtigkeit suchen, wozu sich dem Bösen widersetzen – das Böse ist ewig in der Welt des Menschen.«

Trotzdem überwindet der Mensch im Laufe seiner Geschichte gewaltige Entwicklungsschwierigkeiten, schreitet er durch Aufstände, über Barrikaden und durchs Feuer, durch Kriege und Revolutionen, um sich auf der Erde zu behaupten. Im Namen des Lebens, im Namen der Verwirklichung seiner unsterblichen irdischen Berufung hat der Mensch in der Arbeit, der Wissenschaft, der Kultur und dem sozialen Fortschritt ungeahnte Ziele erreicht. Er schuf die Kunst, brachte große Künstler hervor, auf deren Namen er mit Recht stolz sein kann, und zeigte so sein geistiges Wesen, die grenzenlose Welt seiner Gefühle, seine Ideale vom Schönen und Erhabenen, bestätigte sich in seinen eigenen Augen als Schöpfer.

William Shakespeare gehört der gesamten Menschheit, und sein Jubiläum ist nicht nur Anlaß, Englands großartigen Dramatiker zu ehren, sondern weit mehr. Wir übertreiben wohl nicht mit der Behauptung, daß neben den genialen Künstlern anderer Völker und Zeiten Shakespeare als Denker und Dichter ein Stück Innenleben des modernen Menschen, ein lebendiger Teil seiner Seele ist. Shakespeares Name symbolisiert uns heute die Größe des menschlichen Intellekts, seine Kontinuität, seine Unsterblichkeit, seinen internationalen Charakter. Der Name Shakespeare steht in unserer Zeit für die höchste Mission der Kunst in der Gesellschaft.

Und heute hat jeder das Recht zu sagen: Mein Shakespeare! Unser Shakespeare!

Gestatten Sie mir von dieser Tribüne aus einige Worte über Shakespeare. Ich weiß recht gut, wie schwer es ist, etwas Neues beizutragen, da eine ganze Lehre existiert – die Shakespeare-Forschung. Ich äußere mich hier nur als einfacher Leser und Zuschauer.

So manches Mal ertappt man sich bei dem Gedanken: In Shakespeares Zeit gab es doch nicht minder bekannte Schriftsteller und Dichter, sowohl unter seinen Landsleuten als auch unter seinen ausländischen Zeitgenossen. Aber wer von ihnen, ausgenommen Shakespeare und Cervantes, hat seine Frische bis auf den heutigen Tag bewahrt, besitzt nach so vielen Jahrhunderten noch eine derartige Ausstrahlungskraft! Wie kommt das? Wenn man sich Shakespeare und seine Kollegen aus jener Zeit als Karawanenführer vorstellt, die mit ihren Karawanen in die Zukunft ziehen, dann hat sich Shakespeare als der lebenstüchtigste Karawanenführer erwiesen. Seine Weggefährten sind längst auf den Pfaden der Geschichte zurückgeblieben. Die einen sind an der eigenen Kraftlosigkeit zugrunde gegangen, die anderen sind mit ihrem wertlosen Transportgut gescheitert, die dritten wiederum haben ihre Last in revolutionären Stürmen verloren, wenn Epochen neuer Ideen, neuer Gesellschaftsordnungen sie ablehnten, weil sie bei ihnen nichts für den eigenen Zweck Brauchbares fanden. Und nur die Karawane Shakespeares zieht weiter durch die Welt, überwindet die Räume der Zeit, überschreitet im buchstäblichen und im übertragenen Sinn Grenzen, Staaten, Berge, Wüsten und Flüsse; und je weiter sie gelangt, desto mehr Nationen nutzen die Gaben seiner Karawane, desto größer und umfassender wird die Sphäre der Shakespeareschen Völkerverständigung. Shakespeare lebt heute in allen Sprachen und in allen Dialekten. Hier nun möchte ich das besondere Verdienst der russischen Sprache und der russischen Kultur um Shakespeare hervorheben. Dank der russischen Sprache konnten viele Völker des Ostens von den alten, legendenüberliefernden Epen direkt zur Kunst Shakespeares in ihren eigenen Sprachen gelangen, damit aber auch zum Hort der menschlichen Kultur. Davon werde ich noch sprechen, doch zunächst möchte ich meinen Gedanken über die Shakespearesche Karawane weiterführen. Bitte entschuldigen Sie diesen so seltsamen Vergleich, aber ich werde ihn erläutern.

Worin besteht denn eigentlich Shakespeares Lebenskraft, womit nimmt er uns Menschen des zwanzigsten Jahrhunderts gefangen? Auf Anhieb darauf zu antworten ist ziemlich schwer. Im Laufe von mehr als drei Jahrhunderten wurden unzählige seriöse Traktate über Shakespeares Genie geschrieben, über seine Philosophie, seine sozialen Probleme, seine künstlerischen Bilder und seine Widersprüche. Wenn ich nicht allzusehr in die Tiefe gehen will, muß ich ein wenig vereinfachen. Wie paradox es auch klingen mag – Shakespeare als Künstler und Denker ist ebenso schlicht wie groß. Wahrscheinlich macht ihn gerade das für alle so liebenswert und zugänglich. Ich glaube nicht, daß Shakespeares Werke uns heute wegen der Exotik vergangener Zeiten fesseln oder gar anziehen und schon gar nicht wegen der Hof- und Königsgeschichten. Das Geheimnis seines Schaffens besteht offensichtlich darin, daß er unumwunden und in erschütternden künstlerischen Bildern grundsätzliche, elementare, ewige Probleme der menschlichen Existenz, des Verhältnisses zwischen Persönlichkeit und Gesellschaft ausdrückte und löste, das heißt, er hat den erregenden Kern des Gegenstandes der Kunst gefunden, denn Gegenstand der Kunst ist vor allem die Erforschung des Menschen.

Wie muß ein echter Mensch sein, was ist seine höchste Bestimmung, worin besteht der Sinn seines Lebens – das sind, so scheint mir, jene schlichten und ewigen Probleme, die Shakespeare beschäftigten und die auch uns, seine Nachfahren, ständig bewegen. Die Beantwortung dieser historischen Fragen des Lebens verlangte von Shakespeare gewaltige künstlerisch-philosophische Verallgemeinerungen. Er mußte ein nie erlöschender Vulkan menschlicher Leidenschaften werden. Um diese einfachen Fragen zu beantworten, mußte Shakespeare erbarmungslos das Böse entlarven – Hinterlist, Gemeinheit, Machtgier und Tyrannei. Um diese Fragen zu beantworten, besang Shakespeare in seinen Helden die Freiheit des Gedankens und des Geistes, den unversöhnlichen Kampf des Guten gegen das Böse, rühmte er die Verteidiger der Gerechtigkeit, die das menschliche Gewissen verkörpern. Fast zu Göttern erhob er die heroischen Naturen, deren Heldentum sich in edlen Taten äußert, in Lauterkeit des Gewissens, der Liebe, der Gedanken und Wünsche. All das gelang ihm, und daher wurde sein Name unsterblich. Und obwohl viele seiner Helden im Kampf gegen die finsteren Mächte des Bösen tragisch zugrunde gehen, eine Niederlage erleiden (übrigens macht gerade das die Wahrhaftigkeit seines Realismus und seines historischen Denkens aus), begreifen und sehen wir, daß es lebensbejahende Tragödien sind, daß moralisch das Licht über das Dunkel siegt, das Neue über das Alte, das Positive über das Negative. Wie schon gesagt, gehe ich ein wenig schematisch an Shakespeares Schaffen heran, da ich vermute, daß jedem die Tiefe und Kompliziertheit der Shakespeareschen Gestalten zur Genüge klar sind. Ich kann nur meine Begeisterung über die realistische Meisterschaft dieses Renaissancekünstlers ausdrücken, mich hinreißen lassen von der Lebensfülle der Shakespeareschen Helden, die ausgestattet sind mit allen wahrhaft menschlichen Eigenschaften – mit dem Kampf komplizierter innerer Widersprüche, mit Zweifel, Eifersucht, Liebe und Haß, mit quälendem Nachsinnen über gesellschaftliche Pflicht und persönliches Schicksal. Wie sehr fehlt es uns, die wir über die Gegenwart schreiben, mitunter gerade an dieser künstlerischen Tiefe und Vielschichtigkeit, an dieser Spannweite bei der Gestaltung der Lebenserscheinungen! Ich erlaube mir, hier davon zu sprechen, weil unsere Zeit, unsere Wirklichkeit, das Heldentum und die Arbeit unseres Volkes von so bedeutenden historischen Ereignissen und Großtaten erfüllt sind, von so tiefgreifenden Prozessen der Herausbildung des neuen Menschen, daß wir stark in der Schuld der Gesellschaft bleiben. Ich spreche deshalb darüber, weil wir mehr von Shakespeares Meisterschaft lernen müssen, und vor allem, weil Shakespeare unserer aufrichtigen Überzeugung nach ein hervorragender Gestalter des positiven Helden, der Menschlichkeit und Zielstrebigkeit war. Welches seiner Werke wir uns auch vornehmen, überall begegnen uns im Vordergrund willensstarke, leidenschaftliche Naturen. Unter positiven Helden verstehe ich hier jene, hinter denen der Autor,

Shakespeare selbst, steht, in denen sich sein Ideal und seine Liebe verkörpern. Gerade diese erstaunlichen Charaktere, die an der inneren Glut großer Leidenschaften verbrennen, unversöhnlich sind beim Zusammenprall mit Übeltätern, keinen Kompromiß mit ihrem Gewissen einzugehen bereit sind und offen den Kampf mit allen Gemeinen und Finsteren im Leben aufnehmen, sind uns teuer und lieb. Ob es nun Hamlet, Othello, Lear, Romeo und Julia oder andere Gestalten sind – hinter den äußeren Attributen von Titeln und damaligen Lebensverhältnissen ist ihr menschliches Wesen freigelegt, und wir teilen ihre Freuden und Leiden, als wären sie unsere Zeitgenossen. In den positiven Helden Shakespeares finden wir eine unendliche Tiefe der menschlichen Seele, die jeden Rahmen sprengt. Die Spanne reicht von dem hohen Intellekt und der heroischen Energie Hamlets, den die Hofintrigen zugrunde richten, bis zu der Liebe von Romeo und Julia – Gefühlen und Gedanken von einer solchen Reinheit und Frische, daß sie uns auch nach so vielen Jahren rühren, uns mit Schmerz und Anteilnahme erfüllen, die edlen Anlagen in uns selber fördern. Ich denke, das muß im Zusammenhang mit dem Shakespeare-Jubiläum auch deshalb erwähnt werden, weil es im Westen Versuche gibt, Literatur und Kunst zur Ideenlosigkeit zu verleiten, zur Absage an die erzieherische Wirkung des positiven Helden im Buch und auf der Bühne, zur abstrakten Darstellung der Wirklichkeit. Möglicherweise halten diese Leute Shakespeare schon für veraltet und naiv. Zweifellos, seit Shakespeare hat sich auf unserem Planeten vieles verändert. Doch das Wesen der Kunst und ihre Berufung sind gleich geblieben: den Interessen des Volkes zu dienen, den Menschen und das Leben wahrhaft, realistisch darzustellen.

Das nie verblassende Werk Shakespeares zeigt ein übriges Mal, daß nur eine wirklichkeitsgetreue, echte, volkstümliche und wahrhaft schöne Kunst, die die Züge der Epoche und der menschlichen Persönlichkeit widerspiegelt, weiterlebt und Besitztum der Gesellschaft bleibt.

Wir müssen nur aufmerksam auf die Bewegung unserer Zeit achten, dann können wir den Weg der Shakespeareschen Karawane in die Zukunft beobachten. Dieser große Karawanenführer des Gewissens, der Reinheit und der Größe des Menschen geht von Generation zu Generation, und sein Zug durch die Welt nimmt kein Ende.

Mit besonderem Stolz möchte ich hier betonen, daß mit der Errichtung der Sowjetmacht die Shakespearesche Karawane auch uns in Mittelasien erreicht hat. Kaum waren unsere nationalen Theater gegründet, da erklangen Shakespeares Worte in unseren Muttersprachen auf den Bühnen, und wir drängten uns begierig um die Quelle seiner Kunst, um unseren jahrhundertealten Durst nach dem Kulturerbe der gesamten Menschheit zu stillen. Heute werden in den Theatern der mittelasiatischen Republiken Dramen, Tragödien und Komödien Shakespeares, Opern und Ballette nach Shakespeareschen Sujets aufgeführt. Eine ganze Plejade hervorragender Schauspieler ist herangewachsen, die den Zuschauern wegen ihrer großartigen Darstellung von Shakespeare-Rollen teuer geworden sind. Ich möchte ihre Namen nennen – es sind Schukur Burchanow, Muratbek Ryskulow, Alim Chodshajew, Alty Karlijew, Bibissara Bejschenalijewa, Kaditscha Bukejewa, Schaken Aimanow und andere. Zugleich möchte ich auf dieser Festveranstaltung im Namen der Intelligenz Mittelasiens meiner tiefen Verehrung für das Genie Shakespeare Ausdruck verleihen.

Shakespeare, der mitten unter uns lebt, verkörpert für uns die Kontinuität der menschlichen Lebenserfahrung, die Bereicherung der Kultur, die Bestätigung der Volksauffassung vom Schönen.

Nein, der Mensch ist kein Sandkorn, und sei's, weil er solche Vertreter seines Geschlechts besitzt wie Shakespeare. Shakespeare aber ist wie die Brandung des Ozeans, die ewig an die Ufer des Lebens rollt!

Literaturnyj Kirgisstan, 2/1964. Essay auf der Grundlage einer Rede bei der Festveranstaltung zum 400. Geburtstag von William Shakespeare im Moskauer Bolschoj-Theater. Deutsch von Charlotte Kossuth.

Echo der Welt

Ich beginne mit einer Behauptung, die nach meiner Auffassung keineswegs einen Widerspruch enthält, sondern im Gegenteil etwas Zusammengehöriges: Die Zeit ist gekommen, Literatur nicht nur vom Standpunkt traditioneller ästhetischer Ideale aus zu beurteilen, sondern vor allem von der Höhe der aktuellen und brennenden Anforderungen des Tages her.

Mit der Atomspaltung ist die Menschheit in Geheimnisse der Welt eingedrungen, die bis dahin nur »den Göttern« zugänglich und verfügbar zu sein schienen. Alles hängt seither von uns ab, vom Willen der Menschen – wir halten die mächtige Energie des Universums in Händen. Bei vernünftigem Gebrauch kann sie großen Nutzen bringen, aber Leichtsinn und Verantwortungslosigkeit tragen in sich die Drohung einer noch nicht dagewesenen Katastrophe: das Verschwinden alles Lebenden auf dem Planeten. Und was ist dabei zum Vorschein gekommen? Es ist schwer und schrecklich, »Gott« zu sein. So ist das. Wenn die zeitgenössische Literatur nicht dabei hilft, daß die Menschen, die »Götter« über sich selbst geworden sind, dennoch als Menschen fühlen, wenn sie nicht an der Förderung und Verbreitung der höchsten Menschheitsideen teilnimmt, wenn sie nicht der Geistlosigkeit und der Unmenschlichkeit des Imperialismus und Militarismus die Ideen des sozialistischen Humanismus, dem wir verpflichtet sind, entgegensetzt – dann kann diese Literatur nicht den Anspruch erheben, die Literatur unserer Zeit zu sein.

Wenn die Literatur aber eine Stütze ist für die wichtigste Idee der Epoche, die zur Schaffung eines neuen Bewußtseins und zum gegenseitigen Verstehen der Gesellschaften, der Völker und der einzelnen Menschen beiträgt, dann ist sie die modernste Literatur. Ich habe die Vorstellung, daß man im Urteil über sich selbst und über andere von diesen Anforderungen auszugehen hat. Alle Literatur der Gegenwart sollte danach streben. Ihre Aufgabe besteht darin, durch eine lebendige Entwicklung Denker und Künstler von der Art eines Tolstoj oder Dostojewskij hervorzubringen.

Warum vom Typ Tolstoj? Weshalb Dostojewskij?

Weil sie »Eichmaß« sind für die künstlerische Selbsterforschung der Wirklichkeit. Nicht von ungefähr hat I. N. Kramskoj, unmittelbar nach Erscheinen des Romans *Die Brüder Karamasow,* in einem seiner Briefe geschrieben: »Nach den Karamasows (und noch während der Lektüre) habe ich einige Male mit Schrecken um mich geblickt und mit Erstaunen festgestellt, daß alles seinen alten Gang geht, daß sich die Welt nach wie vor um ihre Achse dreht. Auch nach der Familienberatung der Karamasows beim Starzen Sossima, auch nach dem ›Großinquisitor‹ gibt es, wie es schien, Menschen, die den Nächsten ausplündern, gibt es noch die Politik, die in aller Offenheit die Heuchelei propagiert, gibt es Hohepriester, die in aller Ruhe davon ausgehen, daß die Sache Christi ihren Lauf nimmt und die Sache des Lebens den ihrigen; mit einem Wort: das ist etwas derart Prophetisches, Flammendes, Apokalyptisches, daß es unmöglich ist, auf dem Platz zu verharren, auf dem wir gesessen sind, daß es unmöglich ist, die Gefühle zu haben, von denen wir uns ernährten, und an etwas anderes zu denken als an den heutigen Tag.«

Und dennoch nimmt das Leben »seinen alten« und »seinen nichtalten« Gang.

Wie wurden die Welt und der Mensch in der Welt nach Puschkin, Tolstoj, Dostojewskij, Tschechow, Gorki und Majakowski? Was für wahrlich riesige Schritte hat die Menschheit dank jener in ihrer künstlerischen Entwicklung gemacht!

Ich denke nicht, daß es die Klassiker einfacher hatten, die Seele des Menschen anzurühren. Das wird niemals »einfach« sein.

Eine andere Sache ist es, daß jedes, von einem zeitgenössischen Autor geschriebene Werk unweigerlich vor dem Hintergrund Puschkins gelesen wird. Übrigens haben diesen »Hintergrund« solche Genies der russischen Literatur wie Tolstoj, Dostojewskij, Block auch schon sehr deutlich empfunden. Nicht zufällig hat der Erstgenannte Puschkin als seinen »Vater« bezeichnet.

Mit scheint, jeder zeitgenössische Schriftsteller, der sich ein noch so supermodernes Thema vornimmt, kommt nicht um die Frage herum: Wie hätte darüber Tolstoj geschrieben?

Es ist die Persönlichkeit, die jedem Werk zugrunde liegt. So ist Nachahmung in der Literatur ein hoffnungsloses Unterfangen. Das Wesen eines wirklich zeitgenössischen Werkes liegt folglich in etwas anderem. Tolstoj hat auch darüber nachgedacht: Um in der Lage zu sein, Notwendiges und Wichtiges den Menschen zu sagen, muß der Schriftsteller am »allgemeinen Leben der Menschheit« teilnehmen.

Das »allgemeine Leben der Menschheit« heute, wovon der Zustand, das heißt die historische und ethisch-philosophische Weltanschauung des Künstlers abhängt, der den Menschen das Notwendige und Wichtige sagt – das sind: die Oktoberrevolution und der Sieg über den Faschismus, die Pest des 20. Jahrhunderts –, das Hinaustreten der Menschheit in den Weltraum und schließlich die allgemeine Sorge um unser aller Zukunft.

Es ist wichtig, diese universal-historischen Einsichten und Erschütterungen grundsätzlich zu durchdenken. Nehmen wir die Weltliteratur im Ganzen – von Scholochow bis Faulkner, von Thomas Mann bis Leonow, von Auesow bis Márquez – so haben wir genug, worüber ernsthaft nachzudenken ist. Unsere Gedanken und Gefühle sind im Spektrum der Literatur des 20. Jahrhunderts mit genügender Kraft festgehalten.

Das ist ein Grund mehr, die Lösung der Frage – ist die zeitgenössische Literatur von heute zeitgenössisch und inwieweit ist sie das? – von höchsten ethisch-ästhetischen Kriterien her zu beurteilen.

Das Gespräch kann nicht vollwertig und ergiebig sein, wenn wir über die zeitgenössische Literatur nur im Rahmen der wissenschaftlich-technischen Revolution urteilen, im Rahmen lokaler Ereignisse, im Rahmen thematischer Eingrenzungen, oder im Rahmen rhetorisch-deklamatorischer Poesie, bisweilen auch im Rahmen von Binsenwahrheiten, die als Entdeckungen ausgegeben und angenommen werden.

Ist das unter anderem nicht etwa dadurch zu erklären, daß es heute tatsächlich immer schwieriger wird, den Menschen mit der Kraft der Kunst zu erschüttern – die Schmerzschwelle ist jäh angestiegen: sogar die biblischen Prophezeiungen vom »Ende der Welt« sind in den Schatten getreten –, naive Vorstellungen, angesichts des Schreckens, der über der Menschheit wie ein Damoklesschwert schwebt.

Ist denn im Leben selbst nicht etwas vorhanden, was sich schon jetzt gegen die drohende Katastrophe erheben könnte? Und woraus die Literatur neue, von ihr noch nicht erforschte und erprobte Kräfte schöpfen könnte?

Natürlich gibt es so etwas. Anders kann es nicht sein.

Können wir das immer sehen und erkennen? Das ist die Frage.

Ich möchte hier, um meine Gedanken deutlich zu illustrieren, noch einmal eine Geschichte erzählen, die mich erschüttert hat.

Vor nicht allzu langer Zeit geschah folgendes: Amerikanische Infanteristen, die am Rande des Dschungels Gräben aushoben, erblickten Gestalten und eröffneten mit großkalibrigen Artilleriegeschossen das Feuer auf die vietnamesischen Kämpfer, die sich am gegenüberliegenden Ende des Feldes befanden. Das Feuer deckte alles so ein, als sollte alles Lebende und Nichtlebende von der Erde verschwinden. Doch währenddessen zogen Bauern unter dem Steilfeuer der Artillerie, dem Krachen und Explodieren der Geschosse, übers Feld und folgten, Furche um Furche ackernd, ihren Pflügen. Sie zogen dahin, ohne den Kopf zu heben. Und ihnen folgten in gemessenem Schritt Frauen, die Samen in die Erde streuten. Und diese heilige Handlung, die schon in den Texten der alttestamentarischen Propheten besungen wurde, das lebensbejahende Schreiten des Säenden, wurde zum Symbol für die unauslöschliche Fähigkeit eines Volkes zum Widerstand, zum Symbol der ewigen Arbeit und der Vernunft gegen den todbringenden Krieg.

Diese Szene hat ein amerikanischer Journalist gesehen und beschrieben, von dem die bitteren, aber wahrhaftigen Worte der Schande, der Scham und der ernüchternden Einsicht stammen: »Wir werden sie niemals besiegen! Wir verfluchten Krieger!«

Wie muß die zeitgenössische Kunst sein, damit sie das moralische Recht erhält, im Namen dieser Menschen zu sprechen?! Im Namen des Lebens, das in Gestalt des Pflügers gegen den Tod schreitet?! Gegenwärtig geht die Menschheit ihren unglaublich schweren und edlen Weg unter dem »Sperrfeuer« verschiedener Arten großkalibriger Geschosse, seien es todbringende Artilleriegeschosse oder die Geschosse der bürgerlichen Propaganda, die auf die Seelen der Menschen gerichtet sind und die darauf abzielen, vom Menschen nur noch eine leere Hülle zu hinterlassen.

Lorca hat, wie man sich erinnert, gesagt, der Dichter sei der Schöpfer zeitgenössischer Mythen.

Doch verblaßt nicht bisweilen jeder Mythos vor dem nicht erfundenen Leben?

Möglicherweise wird man unsere reale Geschichte in einem Jahrhundert als Legende auffassen, und die Teilnehmer einer ähnlichen Diskussion wie der unseren werden nicht wenige Kopien des Lebens zerreißen – auf der Suche nach ihren Wurzeln. Vielleicht werden sie über die naiv-phantastische Weltanschauung nachdenken, die der Menschheit in grauer Vorzeit – das heißt im 20. Jahrhundert – zu eigen war.

Aber ich wünschte mir, daß einer von ihnen, der die bewölkten Höhen der abstrakten Erörterungen verlassen hat, folgende Gedanken formulierte: Dem »Mythos«, kaum hervorgebracht und der Prüfung der Zeit standgehalten, lag etwas Reales zugrunde; er hat also nicht nur als Kindermärchen gedient.

Wenn wir ernsthaft der Idee anhängen, wonach der

Mensch der Schöpfer seines eigenen Verhältnisses zur Welt und zu sich selbst ist, dann ist diese Realität das Maß unserer Sittlichkeit, des aktiven Humanismus und des sozialen Engagements, sie ist in jeder Sphäre der menschlichen Tätigkeit unvermeidlich.

Anders ist es nutzlos, über die Konzeption der Persönlichkeit des Menschen von heute zu sprechen, eines Menschen, dessen Ideal in der Literatur des sozialistischen Realismus als der »positive Held« erklärt wird.

Ist damit seine kanonisierte Gestalt geschaffen? Ich bin davon überzeugt, daß wir einen Fehler machen, wenn wir die Frage so stellen, denn wir sind dann gezwungen zuzugeben, daß es das nicht gibt, vielleicht sogar, an der Idee des »positiven Helden« überhaupt zu zweifeln.

Dazu eine weitere Überlegung.

Wird denn Dostojewskij, der vom »positiven Helden« geträumt hat, nicht vom Standpunkt mancher heutiger Kritiker aus vorwurfsvoll gefragt, welche seiner Personen eigentlich dazu gezählt werden kann? Doch offensichtlich keine.

Und dennoch gibt es den Helden. Dieser Held ist die Wahrheit, die der Schriftsteller mit seinen Helden in qualvollem Ringen gesucht hat. Und es ist die selbstlose und selbstvergessene Liebe zur Wahrheit, die er im Leser, im Menschen heranbildete.

Kehren wir zu unseren Angelegenheiten zurück. Man sollte sich nicht ärgern, sondern dafür dankbar sein, daß das Bild des »positiven Helden« keiner Kanonisierung unterliegt, daß es nicht in den Rahmen von Verhaltensweisen, Gefühlen und Gedanken gepreßt wird, wie es kurzsichtige Kritiker festlegen.

Die Aufgabe besteht darin, den »positiven Helden« als den Menschen einer denkenden Seele darzustellen. Die zeitgenössische Literatur ist so zeitgenössisch wie der von ihr dargestellte Held, je nach seiner Intensität und Leidenschaft im Kampf um die soziale Gerechtigkeit, seinem mehr oder weniger großen Schmerz und seiner Unruhe über das Schicksal der Welt von heute, je nach der Tiefe und Schärfe seines historischen Gedächtnisses, seinem Glauben an die Zukunft der Menschheit.

Nikolai Tichonow hat gesagt, die Weltanschauung ist die innere Sonne des Dichters.

So ist es. Wenn wir in einem Buch nicht das innere Licht spüren, die Anwesenheit der Sonne, der Hoffnung, die zum Leuchten kommen muß, auch wenn der Himmel von Wolken überzogen ist, so reicht es nicht zu sagen, daß so ein Buch nicht zeitgenössisch ist – es zieht uns zurück.

Die wahrhaft moderne Literatur, die dazu da ist, der Menschheit und dem einzelnen Menschen in der richtigen Wahl zu helfen, kann erst dann darauf hoffen, ihre Aufgabe zu erfüllen, wenn sie sich auf das höchste Niveau des ethisch-philosophischen und künstlerischen Denkens begibt.

Aufsatz in der *Literaturnaja Gaseta* vom 4. Januar 1984.

Zum Porträt des Künstlers

Über Schostakowitsch

Eine uralte Volksweisheit lautet: Wenn dein Vater gestorben ist, bete zu Gott, daß die Menschen noch lange leben, die ihn kannten. Darin liegt Wahrheit, denn das Gedächtnis der Zeitgenossen verlängert gleichsam die Lebensfrist eines Menschen, der uns verlassen hat. Durch Erinnerungen versuchen die Lebenden, dem unersetzlichen Verlust zu widerstehen. Erinnerungen sind unser Schmerz und die Bekräftigung des Gewesenen.

Das ewige und unvergängliche Andenken von Dmitrij Dmitrijewitsch Schostakowitsch sind freilich vor allem seine musikalischen Werke, sie gehören zum Höchsten der Musik des 20. Jahrhunderts. Außerdem gibt es noch eine Besonderheit, dank der Schostakowitsch seinen sicheren Platz im Gedächtnis der Nachfahren hat. Schostakowitsch war ein selten glückliches Künstlerschicksal beschieden. Sein Genie fand noch zu Lebzeiten allgemeine Anerkennung. Obendrein genoß er breite Popularität im Volk, ungeachtet des sehr ernsthaften philosophischen Charakters seiner Werke.

Und trotzdem liegt es in der menschlichen Natur, daß sie sich nach lebendigen Erinnerungen und Beobachtungen von Menschen sehnt, die Dmitrij Dmitrijewitsch in seinem Alltagsleben gut kannten. Unser Bedürfnis entspringt offenbar dem Wunsch, aus gemeinsamen Erinnerungen seiner Zeitgenossen ein Kollektivporträt des großen Komponisten zu schaffen.

Dmitrij Dmitrijewitsch lernte ich Anfang der sechziger Jahre in Moskau kennen, im Komitee zur Vergabe der Lenin- und Staatspreise. Kennenlernen ist eigentlich nicht das richtige Wort: Mir schien, daß ich ihn schon immer kannte und, wahrlich, Schostakowitsch nicht zu kennen, wenn man sich für Kunst interessiert, wäre unverzeihlich. Auf den ersten Blick wurde mir klar: das mußte er sein.

Bei den Sitzungen fiel mir auf, mit welcher Hochachtung und Achtsamkeit die zahlreichen ehrwürdigen Mitglieder des Komitees seinem Wort lauschten. Dieser hochintelligente Mann, längst nicht mehr der jüngste, sehr zerbrechlich und mit schwerer Brille, hinter deren dicken Gläsern graue Augen mit riesigen, geweiteten Pupillen hervorblickten, der eine verhaltene, ja stille Stimme besaß, genoß unbestrittene Autorität. Es war wie ein ungeschriebenes Gesetz: Sein Urteil garantierte höchste Gewissenheit in allen Fragen der Kunst. Dmitrij Dmitrijewitsch war keineswegs ein rhetorisches Talent, seine Stärke beruhte auf etwas anderem, nämlich auf der makellosen Ehrlichkeit gegenüber den Tatsachen (ohne Umschweife und mit größter Entschiedenheit konnte er ein Werk als wertlos und anpasserisch bezeichnen) sowie auf der inneren Überzeugungskraft seines Urteils. Der Spürsinn des großen Künstlers hat ihn nie im Stich gelassen. Ich erinnere mich an keinen Fall, daß sich bei mir bei seinen Worten Zweifel eingeschlichen hätten.

Höchste Aufrichtigkeit und größter Kunstsinn in Verbindung mit Kompromißlosigkeit des Urteils waren die Eckpfeiler seines Charakters. Ich war darauf stolz und davon begeistert. Dieser äußerlich bescheidene und sogar schüchterne Mensch war unvergleichlich umgänglich, verzichtete auf große Worte und publizistische Effekte und war doch beispielhaft als tiefer Denker und Künstler, er bezwang einen durch seine Humanität und, man kann es so sagen, durch seine Ergriffenheit angesichts jeder echten Begabung im Leben und in der Kunst.

Mich faszinierte zudem – und dies im Gefühl einer persönlichen Sympathie zu Schostakowitsch –, daß meine eigenen Ansichten und Gedanken immer mit seinen Äußerungen korrespondierten. Ich staunte, mit welcher Sicherheit ich voraussagen konnte, worin wir Gleichgesinnte waren. Dies war wohl der Hauptgrund für unsere Annäherung und die künftige Freundschaft.

Aber bekannt gemacht hat uns erstmals – sozusagen offiziell – Alexander Trifonowitsch Twardowskij. Während einer Sitzungspause trafen wir in einem Wandelgang der Komiteeräume zusammen, er sprach Schostakowitsch, der sich gleich daneben befand, an: »Dmitrij Dmitrijewitsch, darf ich bekannt machen, da ist er, Aitmatow, über den wir sprachen.«

Schostakowitsch wandte sich lebhaft um und streckte mir eilends und linkisch die dürre, schmale Hand entgegen. Seit diesem Tag entspann sich unsere all die Jahre währende Bekanntschaft. Dmitrij Dmitrijewitsch hatte sofort meine Zuneigung gewonnen, da er sich, ungeachtet des beträchtlichen Altersunterschieds, mir gegenüber, ich würde sagen, mit betonter Ernsthaftigkeit von gleich zu gleich verhielt. Merkwürdig, daß Schostakowitsch wie auch Twardowskij und Urussewskij, obwohl sie als Ältere das moralische Anrecht dazu gehabt hätten, mich in all den Jahren niemals geduzt haben. Damit habe ich mich auch von ihnen für immer verabschiedet. Meine älteren Gefährten haben wohl meine unüberwindliche orientalische Verehrung gegenüber den Älteren verspürt und mir Achtung mit Achtung vergolten. Im übrigen waren diese drei großen Freunde einander recht ähnlich. Vor allem in ihrem unaustilgbaren, strikten Bestehen auf Wahrheit in der Kunst. Der Begriff »künstlerische Wahrheit« ist, bei aller Verschiedenartigkeit der Ausdrucksformen, eine bedeutende und im Prinzip unveränderbare Kategorie. Und dies war ihnen wohl äußerst wichtig, ja, ich denke, der Hauptsinn ihres Lebens. Viele Male konnte ich mich davon überzeugen. Alle drei hatten nichts übrig für Menschen, die über die Aufgaben der Kunst Interpretationen abgaben und dabei immer von festen Vorstellungen ausgingen, was als gängig und marktgerecht galt. Twardowskij äußerte sich schroffer und ungehemmter, aber Schostakowitsch und Urussewskij, dem Charakter nach ähnlich, waren vertrauensselig und rein wie Kinder. Wahlverwandte – so habe ich sie für mich genannt und danke noch heute dem Schicksal dafür, daß ich mit diesen Menschen Umgang pflegen durfte.

Heute kann ich sagen, daß die Freundschaft und das gegenseitige Verstehen unter Menschen am zuverlässigsten ist, wenn sie ihre Interessen und Überzeugungen gemeinsam haben. Und noch eines: das Bedürfnis, die verborgenen Gedanken zu teilen, so daß du eine wichtige Beobachtung oder Entdeckung, die du für dich gemacht hast, hütest, um sie bei nächster Gelegenheit einem von dir geschätzten Menschen mitzuteilen. Und darin findest du eine geistige Befriedigung, weil dir die Meinung des Freundes als Antwort außerordentlich wichtig ist. Wie aus einem Bächlein wächst daraus der Fluß eines großen Gesprächs über das Leben und all das, was wir erfahren und erkennen können, auch was dich schmerzt und womit du leben mußt, und lange Zeit wirst du unter dem Eindruck dieses Gesprächs stehen.

Mit Dmitrij Dmitrijewitsch habe ich mich ziemlich oft unterhalten. Während der Sitzungspausen, mitunter auch bei einer Sitzung, als wir nebeneinander saßen und leise parlierten, beim Ansehen neuer Stücke und Filme im Theater oder im Kino, bei Konzerten und Kunstausstellungen, im Verlauf von zwölf Jahren hatte ich viele Gelegenheiten, mich mit Dmitrij Dmitrijewitsch zu unterhalten, meine Gedanken zu äußern und ihn anzuhören. Dies war wohl das Wertvollste in unseren Begegnungen. Die Einzelheiten der Gespräche lassen sich kaum mehr rekonstruieren wie auch die Urteile über die eine oder andere Sache. Wie schade, daß wir die Bedeutung eines Augenblicks oft nicht erkennen und rechtzeitig zu Papier bringen, was wie ein alltägliches Gespräch scheint, während man später erkennt, daß es alles andere als alltäglich war.

Ich erinnere mich daran, wie einmal die Rede war von Kosinzews »Hamlet«. Ich stand noch unter dem starken Eindruck dieses Films und speziell der Musik, die Schostakowitsch komponiert hatte. Weil die Namen Kosinzew, Smoktunowskij und Schostakowitsch damit verbunden waren (von Shakespeare ganz zu schweigen), war dieser Film unvermeidlich zum Erfolg verdammt. Die Tiefe des Inhalts wurde von der gewaltigen Musik betont, ja, gerade die Musik schien mir ganz im Geist Shakespeares und jener tragischen Leidenschaften, die den dänischen Prinzen erschütterten.

In dem Gespräch ging es um die Grundkonflikte in Shakespeares Tragödien. Ich übertrieb ein wenig, um den Gedanken zuzuspitzen, und sagte, die Zeit der Denkweise Shakespeares sei für die Menschheit unwiderruflich vergangen. So wie die unvergleichlichen Epochen der Epik, der Legenden und Märchen im Volksschaffen für immer vorüber seien, und deshalb könne, kraft solcher Gesetzesmäßigkeit, von niemandem und nirgendwo in der Literatur etwas geschaffen werden, was Shakespeare gleiche.

Ich hatte erwartet, Schostakowitsch würde im Scherz antworten: Ihr Schriftsteller von heute sucht euch aber bequeme Ausreden! Aber Dmitrij Dmitrijewitsch ging an alles, was Kunst anlangte, sehr ernsthaft heran, häufig und gern zeigte er sich mit einer vernünftigen Meinung des anderen einverstanden, doch diesmal widersprach er: »Ich bin davon nicht überzeugt, vielleicht ist das ganz und gar nicht so«, sagte er.

Ich legte meinen Standpunkt dar. Er meinte, die ewigen Themen von Shakespeare leben und werden zu allen Zeiten leben, solange es Menschen gibt. Und alle Zeiten haben die ihnen gemäßen Hamlets und Könige Lear. Es drehe sich jedoch darum, daß die Leidenschaften und Probleme solcher Persönlichkeiten ein jedes Mal neue Erscheinungsformen annähmen, die der eigenen Epoche entsprächen. Die Aufgabe sei es, sie in der Hast des Alltäglichen aufzuspüren und zu erkennen.

»Und Sie glauben daran, daß ein neuer Shakespeare erscheinen wird?« fragte ich.

»Nicht Shakespeare, ein anderer Genius.«

»Wohl kaum, daran zweifle ich.«

»Aber ich glaube daran«, beharrte Schostakowitsch und äußerte einen Gedanken, der mich noch mehr verblüffte und begeisterte und noch lange in meinem Gedächtnis haftete. Er sagte, in der Welt von heute gebe es für einen neuen Shakespeare weitaus mehr Chancen, weil ja die Menschheit in ihrer Entwicklung noch nie eine solche Universalität erreicht habe, und wenn dann so ein neuer, großer Künstler auftauche, könne er die ganze Welt allein in sich selbst – wie ein Musiker – ausdrücken.

Die ganze Welt allein in sich selbst . . .

Dieses Gespräch fand im Gehen statt, und erst später, allein mit mir selber, hatte ich die Bedeutung des Gesagten begriffen: Schostakowitsch erwartete von der Literatur die allumfassende »musikalische« Verallgemeinerung des Lebens.

Die ganze Welt allein in sich selbst . . .

Mag die Aufgabe auch unerreichbar schwer sein – kann es einen größeren Traum für den Künstler geben?

Und zugleich freute sich Schostakowitsch über ganz konkrete, völlig unphilosophische, reale und lebendige, von begabten Menschen geschriebene Werke.

Einmal begegne ich Dmitrij Dmitrijewitsch auf der Treppe zur dritten Etage im Lenin-Komitee. In dieser alten Villa gibt es keinen Aufzug, was Schostakowitsch in den letzten Jahren große Schwierigkeiten machte. Man kann sich vorstellen, was in einem Menschen vorgeht, der langsam die Stufen erklimmt und die kranken Beine nachschleppt. Ich griff Dmitrij Dmitrijewitsch unter die Arme, und wir gingen gemeinsam weiter, behutsam und mit Schnaufpausen. Er war bleich, atmete schwer, stützte sich mit der einen Hand aufs Geländer, mit der anderen auf mich. Aber er bemühte sich dabei, tapfer zu lächeln. Ich wußte nicht, was ich sagen und tun sollte, um ihn seine Schwäche nicht verspüren zu lassen, da sagte er, als habe er meine Verlegenheit erraten:

»Haben Sie diese erstaunliche Sache in *Nauka i shisn* gelesen?«

»Ja«, sagte ich überzeugt und im voraus lächelnd, es erraten zu haben, »ich habe Troepolskijs Novelle ›Weißer Bim Schwarzes Ohr‹ gelesen.«

»Wie wußten Sie das?« Dmitrij Dmitrijewitsch ließ sogar seine Augen aufblitzen. »Verstehen Sie, mit welcher Befriedigung ich diese Geschichte las, wie schmerzhaft und erleichtert mir zumute war.«

Dmitrij Dmitrijewitsch liebte und schätzte die zeitgenössische Literatur. Ungeachtet seiner immensen künstlerischen Beanspruchung und der ihn attackierenden Krankheiten hat er keine Neuigkeit ausgelassen, er war immer ein aktiver, hingebungsvoller Leser.

Ich habe zwei seiner Briefe aufbewahrt. Diese Briefe sind jetzt Familienheiligtümer, sie werden den Kindern vermacht. Den einen Brief hat mir Dmitrij Dmitrijewitsch nach der Lektüre von *Abschied von Gülsary,* den anderen zum *Weißen Dampfer* geschrieben. Beide Briefe sind mir viel wert, doch der zweite – er sandte ihn aus Kurgan, wo er sich zur Kur bei dem berühmten Arzt Ilisarow befand, und teilte darin mit, daß er nun besser auf den Beinen sei und die Kraft der Hände so zunehme, daß er wohl bald wieder für sich und die Arbeit Klavier spielen könne – erschüttert und bewegt mich jedes Mal mit seinen springenden, mühselig einzeln geschriebenen Buchstaben, der grenzenlosen Menschlichkeit, dem Mut und der Aufmerksamkeit des großen Komponisten, des Freundes und meines Lesers. Nur schon für diesen Brief bleibe ich Schostakowitsch ewig dankbar.

Ja, jetzt läßt es sich nur noch in Freud und Leid dessen gedenken und daran erinnern, was da war und wie das in unserer Freundschaft gewesen ist.

An der Stelle möchte ich auch unsere Familienbegegnungen erwähnen. Der Zufall hat es einmal gewollt, daß wir uns zur gleichen Zeit im Sanatorium »Barwicha« erholten, es war im Winter 1971. Dmitrij Dmitrijewitsch ging selten spazieren und das nur mit Unterstützung seiner Frau Irina Antonowna, aber jedesmal, wenn es ihm gelegen kam, trafen wir uns. Wir plauderten und saßen dabei auf Bänken am Wegrand der Waldallee, am meisten jedoch im Sanatorium selbst, im Speisesaal, im Kino, in der Bibliothek. Wir besuchten uns gegenseitig.

Es war ein schöner, gleichmäßiger, schneereicher Winter in der Gegend von Moskau. In den Nächten erneuerte sich der Schnee ständig, er dampfte und versöhnte die uns umgebende Natur und löste ein ruhiges, tiefes Strömen unserer Gespräche aus. Sonst ein cholerischer Charakter, war Schostakowitsch in jenem Winter gesammelt und nachdenklich. Vielleicht dachte er an sein Leben, an das Vollbrachte und auch daran, was ihm vielleicht nicht beschert sein würde zu verwirklichen, denn niemand hat all sein Wissen und all seine Kraft ausgeschöpft, wenn er von dannen geht. Und vielleicht hat er deshalb in den Gesprächen jenes Winters von Barwicha wiederholt das für mich (wohl nicht nur für mich, sondern für viele) so schmerzliche Thema berührt: Wie kann man sein Leben vollständig der Hauptsache – dem Schaffen – unterordnen? (Dieses Problem bleibt für mich bis zum heutigen Tag Problem Nummer eins.) Er blickte mich an und zeigte sich bekümmert, daß ich viel zu viel Zeit gesellschaftlichen Angelegenheiten und sonstigem Alltagskram opfere, das sei doch zum eigenen Schaden und folglich auch ein Verlust für die Literatur, und was man in der Jugend verpasse, würde sich im Alter nie nachholen lassen, denn alles habe seine Zeit: Was dem Künstler zu der einen Zeit gelingen kann, wird er zu einer anderen nicht bewältigen, die Lebenserfahrung fließt dahin wie ein Fluß, man steigt nicht zweimal in ein und dasselbe Wasser.

Ja, wie recht hatte er. Und im Brief aus Kurgan erinnerte er mich daran. Ich versuche, mein Leben umzugestalten, vielleicht gelingt mir das noch. Ich verstehe das alles schon aus eigener Erfahrung . . .

Wie gut, daß ich den zufällig eintreffenden TASS-Photographen unverzüglich ins Zimmer von Schostakowitsch schleppte und abends die gemeinsamen Familienbilder gemacht wurden, die jetzt der Stolz unseres Hauses sind. Und als wir aus Barwicha einige Tage früher als die Schostakowitschs abfuhren, bewegte und beschämte mich Dmitrij Dmitrijewitsch mit seiner freundschaftlichen Ergebenheit. Als ich mich nämlich von ihm, der in jenen Tagen erkrankt war, verabschieden wollte, fragte er mich, zu welcher Stunde wir abfahren würden. Ich sagte, um fünf Uhr am Abend. Das Auto traf gegen fünf ein, da wir aber an jenem Tag lediglich bis Moskau fuhren, wo wir uns noch eine gewisse Zeit aufhalten mußten, hatte ich es nicht sehr eilig. Ich ordnete noch Papiere und verabschiedete mich von Schwestern und Ärzten. Und als wir schließlich zwanzig Minuten später zur Hofeinfahrt gingen, sah ich den ordentlich durchfrorenen Dmitrij Dmitrijewitsch auf uns warten. Das war völlig unerwartet. Hätte ich gewußt, er würde uns verabschieden, hätten wir uns natürlich durch nichts aufhalten lassen. Das tat uns so leid und war vor dem kranken Menschen so unangenehm. Doch Dmitrij Dmitrijewitsch wollte kein Wort von Entschuldigung hören. Er entwaffnete uns mit seinem kindlichen Lächeln, er begleitete uns wie ein alter Freund und blickte uns mit seinen weisen, gütigen und alles verstehenden Augen an. Und noch jetzt sehe ich diese Abreise und diesen Abschied von Schostakowitsch vor mir.

Manchmal kommt es mir vor, als müsse ich nur nach Barwicha gehen, um dort Dmitrij Dmitrijewitsch anzutreffen, der bestimmt mit hochgeschlagenem Kragen auf einer Bank inmitten der verschneiten Allee sitzt, nachdenklich in sich und die Waldstille hineinhorchend.

Ein Jahr später, mitten im Sommer, gab es noch die eine große, lärmende, freudige und lustige Begegnung, als wir mit unserer ganzen Familie und meinen Söhnen, die sich in Moskau aufhielten, die Schostakowitschs auf ihrer Datscha in Shukowka besuchten. Eine unvergeßliche Begegnung! Dmitrij Dmitrijewitsch war guter Laune, obwohl er sich seiner Gesundheit nicht besonders rühmen konnte, aber es war eine Zeitspanne relativer Stabilität. Schostakowitsch konnte arbeiten, zu Hause wurde alles für seine Arbeit hergerichtet, sogar ein kleiner Hausaufzug in den ersten Stock wurde eingebaut. Dieser Lift war eine sonderbare Konstruktion, als sei er zum Spielen ausgedacht worden. Dmitrij Dmitrijewitsch erzählte erheitert, wie er in seinem Privatlift hochfuhr, er hat sogar meinem jüngsten Sohn Askar gestattet, darin auf- und abzufahren.

Bei Tisch ging es ebenfalls heiter zu. Dmitrij Dmitrijewitsch trank mit uns Wodka (keineswegs weniger als ich), und das beruhigte mich irgendwie, die Lebensgeister von Schostakowitsch waren also, gottlob, noch rüstig. Zufrieden war ich auch, daß uns Irina Antonowna in Frunse anrief und für die Rekonvaleszenz von Dmitrij Dmitrijewitsch um die »Issyk-Kul-Wurzel« bat, eine stark wirkende Heilpflanze, ich konnte diese Bitte ziemlich rasch erfüllen. Freunde und Verwandte in Talas, die ich anrief, gingen in die Berge auf die Suche nach der »Issyk-Kul-Wurzel«, binnen einer Woche brachten sie mir davon in gehöriger Menge. Dmitrij Dmitrijewitsch wußte nicht, daß man ihn zu Hause mit dieser Heiltinktur behandelte, oder wenn er es gewußt hat, gab er das Geheimnis seiner Frau nicht preis; ich dachte und hoffte indes, daß unsere »Issyk-Kul-Wurzel« der Gesundheit von Schostakowitsch förderlich sei. Ich überzeugte mich sogar davon, daß seine gute Laune ein Ergebnis dieses Bergkrauts war. Aber andererseits wußte ich, daß man nur in außergewöhnlich ernsthaften und gefährlichen Fällen zu diesem Mittel seine Zuflucht nahm.

Doch was auch immer vorlag, an jenem Tag sprachen

wir nicht über Krankheiten, all das schien vergessen, denn die Datscha der Schostakowitschs bebte an jenem Tag von unseren Stimmen und dem Getrappel so vieler Füße.

Nach Tisch versammelten wir uns im Arbeitszimmer von Dmitrij Dmitrijewitsch, um uns seine geliebten Schallplatten anzuhören ...

Aber die für mich bedeutsamste Begegnung kam etwa anderthalb Jahre vor dem Tod von Schostakowitsch zustande. Bei einer seiner Fahrten in die Stadt rief mich Dmitrij Dmitrijewitsch im Hotel »Moskwa« an. Er lud mich zum Abendessen ein und sagte, vor dem Essen werde man erstmals seine jüngste Arbeit anhören – das Vierzehnte Quartett. Falls ich das mit anhören wolle, müsse ich punkt sieben Uhr abends in seiner Wohnung sein. Ich habe mich, versteht sich, sehr gefreut. Als aber der Abend näher kam, stellte sich heraus, daß ich mich aus triftigem Grund – es ging um das Korrekturlesen einer Zeitungsfahne in der *Iswestija*-Redaktion – um zehn bis fünfzehn Minuten verspäten würde. Als ich anrief und mich im voraus dafür entschuldigte, nahm Irina Antonowna den Hörer ab. Sie beruhigte mich. Das Konzert werde Punkt sieben Uhr anfangen, sagte sie, aber das sei nicht so schlimm, man könne sich ruhig etwas verspäten, höchstwahrscheinlich werde das Stück wiederholt. Punkt 7.10 Uhr stand ich vor der Wohnungstür der Familie Schostakowitsch. Töne waren zu vernehmen. Irina Antonowna öffnete die Tür. Auf meine laute Begrüßung hin legte sie den Finger an die Lippen, auf Zehenspitzen führte sie mich durch den Korridor in einen großen Zimmer-Saal, wo das Quartett spielte.

Schostakowitsch saß am Tisch, mit dem Rücken zur Tür, neben ihm saß Kara Karajew. Und vor ihnen, in der Mitte des Zimmers, spielten die vier Musiker.

Geräuschlos, um ja nicht die Komponisten abzulenken, ließ ich mich auf dem Diwan gleich hinter der Tür nieder. Niemand wandte auch nur den Kopf. Die Musiker spielten, völlig vertieft in ihre Arbeit. Schostakowitsch und Kara Karajew hörten, nach vorne geneigt, gespannt und konzentriert zu. Sie lauschten so, als würde gleich etwas Unerwartetes eintreten, als verfolgten sie wachsam ein unsichtbares Geschehen, das ich nicht erblickte, aber sie. So verweilten wir, jeder für sich allein. Nach und nach gewöhnte ich mich auch daran und drang allmählich in den Gehalt der Musik ein. Ich behaupte nicht, daß mir das leichtfiel, im Gegenteil, ich mußte alle anderen Gedanken abschalten, um mich auf die Welle der Denkweise von Schostakowitsch einzustellen. Mir gelang das nicht gänzlich. Dmitrij Dmitrijewitsch aber lauschte dem Spiel immerzu mit derselben nie nachlassenden, gespannten Aufmerksamkeit, als wolle er in den Tönen noch etwas Unausgesprochenes, Unentdecktes erkunden und erkennen, und von der Seite betrachtet, schien mir sein Gesichtsausdruck entfremdet, unbekannt, ja sogar hart und verschlossen. Ich blickte auf seinen gekrümmten, knöchernen Rükken, auf den harten Ausschnitt des angespannten Gesichts mit Unverständnis und Schrecken. Das Vorgefühl hatte mich nicht getäuscht. Als die Musiker schließlich zu spielen aufhörten, veränderte Dmitrij Dmitrijewitsch die angespannte Adlerpose nicht sofort, obgleich Kara Karajew auf der Stelle, aufrichtig begeistert und ergriffen, wörtlich folgendes sagte und sich dabei um einen betont zurückhaltenden alltäglichen Tonfall bemühte: »Dmitrij Dmitrijewitsch, ein geniales Werk!« Und er dankte den Interpreten von Herzen.

Schostakowitsch, der zu diesem Zeichen der Anerkennung mit dem Kopf nickte, blieb indessen kühl. Ich erkannte ihn nicht wieder. Ein schonungslos hoher Anspruch an sich selbst und die anderen brach kraftvoll in ihm durch. Zunächst bedankte er sich auch bei den Musikern und hob sodann zu einer sehr strengen Kritik der Interpretation an. Kara Karajew mußte die Kritik sogar etwas abschwächen: Gott sei sein Zeuge, die Musiker spielten ausgezeichnet, nicht nur, wie man so sagt, mit Herz und Verstand, sondern sie gaben sich mit ihrem Wesen der zu interpretierenden Musik hin, wie Rennpferde im unerbittlichen Lauf die letzten Kräfte hervorholen. Aber der Komponist verlangte noch größere Meisterschaft, Genauigkeit und Inspiration. Einem von ihnen sagte er sogar, daß er beim Bogenstreichen zu laut schnaufte. Und dabei verbanden ihn mit diesem Quartett mehr als dreißig Jahre gemeinsamen Schaffens. Wie streng zeigte sich Dmitrij Dmitrijewitsch! Und noch lange diskutierten und stritten die Komponisten und Interpreten, hier stimmten sie überein, dort gingen ihre Meinungen auseinander. Ja, das war wohl ein Gespräch von Musikschaffenden. Ja, das Schaffen von Schostakowitsch lohnte solche Arbeit und einen so verantwortungsvollen Umgang mit Kunst.

Sodann beschlossen sie, das Vierzehnte Quartett noch einmal zu spielen. Ich lauschte und wunderte mich immer noch: »Da hast du es wieder! Der gute, gütige und schüchterne Schostakowitsch. Aber ein Biest in der Arbeit!«

So dachte ich zu der Stunde über Schostakowitsch – mit Stolz, Hochachtung und Begeisterung. So möchte ich ihn auch fürs ganze Leben in Erinnerung behalten.

Essay für die Zeitschrift *Sowjetskaja musyka,* Nummer 9, 1976.

Dom der Weltliteratur

Diese monumentale Sammlung der Weltklassik nennen die Leser jetzt schlicht und familiär »Vsemirka« – »die Universale«. Erstaunlich schnell haben wir uns ein einzigartiges Gewölbe von Kunstgütern aus Jahrhunderten angeeignet. Dabei ist diese in ihrer Art globale Aktion, so unvergleichlich wie einst die Erfindung der Buchdruckerkunst, im Kulturleben der Völker erstmals in unseren Tagen verwirklicht worden, nämlich im letzten Viertel des 20. Jahrhunderts. Hätte man darüber jemandem zu Beginn des Jahrhunderts erzählt, hätte er ein solches Unternehmen zumindest für ein unrealisierbares Luftschloß gehalten.

Aber nun haben die zweihundert Bände der »Bibliothek der Weltliteratur«, die vom ältesten Moskauer Verlag »Chudoshestwennaja literatura« herausgegeben worden sind, in vollem Umfang ihren Platz auf den Regalen der Lesermassen eingenommen. Sie sind in den Kreislauf der Ideen eingetreten und lassen in ihn die geistigen Reichtümer der Menschheit einfließen, konzentriert in der Kraft des Wortes, in der Tiefe des Gedankens, im Geheimnis der Gefühle, in den Werken großen und kleinen Umfangs, die uns in den unsterblichen Schriftzeichen aller Zeiten und aller Völker überliefert wurden. Ein derartiges Ereignis hat bisher noch kein Buchnarr auf Erden erlebt.

Der abschließende, zweihundertste Band der BWL ist erst kürzlich in den Handel gekommen, am Vorabend des neuen Jahres – die Serie ist vollständig abgeschlossen, sie gibt mir, als Mitglied des Redaktionsrates wie auch als Schriftsteller und Leser endlich den Anlaß, über dieses so einzigartige Unterfangen unserer Buchverleger, über die Arbeiten, die mit der Herausgabe der Meisterwerke der Klassik des Vaterlandes und der Welt verbunden sind, zu sprechen.

Die besten Köpfe Europas und Rußlands haben schon seit langem die grandiose Idee gehegt, alle Reichtümer der Weltliteratur geschlossen zusammenzufassen; alle unvergänglichen Leistungen des künstlerischen Denkens, die sich der Mensch durch unermüdliche Erkenntnis der Welt und des eigenen Wesens erarbeitet hat; all das, was vor dem strengen Gericht der Nachkommen und der Prüfung durch die Zeit bestanden hat – vom ersten magischen Epos, das in den Keilschriftzeichen der sumerischen Lehmtafeln erhalten ist, bis zu den zeitgenössischen realistischen Romanepen und den neusten, modernen Versstrukturen, alle herausragenden Werke aller Gattungen, aller Nationalliteraturen und Sprachen, um so ein Bild der historischen Spannkraft, der Folgerichtigkeit, Einheit und Vielfalt des poetischen Bewußtseins der Welt zu erschaffen und dadurch den Menschen, den Schöpfer und Genius zu bereichern und den Weg seiner ideellen und ästhetischen Entdeckungen zu verfolgen – von Zivilisation zu Zivilisation, von Epoche zu Epoche, von Jahrhundert zu Jahrhundert. Man ging davon aus, daß all dies die ästhetische, philosophische Kultur der Menschen vervollkommne und das Bewußtsein des Individuums vertiefe.

Dennoch ist es lange bei der edlen Idee geblieben. Es waren die entsprechenden sozialen und kulturellen Kräfte nötig, um sie zu verwirklichen.

Die Oktoberrevolution hat sie freigelegt. Schon im ersten Jahr des Oktobers unterstützte Lenin energisch Gorkis Initiative, »... dem Volk ... alle nötigen Klassiker der Weltliteratur in die Hand zu geben«. Lenins Denken spiegelte die radikale, revolutionäre Korrektur, dies alles dem Volk zu geben und nicht nur einem auserwählten Lesepublikum. Zu diesem Zweck wurde der Spezialverlag »Weltliteratur« gegründet.

Eben zu jener Zeit war der nach Rußland gereiste Wells in höchstem Maß verblüfft: »In diesem unbegreiflichen Rußland, das kämpft, friert, hungert und zahllose Entbehrungen erduldet«, schrieb er, »wird ein literarischer Neubeginn verwirklicht, der im reichen England und im reichen Amerika undenkbar wäre... Die geistige Nahrung der englischen und amerikanischen Massen wird immer dürftiger und minderwertiger, was diejenigen, die dafür verantwortlich sind, völlig kaltläßt. Die bolschewistische Regierung steht jedenfalls auf einem höheren Niveau. Im vor Hunger sterbenden Rußland arbeiten Hunderte von Menschen an Übersetzungen; die übersetzten Bücher werden gedruckt und machen dem neuen Rußland die Weltliteratur in einem Ausmaß bekannt, wie das keinem anderen Volk zugänglich ist.«

In jenen schweren Jahren ließ sich indes nur ein Teil des beabsichtigten Programms erfüllen – die Edition der Weltliteratur mußte zeitweise eingestellt werden.

Das ist die Vorgeschichte der jetzigen BWL, sie ist ein halbes Jahrhundert später entstanden, auf einer neuen, unvergleichlich besseren, wissenschaftlich-verlegerischen Grundlage.

Anfang und Vollendung dieser riesigen, in ihren Dimensionen universalen Arbeit markieren zwei Daten, die einen tieferen Sinn ergeben – der erste Band der »Bibliothek der Weltliteratur« wurde zur Feier des 50. Jahrestages der Großen Sozialistischen Oktoberrevolution im Jahr 1967 herausgegeben, und der letzte, der zweihundertste Band, zum 60. Jahrestag des Oktobers im vergangenen Jahr. Zehn bedeutsame Oktoberjahre!

Auf diese Weise ist erstmals in der Geschichte der Weltliteratur eine allumfassende, auf höchstem Niveau vorbereitete Literatursammlung erschienen, die alle herausragenden Werke umfaßt, die im Gedächtnis des Menschengeschlechts durch Jahrhunderte und Jahrtausende aufbewahrt und lebendig blieben. Auf diese Weise hat der sowjetische Leser das schöngeistige Wort des Vaterlandes und der Welt in Besitz genommen, alle bekannten Formen des literarischen Schaffens vom antiken Drama bis zum dreizeiligen japanischen Tanka, von der altarabischen Lyrik bis zum psychologischen Roman des 20. Jahrhunderts, kurzum alles, was Weg, Inhalt und Reichtum der Schatzkammer des Wortes darstellt.

Die Gesamtauflage der BWL unterstreicht den Charakter einer echten Volksedition: sechzig Millionen und dreihunderttausend Bände. Das heißt aber, daß praktisch hundert Millionen Menschen diese Bände lesen und lesen werden. Die BWL umfaßt 25 800 Werke von 3235 Autoren, davon repräsentieren 2600 ausländische Autoren die Literaturen von 80 Ländern. Erstmals in eine solche Universalausgabe aufgenommen wurden glänzend zusammengestellte, getrennte Anthologiebände zu Afrika, Lateinamerika, Ostasien und Südostasien. Dies sind die äußeren Umrisse unserer »Universale«, beim ersten Blick aus der Vogelschau wird ihr integrierender Charakter sichtbar, schon bevor man sich den konkreten Details, Besonderheiten und Verdiensten widmet – dafür allerdings bräuchte es zahlreiche Spezialuntersuchungen.

Wenn ich über diese Edition rede, komme ich nicht umhin, großen Stolz auf mein Land zu empfinden. Wie fern ist die Zeit, als die »Likbes« – die Alphabetisierung – ein soziales Problem des Landes war, und das wichtigste Ziel der revolutionären Aufklärung darin bestand, einem Erwachsenen mühevoll beizubringen, den eigenen Namen zu schreiben. Und man kann sich hier ein weiteres Mal von der tiefen Wahrheit überzeugen, daß der Sozialismus seinen menschlichen Sinn in einer ideellen Ausrichtung der Kultur findet. Die »Bibliothek der Weltliteratur« bekräftigt ein weiteres Mal, daß die sozialistische Gesellschaft das Erbe aller geistigen Werte antritt, die der Menschheitsgenius im Verlauf seiner ganzen Geschichte geschaffen hat (. . .).

Die zweihundert Bände mit ihrer kontinuierlichen Geschichte der Menschheitskultur lassen unvermeidlich schlußfolgern: Das Schaffen aller großen Künstler dieser Welt drückte eigentlich immer den höchsten Sinn der Gesamterfahrung aller Zeiten aus – nämlich den Humanismus, ganz unabhängig von der Herkunft und dem sprachlichen Ausdruck, der verschiedene Formen und Stufen der Kunstentwicklung spiegelt. Das künstlerische Denken über die Welt ist auf verschlungenen Wegen zu diesem grundlegenden Menschheitsideal und dem höchsten Sittlichkeitswert gelangt, dabei durchlief es verschiedene Denkmethoden – beim Übergang vom kollektiven Erschaffen des Mythos, von religiösen Überzeugungen, von Mystik und Utopie bis zur individuellen Autorenliteratur und zum analytischen Realismus. Wer sich in den Bänden der BWL festliest, kann sich davon überzeugen, daß hinter jeder künstlerischen Lebenserkenntnis die Suche nach der Natur des Menschen liegt, das Streben, die Einzigartigkeit und Unwiederholbarkeit des Menschenlebens auf Erden zu begreifen und zu besingen. Formen und Funktionen der Literatur mögen sich ändern und wechseln, ihr Ursprung aber ist zu allen Zeiten die Widerspiegelung der menschlichen Substanz, des geistigen und moralischen Wesens, das Erzählen vom Absturz und Höhenflug des Menschen, vom rastlosen Suchen und der Sehnsucht nach Wahrheit und Lebenssinn, von der Entschlußkraft, immerzu und in allem Gerechtigkeit und Wahrhaftigkeit durchzusetzen und darin die unverbrüchliche Pflicht des Lebens zu sehen.

Die Einheit des Menschengeschlechts und der Menschenwelt sind Grundhaltung und dominierende Tendenz aller großen Literatur, in welchem Winkel der Welt sie entstanden sein mag, in welcher Sprache und unter allen historischen Bedingungen – die Meisterwerke in der BWL gewähren diese Einsicht.

An ihnen können wir ablesen, daß es keine absoluten Begriffe von Okzident und Orient gibt, ebensowenig wie Begründungen für eine Unvereinbarkeit, wonach Abendland gleich Abendland und Morgenland gleich Morgenland wären. Die in der BWL zusammengefaßte Weltliteratur überzeugt uns vom Gegenteil, nämlich von einer Einheit der menschlichen Kultur, wie auch davon, daß sich Abendland und Morgenland wechselseitig befruchten, daß Okzident und Orient in ihren Wurzeln ins tiefe Altertum zurückreichen, daß es zahllose Verknüpfungen der abendländischen und morgenländischen Kultur gab und gibt, die in verschiedenen Teilen der Welt aufkamen und aufblühten. Die Ideen des Orients wie die des Okzidents sind gleichermaßen groß und universal, wo sie zu den Ideen des Humanismus aufstreben . . .

Gedanken, Stoffe, Bilder, Schicksale und Geschichten von Menschen sind auf verschlungenen Wegen mit Hilfe von Büchern bereits durch die Welt gereist, als die Völker noch verstreut und abgeschieden lebten. In unserer Epoche einer anwachsenden, noch nie dagewesenen Kommunizierbarkeit können herausragende Projekte wie die BWL die kulturellen Bedürfnisse befriedigen, die zu Norm und Notwendigkeit im Leben der heutigen Gesellschaft geworden sind.

Dabei darf man nicht vergessen: Der geistige Austausch ist keine Verpflichtung oder Schuld und erst recht keine Propagandaaktion, sondern eine gemeinsame, unaufschiebbare Aufgabe der Menschheit. Es geht darum, ob angesichts schärfster ideologischer Unversöhnlichkeit und einer alles durchrationalisierenden, wissenschaftlich-technischen Revolution – sie wird zu noch engeren Bindungen und gegenseitigen Abhängigkeiten führen – Vernunft, Kultur und Kunst den Menschen wiedererwecken können, so daß in ihm die ursprünglich großen Leidenschaften überwiegen, nämlich Schöpferkraft, Erhaltung der Art, Erkenntnis seines Selbst und seiner Lebensbestimmung, die tiefverwurzelten Neigungen zum Schönen ... In diesem Sinn gibt es wenige Exempel für eine würdigere und verantwortungsvollere Erfüllung der Helsinki-Vereinbarungen, in Geist und Buchstaben, als dieses Titanenwerk, das in der BWL die besten Leistungen der Völker und Zeiten in einen einzigen Kontinent der Kunstideen vereinigt hat. Und wenn manche Leute den Sozialismus als ein Hindernis für den Zugang der Völker zu ausländischen Kulturwerken darstellen möchten, so sollten sie die 137 der 200 BWL-Bände berücksichtigen – die übersetzten Werke von ausländischen Autoren.

Im Zusammenhang damit fällt mir die bilaterale Begegnung mit amerikanischen Schriftstellern ein, die im vergangenen Sommer in Moskau stattfand. Die amerikanischen Literaten sahen sich zum Einverständnis genötigt, daß Amerika die russischen und sowjetischen Autoren unvergleichlich weniger übersetzt, sie weitaus weniger liest und kennt als die amerikanische Literatur in unserem Land. In einem offenen Gespräch wurde gesagt, daß keine Literatur nur für sich allein und bei sich zu Hause »groß« sein kann. In unserer Zeit ist jener im Vorteil, der am meisten übersetzt, verlegt und seine Leser mit der ausländischen Literatur bekannt macht, mit der klassischen und der zeitgenössischen, denn gute Übersetzungen werden ja zu Errungenschaften der eigenen Kultur, sie werden ja zum geistigen Eigentum einer Gesellschaft hinzugefügt, bereichern den Fundus ihrer Kultur und nehmen in der eigenen Erfahrung eines Landes wieder Gestalt an. Deshalb messen wir der Sache des Übersetzers eine so große Bedeutung bei, als einer Kunst und kreativen Disziplin, die allen übrigen Literaturberufen ebenbürtig ist. Deshalb gilt die sowjetische Schule des Übersetzens zurecht als die qualifizierteste und talentvollste in der gesamten Literaturwelt. Bei uns ist der Übersetzer Künstler und Persönlichkeit. Einen sehr bedeutenden, wenn nicht den grundlegenden Beitrag zur Schaffung der »Bibliothek der Weltliteratur« haben unsere Übersetzer geleistet. Wir haben die amerikanischen Schriftsteller darüber detailliert unterrichtet und sie darum gebeten, ihre Aufmerksamkeit auf die Situation der Übersetzungen sowjetischer Literatur in den USA zu richten, da dies in beiderseitigem Interesse läge. Die Annahme, daß eine mißlungene, schwache und lieblose Übersetzung lediglich dem Werk und seiner Herkunftsliteratur schadet, ist ganz und gar unrichtig. Die Rezipierende Kultur, der internationale Gehalt, die Bereicherung durch fremde Erfahrungen und Möglichkeiten – all das leidet genauso. Gerade deshalb hielten wir es für unsere Pflicht, unsere Besorgnis über die keineswegs beneidenswerte Lage der Übersetzer sowjetischer Literatur in den USA zu äußern. Als Figur ist der Übersetzer in Amerika gesichtslos und unbekannt.

Das hohe professionelle Niveau der sowjetischen Übersetzerschule wurde in der BWL manifest, ihre Arbeiten sind in des Wortes Bedeutung den gerühmten Originalen kongenial, ja mitunter werden diese Werke in der neuen nationalen Variante zu neuen Kunstwerken dank der Begabung, Bildung und Intuition des Übersetzers und der mächtigen Ressourcen der russischen Sprache. Unter den Übersetzernamen finden sich große Meister ihrer Sache wie N. Ljubimow, der Übersetzer von Rabelais, S. Apt, Thomas Manns Übersetzer, E. Kalaschnikowa, die Übersetzerin von Hemingway, und andere.

Ich schreibe darüber mit solchem Interesse und Engagement, weil ich mir der Tatsache bewußt bin, daß die von Generationen geschaffene und durchlittene Literatur eine würdige Darstellung erhalten hat und von nun an dem sowjetischen Leser zur Verfügung steht, für immer zu unserem Nationalbesitz gehört, in unserer eigenen Kultur als unveräußerlicher Teil des Gemeinsamen aufgeht, den wir ebenso natürlich in uns aufnehmen wie ein Organismus die ihm verwandte Blutgruppe.

Die BWL hat auch einen aktuellen politischen Aspekt, nämlich die Rechte und Freiheiten des Individuums. Man kann seine Ansichten mit viel Lärm vorbringen, wichtig ist jedoch, daß die Persönlichkeitsrechte ihre elementare und praktische Garantie besitzen. Im gegebenen Fall erfüllt die BWL das Menschenrecht auf einen breiten, allseitigen Zugang zu Werken der Weltkultur innerhalb und außerhalb unserer Gesellschaft, sie erfüllt auch das Recht, an der Fülle der künstlerischen Erfahrung aller Völker teilhaben zu können. Wo ist der Staat, der seinem Lesepublikum etwas unterbreiten kann, was mit unserer »Bibliothek der Weltliteratur« vergleichbar wäre?

Im Verlauf der Herausgabe wurde Gigantisches an übersetzerischer, wissenschaftlicher und editorischer Arbeit geleistet, die sich in einem Artikel gar nicht behandeln läßt. Allein der Gesamtumfang der Einleitungen zu den Einzelbänden umfaßt 270 Druckbögen, der Umfang der Kommentare und Anmerkungen mehr als 450 Druckbögen. Im Grunde wurde hier ein kollektives wissenschaftliches Opus verfaßt – die vielbändige Geschichte der Weltliteratur. Dies wäre wieder ein eigenes Thema, es sei nur gesagt, daß hier Materialien aus der Feder der bedeutendsten sowjetischen und ausländischen Autoren zusammengetragen wurden, sie schmücken die kommentierte Literatur und bereichern sie auf ungewöhnliche Weise, weil die kluge Interpretation bei der Lektüre eine qualitativ neue Rezeption ermöglicht. Auch das muß erwähnt werden.

Anzumerken ist ebenfalls, wieviel neue Übersetzungen speziell für die BWL angefertigt wurden, zum ersten Mal etwa das Material der Bände »Poesie und Prosa des Fernen Ostens«, »Die klassische Poesie Indiens, Chinas, Vietnams und Japans«, für die sowjetischen Leser erschließt sich erstmals die Welt der *Arabischen Poesie des Mittelalters*, desgleichen das mittelalterliche Germanenepos *Parzifal*. Bisher unbekannt waren auch Anthologien wie *Die klassische Prosa des Orients*, *Das klassische Drama des Orients*, *Lieder der Südslawen*, *Europäische Dichter der Renaissance* und noch etliche andere.

Eine Neuheit für die Sowjetunion ist auch der Band *Die Chrestomatie*, eine von Gelehrten zusammengestellte Sammlung altrussischer Literatur, als Erstausgabe erschien *Das Heldenepos der Völker der UdSSR* in zwei Bänden. Neu übersetzt wurden Boccaccios *Dekamerone*, Vergils *Aeneis*, Miltons *Verlorenes Paradies*.

Die BWL und die nationalen Sowjetliteraturen wären wiederum ein großes Sonderthema, das diesen Rahmen sprengen würde – es ist mit den grundlegenden sozialen und kulturellen Umbrüchen in riesigen Schichten unserer Gesellschaft verbunden. Dennoch möchte ich hier sofort anmerken: Die zwei Bände Muchtar Auesow sind in dieser Hinsicht bemerkenswert – aus zweihundert sind es zwei Bände des großen kasachischen Schriftstellers, die das Weltniveau der turksprachigen Sowjetvölker würdig vertreten.

Rund dreitausend Blatt Grafiken umfassen die Illustrationen zur BWL, auch sie repräsentieren eine Kunst von herausragendem Rang. Eine Ausstellung, die sich als Übersicht durchaus lohnen würde, dürfte die Größe des Moskauer Manege-Platzes erfordern.

An all dem, an dieser gewaltigen Arbeit des Vorbereitens und Verlegens, von der Zusammenstellung des Inhalts bis zum Nachschlageapparat und der Gesamtgestaltung hatten leitenden Anteil die Mitarbeiter des Maxim-Gorki-Instituts für Weltliteratur bei der Akademie der Wissenschaften, die Spezialisten des Staatskomitees für Verlagswesen der UdSSR sowie viele bedeutende Schriftsteller, Gelehrte, Übersetzer und Künstler.

Wie der Baum des Lebens ist auch der Baum des Denkens etwas Ewiges. Wir haben heute als erste den Dom der Weltliteratur errichtet, seine großen und kleinen Glocken verkünden vom unversiegbaren Geist des Menschen, der in diese Welt gekommen ist als Genius und Schöpfer ...

1976 niedergeschrieben, am 21. Januar 1978 in der *Prawda* veröffentlicht.

Gleiche unter Gleichen

Die Zeit ist bekanntlich unermeßlich, sie hat weder Anfang noch Ende, sie läßt sich nicht, wie die Erde, von allen Seiten umfliegen. Die Menschen markieren sie mit Meilensteinen, um die Tage, das Leben, die Geschichte und ihre Angelegenheiten zu messen, um zu erfahren, was sie in einem bestimmten Zeitabschnitt erreicht haben.

Der 50. Jahrestag der Gründung der UdSSR ist für die Völker, die unser Land besiedeln, ein solcher Meilenstein. Was wir heute als eine neue historische Gemeinschaft bezeichnen – das Sowjetvolk –, besteht aus mehr als hundert Nationen, Völkerschaften und ethnischen Gruppen. Zum Zeitpunkt der Bildung der UdSSR befanden sich einige von ihnen im Stadium einer Feudalstruktur, ein Teil sogar in dem der Stammesordnung.

Natürlich ist ein halbes Jahrhundert ein Sandkorn in der Ewigkeit und im Leben der Völker ein Augenblick. Vielleicht ist das nur ein Morgen nach einer Jahrhundertnacht. Aber wenn die Geschichte durch die Wucht von Sturmwellen in Jahrzehnten nachholt, was in Jahrhunderten versäumt wurde, wenn die Geschichte wie ein beharrlicher Hammerschmied arbeitet und dabei das alte, das die Entwicklung des Volkes behinderte, zertrümmert und die neuen Kräfte schmiedet, wenn sie zum Wohl der Menschheit tätig wird, dann kann sich das Leben innert Kürze radikal verändern.

In einer gar nicht so fernen Vergangenheit standen die

zahlreichen, unser riesiges Land bewohnenden Nationalitäten nach dem Stand der Zivilisation, der kulturellen und sozialen Erfahrungen ziemlich weit voneinander entfernt; sie hingen den unterschiedlichsten Gebräuchen und Traditionen an, bekannten sich zu verschiedenen Religionen, redeten in verschiedenen, fremdartigen und unverständlichen Sprachen... Und nur in einem waren sie vor dem Angesicht der Zeit gleich, im Zug der Weltgeschichte harrte auf sie ein gemeinsames Schicksal: Im Oktober 1917 war es ihnen zugefallen, die Grundlagen eines neuen Gesellschaftssystems zu legen.

Das kam nicht leicht zustande – Grenzen umpflügen, die Menschen trennen, ist schwieriger als zersplitterten Boden zu beseitigen. Die Beziehungen zwischen Rassen und Nationalitäten sind etwas außerordentlich Kompliziertes, sie berühren die subtilsten Gefühle und Überzeugungen von Menschen. Man muß jahrhundertealte Traditionen und Vorurteile überwinden: Die Geschichte der Vergangenheit ist überreich an Erfahrungen von Gewalt und Feindseligkeit, von Krieg und der Herrschaft des Starken über den Schwachen.

Doch die Menschen haben zu allen Zeiten von Freundschaft, Brüderlichkeit und Gleichheit geträumt. Das ist der älteste und erhabenste Traum der Menschheit. Darüber wurden Lieder gesungen und Legenden erzählt, auf Steinen und in Büchern hat man den Nachkommen die Gebote hinterlassen... Beherrscht von der Sehnsucht nach einer gerechten Welt ohne Ausbeutung und Erniedrigung des Menschen durch den Menschen, sind Generationen um Generationen in Mythen, Illusionen und wissenschaftlichen Utopien aufgegangen, in denen die schönen, aber naiven Träumereien von einem harmonischen Aufbau der Gesellschaft dargestellt wurden, sie gingen durch Aufstände und Rebellionen und büßten bisweilen für ihre Träume vom Glück fürs ganze Volk auf grausame Weise.

Wie viele Jahrtausende brauchten die Menschen, bis sie schließlich zur Überzeugung gelangten, daß nur in der Freundschaft der Völker für alle großen und kleinen Nationen Glück, Gleichheit und Freiheit zu erreichen sind ...

Darum hat die Revolution im Oktober 1917 die großen Talente der Nationen, die viele Jahrhunderte fruchtlos und verborgen schlummerten, aus den Volkstiefen zum Leben erweckt. Sie hat uns geholfen, das in der Vergangenheit Versäumte nachzuholen, die besten geistigen Werte, die über Jahrhunderte angehäuft wurden, in Besitz zu nehmen, die fortgeschrittene Kultur des 20. Jahrhunderts einzuholen und mit ihr auf die Beine zu kommen. Deshalb bedeuten die fünfzig Jahre UdSSR eine in der Geschichte beispiellose kulturelle Renaissance der Völker.

Jedes große oder kleine Volk hat auf seinem Weg verschiedene Etappen der Geschichte, Lebensweise und Kultur durchlaufen. Die Völker sind erst allmählich zu dem geworden, was sie jetzt sind. Hinter jeder Nation liegen eigene kulturelle Traditionen und geistige Erfahrungen, die nicht nur aus der gemeinsamen Schatzkammer menschlicher Werte stammen, sondern auch aus den konkreten Besonderheiten der Lebensweise, die einem Volk zu verschiedenen Zeiten zu eigen sind.

Es dürfte kein Volk geben, dessen Schicksal glückselig und erfolgreich verlaufen, dessen Geschichte keine Chronik von Unglück und Leiden gewesen wäre. Das trifft im besonderen auf das Los der Turkvölker zu (auf die Kasachen, Usbeken, Kirgisen, Uiguren, Turkmenen u. a.), schon im 5. bis 8. Jahrhundert war ihr kulturelles und gesellschaftliches Leben hoch entwickelt. Hier genügt der

Hinweis, daß zum ältesten Schrifttum auf dem Gebiet der Sowjetunion das Runische der Turkvölker gehört. Ich denke dabei an die Orchon-Inschriften, insbesondere an die Texte von Kul-Tegin, die im Jahr 717 vom ersten türkischen Historiker und Schriftsteller, Jolyg-Tegin, zusammengestellt wurden, wie auch an andere Denkmäler der frühtürkischen Schriftkultur.

Und dennoch war den Nachfahren ausgerechnet dieser Völker ein sehr schweres, leidvolles Schicksal auferlegt. Von Generation zu Generation mußten sie ihre nationale Unabhängigkeit behaupten und immer aufs neue über Sein oder Nichtsein entscheiden. Und das hat sich bis zum 20. Jahrhundert hingezogen. Die Größe der Revolution, die als reinigendes Gewitter über einem Sechstel des Erdballs niederging, beruht auch darin, daß diese Frage so vieler Jahrhunderte positiv entschieden wurde – mit »Sein«.

Beim Wiederlesen von alten Büchern und Erinnerungen von Menschen, die das frühere Mittelasien kannten, beim Rückblick auf die vergangene und bei der Betrachtung der heutigen Geschichte denkt man erregt daran, daß zu den erstaunlichsten Wundern des 20. Jahrhunderts der Aufschwung der Völker von Turkestan gehört, der Aufstieg aus den finsteren Ruinen des Feudalismus zum mächtigen Neubau der sozialistischen Gesellschaft. Dieser Aufschwung bezeugt heute wie ein strahlender, vielfarbiger, über den Orient gespannter Regenbogen den Fortschritt, den Mittelasien im Verbund der UdSSR erreicht hat.

Noch vor hundert Jahren war meine Heimat Kirgisien, die den gebirgigen Teil Mittelasiens – das Massiv Alatau – einnimmt, der zivilisierten Welt kein Begriff. Man kannte es als geographische Entdeckung. Aber nun kann ich diese Worte im Namen des modernen Kirgisien niederschreiben, dessen Symbol ein Mädchen ist, mit rotem Kopftuch und Buch, vor dem Hintergrund verschneiter Berge.

Wir sind nicht mehr, was wir waren. Heutzutage sind wir ein Teil der sich am dynamischsten entwickelnden zivilisierten Welt. In unserer Zeit wird man wohl kaum jemanden durch technische Errungenschaften erstaunen. Der Maßstab der allgemeinen Entwicklung wird zunehmend vom Niveau der geistigen Kultur eines Volkes bestimmt, wie auch von den Aufgaben, die es sich stellt.

Die zeitgenössische kirgisische Kultur, deren Wurzeln in die Tiefe des unsterblichen Volksepos »Manas« zurückreichen, das vor mehr als tausend Jahren entstanden ist und uns bis in unsere Tage in mündlicher Form erhalten geblieben ist – übrigens eine Kultur, die eng mit den schriftlichen Quellen der antiken und mittelalterlichen Turktexte verbunden ist sowie mit dem Schaffen der herausragenden Volkssänger des 19. und 20. Jahrhunderts, unserer Akyns Togolok Moldo, Toktogul, Barpy, Alymkul –, gehört in der Hauptsache zur Entwicklung des künstlerischen Denkens in der sowjetischen Periode.

Der Weg, den wir von den Improvisationen der Akyns zum modernen philosophischen Poem, von den patriarchalischen Sagen zum vielschichtigen Roman, vom Ornament zur Bildmalerei, vom Volksspiel zu Theater und Filmkunst, vom Komus zur symphonischen Musik zurückgelegt haben, fällt in die Jahre des Entstehens und Reifens der UdSSR.

Die politische Gleichheit hat nicht nur den Kirgisen, sondern auch den anderen Völkern und Völkerschaften der UdSSR die Möglichkeit gegeben, das Niveau der ökonomischen Entwicklung anzugleichen und an den Errungenschaften der neusten Industrieproduktion teilzuhaben. Die Folge davon war eine stürmische soziale und nationale Wiedergeburt von zuvor zurückgebliebenen Völkern.

Kein einziger multinationaler Staat der Vergangenheit – weder das Römische Imperium noch die Reiche von Alexander, dem Makedonier, oder Tschingis Khan, auch nicht die Monarchien Österreich-Ungarn oder das Russische Imperium – haben auf Dauer bestehen können, vor allem aus sozialökonomischen Gründen. Die Herrschaft des einen Volkes über das andere, die Denkweise, die durch das eine Volk den übrigen Völkern aufgezwungen wurde, haben dazu geführt, daß die nationalen Bestrebungen übergangen wurden, die Nationalsprachen zum Aussterben verdammt waren, die Völker das Recht auf eine selbständige Existenz verloren und aufhörten, Träger ethnischer und regionaler Besonderheiten zu sein. Das ging so weit, daß die Eigennamen der Menschen und die Bezeichnungen der Völker ausgerottet wurden. Dies war immer widernatürlich und amoralisch, weil jegliches Volk nicht nur satt sein möchte, sondern auch ewig leben. Niemand möchte spurlos vom Antlitz der Erde verschwinden.

Die Unsterblichkeit eines Volkes liegt in seiner Sprache. Mein Freund, der awarische Dichter Rassul Gamsatow, hat einmal sehr schön gesagt: »Wenn morgen meine Sprache verschwindet, dann bin ich bereit zu sterben!« Die Sprache des Volkes ist ein Wunderwerk des menschlichen Geistes. Jede Sprache ist ein gemeinsames Gut der Menschheit. Wir haben kein Recht dazu, auch nur eine Sprache zu mißachten, welchem Volk sie auch gehören und auf welcher Entwicklungsstufe sie sich auch befinden mag. Bei entsprechenden Bedingungen ist jede Sprache zur weiteren Vervollkommnung fähig, auf dem Weg der inneren Selbstentfaltung wie auch dem der direkten und indirekten Bereicherung aus dem Kulturschatz der anderen Weltsprachen. Jeder von uns hat eine Bürgerpflicht vor dem Volk, das ihn hervorgebracht und ihm seinen größten Reichtum gegeben hat – seine Sprache. Zugleich ist es unmöglich, die geistige Kultur einer Nation zu entwickeln, ohne die Leistungen höher entwickelter Kulturen aktiv zu nutzen.

Dieses in Jahrhunderten herangereifte Problem ließ sich mit Bildung der UdSSR vernünftig und harmonisch lösen, als die russische Sprache zur allgemeinen staatlichen Verkehrssprache innerhalb des multinationalen Staates wurde und man zugleich die Bedingungen für eine aktive Entwicklung aller anderen Nationalsprachen in ihren Verbreitungsgebieten geschaffen hatte: 90 bis 99 Prozent der Bevölkerung der angestammten Nationalität einer Republik halten ihre Muttersprache für die Sprache ihrer Nationalität und benutzen sie auch aktiv.

Für die Entwicklung des Schriftgutes bei den ehedem schriftlosen Völkern wurde das russische Zeichensystem verwendet. So sind viele neue Nationalliteraturen entstanden, deren künstlerisches Niveau und kreative Möglichkeiten sich nun daran messen können, daß in diesen Sprachen die Bücher von Cervantes, Shakespeare, Tolstoj, Balzac, Hemingway und anderen Klassikern der Weltliteratur herausgegeben wurden. Die russische Sprache spielte dabei die Rolle der Mittlerin und Sprachbrücke, die erstmals in der Geschichte die Völker miteinander verband, die kurz zuvor nicht einmal voneinander wußten.

Das Ergebnis ist ein Aufblühen der sowjetischen Kultur durch das Aufblühen der Nationalkulturen. Ich erlaube mir, hier einen Gedanken anzuführen, welcher der Korrespondenz zweier hervorragender Historiker der Gegenwart entnommen ist. So hat N. Konrad (UdSSR) an A. Toynbee (England) geschrieben: »Unsere Revolution hat uns vor die Aufgabe gestellt, nicht nur eine historisch neue Struktur zu schaffen, sondern auch ein ihr entsprechendes System der Kultur. Dieses System sollte für die gesamte Gesellschaft einheitlich sein und zugleich berücksichtigen, daß jedes Volk, das zu unserer Union gehört, seine eigene Kulturtradition beibehält, und viele dieser Völker haben auch ihre besondere große und seit langem bestehende Kulturgeschichte ... Jedes Volk sollte seine eigene Kultur besitzen, und zugleich sollte die eigene Nationalkultur bei jedem Volk einen Teil der gemeinsamen Kultur der sowjetischen Gesellschaft – einer sozialistischen Kultur – darstellen.«

Nationalkulturen und Nationalökonomie zu festigen und zu entwickeln, diese Aufgabe liegt vor uns, denn die sowjetische Gesellschaft ist dynamisch und entfaltet sich unaufhörlich. Diese Aufgabe ist um so akuter, als wir im Zeitalter der wissenschaftlich-technischen Revolution leben, eine der möglichen Folgen sind Standardisierung und Entpersönlichung. Unter diesen Bedingungen wäre es höchste staatliche Weisheit, die nationalen Sprachen und Kulturen zu bereichern. Die Welt ist auch deshalb groß, sagt man im Orient, weil sie kein einziges Sandkorn abgeworfen hat.

Mir scheint, daß in Konrads Worten das Dilemma beantwortet wird, vor dem einige kleine Völker der Welt in unserer Zeit stehen: Sollen sie ihre Nationaltraditionen behalten oder sie zugunsten des sozialen Fortschritts opfern? Um die Nation zu erhalten, braucht man sie nicht zu konservieren. Das ist sogar unmöglich. Eine Nation unterliegt der Veränderung wie alles, was auf der Welt existiert. Im historischen Entwicklungsprozeß hat jede Nation etwas eingebüßt und anderes hinzugewonnen. Offenkundig geht es darum, nur das Beste und Fortgeschrittenste zu bewahren und voranzubringen.

In der Haltung des Sowjetmenschen treten Merkmale zum Vorschein, die für alle charakteristisch sind, das national Besondere besteht und entwickelt sich als eine Ausdrucksform des Allgemein-Sowjetischen und Allgemein-Menschlichen. Die Geburt des Sowjetmenschen, dem Individualität, Phantasie und Gefühlsreichtum durch die nationale Eigenart garantiert sind, sehe ich als die wohl entscheidende historische Errungenschaft des 50. Jahrestages.

Um für immer die Erinnerung an die Vergangenheit zu bewahren, kommt der Geschichte die Kunst zu Hilfe. Sie verewigt das Vergängliche. Wahrscheinlich ist nur die Kunst dazu imstande, den Augenblick so gebieterisch anzuhalten und das heute Lebende zum Ereignis werden zu lassen, bevor es entschwunden ist und nicht wiederkehrt. Ihr Auftrag ist, Gegenwärtiges zu erhalten.

Wir haben eine gewaltige historische Distanz auf dem Weg der künstlerischen Wirklichkeitserkenntnis zurückgelegt, wir haben eine in der Menschheitsgeschichte noch nie dagewesene, multinationale, sowjetische Kultur geschaffen, welche die besten Leistungen großer und kleiner Völker integrierte. Dieser Weg war freilich nicht einfach und kein direkter Aufstieg zu Gipfeln. Für viele Nationalitäten zog sich dieser Weg in die Welt der Kunst von heute hin über die steinigen Übergänge von der mündlichen Folklore, den patriarchalisch-epischen Sagen, wo der Held noch nicht als Persönlichkeit ausgestaltet ist, bis zur sozialpsychologischen Erforschung der menschlichen Persönlichkeit unter neuen geschichtlichen Bedingungen.

Die Anziehungskraft unserer Kultur beruht gerade darin, daß sie die Errungenschaften der vorausgegangenen

Kulturen nicht verwirft, die uns durch den Reichtum ihrer Lebensformen begeistern, durch die nationalen Charakterzüge, die Traditionen und Lebensweisen, die unter speziellen historischen, geographischen, kulturellen Verhältnissen Gestalt angenommen haben.

Die nationale Eigentümlichkeit in Kunstwerken beruht auf Andersartigkeit, auf einem anderen Weltbild, das seinen ästhetischen Ausdruck im vorgegebenen System von Bildern und Formen gefunden hat. Aber das Leben bleibt nicht stehen, es drängt voran, die Grenzen des nationalen Daseins erweitern sich, und die Nationalkultur nimmt neue Werte und die besten Kunsttraditionen verschiedener Völker in sich auf. Das künstlerische Denken eines Volkes erlangt so – unter Bewahrung seiner nationalen Besonderheit – das Niveau der Weltkultur. Der Maßstab aller Tätigkeit, aller Sorgen und Erkenntnisse des Menschen wächst in ungeahnter Weise.

Auch die nationalen Formen ändern ihre Gestalt, sie wirken aufeinander ein, bereichern und befreien sich von Veraltetem und der unter den neuen Bedingungen abgestorbenen gesellschaftlichen Entwicklung. Wenn es ums Nationale geht, blicken wir jedoch fast immer aufs Vergangene zurück und bemerken kaum, was neben uns in der Gegenwart gedeiht und aus unserer Wirklichkeit geboren wurde. Dabei hat aber das künstlerische Denken zu allen Zeiten die Befindlichkeit der Gesellschaft abgebildet.

Deshalb umfaßt die nationale Eigenart auch keineswegs alle nationalen Merkmale, die der Tiefe der Jahrhunderte entstammen. Zum Begriff des Nationalen gehört nicht nur das Überkommene und Bewährte, nicht nur die gestaltete Erfahrung des Verflossenen, sondern auch das Neue, durch die sozialistische Wirklichkeit Hervorgebrachte.

Unsere besten nationalen Werke enthalten in der Regel große allgemeinmenschliche Ideale und Probleme, die in unserem Fall den Erfahrungsstand des Sowjetmenschen nachbilden, unsere Ansichten vom sozialen Kampf, von Geschichte und Gegenwart, von Persönlichkeit und Gesellschaft. Untrennbar vom Internationalen und den sozialen Konzeptionen der Zeit tritt darin das Nationale hervor, der allgemeinmenschliche und internationale Ursprung ist hier eingehüllt in die markante, urwüchsige Nationalform.

An der harmonischen Verbindung des Internationalen mit dem Nationalen mißt sich die Reife des Bewußtseins – die Sehnsucht, verstanden zu werden und andere zu verstehen, die Sehnsucht nach Solidarität bei der Beurteilung von Gerechtem, Gutem und Schönem. Wenn jeder Mensch über einen anderen denkt wie über sich selbst, wenn er begreift, der andere empfindet dieselben Gefühle wie er selbst, so ist das die höchste Stufe des menschlichen Bewußtseins, die der Homo sapiens von Anbeginn anstrebt – durch Schmerzen und Qualen, Widersprüche und Tragödien, Kriege und Revolutionen.

Humanismus ist ein allgemeinmenschlicher Begriff. Dennoch gibt es keinen abstrakten Humanismus. Humanismus ist immer sozial. In unserer komplizierten, vom Atomkrieg bedrohten Welt liegt die Selbstbehauptung des Menschengeschlechts letzten Endes nur im Humanismus. In unserer sowjetischen Gesellschaft nähern wir uns ihm auf einem Weg, wo sich nationale und internationale Interessen verbinden, das entspricht unseren Überzeugungen und der Sache selber am genauesten.

In einer harmonischen Verbindung des Internationalen und Nationalen liegt das Unterpfand für eine erfolgreiche gesellschaftliche Entwicklung: Die Gesellschaft wird nicht zu erschüttern sein, solange diese Verbindung umfassend, also sozial, ökonomisch und kulturell, verwirklicht wird. Hüten wir deshalb alle die Einheit in unserem Land als die Grundbedingung eines weiteren Fortschritts unserer multinationalen Heimat.

Die Zeit tilgt aus dem Gedächtnis der Menschen die Ereignisse, die sie einst so aufgewühlt haben, sie glättet die Schärfe der Fakten, das Grelle der Bilder, die Glut der Leidenschaften und Einzelerlebnisse der Menschen und Völker. In den Tiefen der Geschichte liegen viele vergangene Epochen, deren Umrisse sich für uns nur verschwommen erhalten haben, und lebendiges Wissen ist mitunter gänzlich verlorengegangen.

Aber ich denke, daß die Geburt der neuen historischen Gemeinschaft und des sowjetischen Volkes eine epochale Tatsache darstellt, auch wenn man sie im Licht der ganzen Menschheitsgeschichte betrachtet. Es werden Jahre um Jahre vergehen, aber auch nach uns – davon bin ich überzeugt – werden sich die Menschen, wie auch wir, daran erinnern, daß die alte Welt auf eine neue Eintracht umgestellt wurde – im Namen echten Glücks und echter Freiheit der Menschen.

Veröffentlicht in der kirgisischen Anthologie *In Eintracht mit der Erde und dem Wasser,* Kirgisstan, Frunse 1978.

Alles betrifft alle

Unter all dem, was die Oktoberrevolution in unser Leben gebracht und zur Grundlage der Gesellschaft gemacht hat, ist der Internationalismus, insbesondere der Internationalismus der sowjetischen Literatur, eine wahrhaft einzigartige Erscheinung. Die Zeiten sind endgültig vorbei, da jedes einzelne Volk in seine Grenzen eingeschlossen, seine Sagen, Mythen und Legenden geschaffen hat und dabei nur von der persönlichen Erfahrung ausging. Sie sind freilich nicht spurlos verschwunden, sie haben ein äußerst wertvolles Erbe hinterlassen, das die philosophisch-künstlerischen Wurzeln der zeitgenössischen literarischen Prozesse nährt.

Jeder sowjetische Schriftsteller begreift sich als Mitglied einer multinationalen Gesellschaft und Vertreter der Bruderschaft der Literaturen, die sich wechselständig bereichern und in deren Zentrum sich, kraft der Gewichtigkeit an »Dienstjahren« und Erfahrungsfülle, die große russische Literatur befindet – sie hat Puschkin und Tolstoj, Tschechow und Dostojewskij der Welt gegeben und tritt auch heute als Katalysator der allgemeinen kulturhistorischen Entwicklung der Sowjetliteratur in Erscheinung (...).

Die multinationale Sowjetliteratur hat auch ihre Schwierigkeiten und Widersprüche, und man darf diese nicht verschweigen. Ja, wir erhielten die Möglichkeit, uns nicht in beengenden Nationalgrenzen abschließen zu müssen, wir haben sie durchlässig gemacht und sind in die Weite der Welt hinausgetreten.

Es gibt aber auch negative Seiten in der literarischen Situation von heute. Da existiert noch die »Massenliteratur«, einfacher gesagt, eine Literatur zweiter Sorte, wo das Buch kein Kunstwerk ist, sondern Surrogat. Etwas die Literatur Begleitendes. Und es muß gesagt werden, daß die Schöpfer solcher Literatur – nicht Künstler, sondern Werker – ebenfalls kräftig mitmischen, sie haben ihr Publikum und sogar ihre Kritik. Wie immer man zu diesen Schöpfungen stehen mag, sie existieren und beeinflussen in bestimmter Weise die Köpfe und erzeugen wiederum einen Strom von Gleichgeartetem.

Diese Produktion blüht in erster Linie im Regionalfernsehen, aber auch in der Literatur. Die Kennzeichen derartiger Bücher: Anspruch auf Aktualität und restloser Mangel an künstlerischem Potential. Leider orientiert sich dieser Buchtypus häufig an einer äußerlichen »Nützlichkeit des Themas«. Bedeutsames entsteht in der Kunst aber erst dann, wenn das Thema den Neigungen, Interessen und der Erfahrung des Künstlers entspricht.

Die Schaffung ernsthafter, von wahrhaftem Realismus geprägter Werke über ein so wichtiges Thema wie etwa »die Arbeiterklasse von heute« hängt unmittelbar von der Reinheit des moralischen Klimas in der Gesellschaft wie auch im Milieu der Arbeiterklasse selbst ab. Ohne die festen Bindungen der Schriftsteller mit Betrieben zu schwächen, sind wir gefordert, die kulturellen Potenzen des gesamten Volkes zu entwickeln. Wohlgemeinte Absichten genügen nicht, um diese Aufgabe zu lösen.

Das Wort »Klima« habe ich nicht von ungefähr benutzt. Die entscheidende Voraussetzung für eine blühende sozialistische Kunst ist eben ein günstiges Klima.

Nur auf den Wegen einer tiefen und ehrlichen Gegenwartsbewältigung kann sich unsere Literatur entwickeln, und unsere besten Bücher spiegeln die Wirklichkeit mit optimaler künstlerischer Vieldeutigkeit.

Zuoberst steht die Aufgabe, unser eigenes Dasein zu reflektieren. Wir selber und nicht unsere Nachkommen haben zu beantworten, wer wir Menschen des 20. Jahrhunderts sind, was unser sozialistisches Gemeinwesen darstellt, worin unsere Plus- und Minuspunkte im Verhältnis von Persönlichkeit und Gesellschaft, von Staat und Individuum liegen, wie es um unsere Integrität, um unsere Dynamik steht, um die Koexistenz der beiden einander entgegengesetzten Systeme. Die Pflicht der Literatur ist es, global zu denken, ohne das zentrale Interesse aus dem Blickfeld zu verlieren, welches für mich in der Erforschung der einzelnen menschlichen Individualität liegt. Aber all dies erfordert vom Schriftsteller, daß er seine philosophischen Dimensionen erweitert, seine Weltwahrnehmung differenziert, die psychologische Darstellung seiner Zeitgenossen detailliert.

Die heutige Literatur widmet sich in ihren besten Vorbildern den Merkmalen, die unseren sozialen und ethischen Idealen entsprechen und gleichzeitig den durch die Erfahrung aller Zeiten ausgearbeiteten allgemeinmenschlichen Idealen. Darin sehe ich die echte Bestimmung der Literatur. Ihre Funktionen und Formen können sich ändern und verändern sich auch, doch ihr Urgrund – die Spiegelung des menschlichen Wesens – bleibt unverändert.

Und vielleicht ist die Fähigkeit der Literatur jetzt besonders wichtig, einen jeden von uns zu lehren, über den anderen ebenso zu denken wie über sich selbst.

Unerschöpfliche Fragen, sie quälen den Künstler unablässig, der in Bewegung ist und sich als Fortsetzer nationaler Traditionen und als Vertreter internationaler Brüderlichkeit versteht, der die Vielfalt an Ideen und Kunstformen der zeitgenössischen Kultur verfolgt...

Aber all dies ist natürlich Theorie. In meiner schöpferischen Praxis empfinde ich alle diese Faktoren eher unterbewußt als rational, ich spüre, nicht bloß Vertreter einer Nationalliteratur zu sein, ich bin verpflichtet, etwas mehr zu sagen.

In diesem Sinn habe ich in meinem neuen Werk »etwas mehr« auszusagen versucht, nämlich im Roman *Ein Tag länger als ein Leben*. Jetzt, da das Buch abgeschlossen ist, empfinde ich das Bedürfnis, darüber nachzudenken, was eigentlich für mich der Leitstern gewesen ist.

Ein Schriftsteller kann nicht präzise formulieren, wovon sein Werk handelt. Es kommt ihm immer so vor, als fehlten die Worte, um die Gesamtfülle des Grundgedankens auszudrücken. Und trotzdem will ich es versuchen. Der verborgene Gedanke meines Romans ist nicht neu, aber unvergänglich: Hauptwesen und Grundwert des Weltgebäudes ist der Mensch. Man kann über die sozialen, internationalen und wissenschaftlich-technischen Bedingungen der Gegenwart schreiben, aber bei alldem sollte lediglich der Mensch, der auf Erden lebt, den Künstler beunruhigen und begeistern. Ohne dies ist Kunst tot.

Der Hauptheld des Romans ist, wie man bei uns sagt, ein ganz gewöhnlicher Mensch: einfacher Streckenarbeiter, der in der Wüste lebt und bei einem Haltepunkt mit Ausweichstelle angestellt ist.

Und dennoch habe ich durch das unscheinbare Schicksal und die schlichte Weltanschauung des Helden etwas über die Maßstäbe unserer Gegenwart mitteilen wollen. Ich weiß nicht, inwieweit mir das gelungen ist, aber ich war bestrebt, meinen Helden in den vielseitigen Bindungen mit unserem ganzen Land, mit der gesamten Welt und, darüber hinaus, mit dem Kosmos zu beschreiben.

Die Hauptperson des Romans ist also ein Mensch der Arbeit. Es ist gemeinhin bekannt, daß man die Würde eines Menschen am Fleiß mißt. Man beurteilt nach der Arbeit, wer und was einer ist. In diesem Sinn ist Jedigej Shangeldin – Schneesturm-Jedigej, wie ihn die Leute nennen, die ihn kennen – durch und durch ein Arbeitsmann, ist einer von denen, auf die sich, wie es heißt, die Erde stützt. Er ist mit seiner Epoche, so nehme ich an, aufs allerengste verbunden, und darin ruht auch sein Wesen – er ist Sohn seiner Zeit.

Gerade deswegen war es für mich wichtig, als ich mich an das Thema machte, die Welt durch sein Schicksal zu sehen, durch das Los eines Frontsoldaten und Eisenbahners. Und ich habe das in dem mir zugänglichen Maß auszuarbeiten versucht.

Die Gestalt von Schneesturm-Jedigej drückt mein Verhältnis zum ursprünglichen Prinzip des sozialistischen Realismus aus, dessen Hauptinteresse dem Menschen der Arbeit galt und immer noch gilt.

Dennoch bin ich weit davon entfernt, den Arbeitsmann als solchen zu verabsolutieren, nur weil er ein »einfacher, natürlicher Mensch« ist, eifrig die Erde pflügt und Vieh hütet. Im Zusammenprallen von Ewigem und Alltäglichem ist der Mensch der Arbeit nur insofern interessant und bedeutsam, wie er Persönlichkeit ist, als wie groß sich seine geistige Bürde zeigt und sich in ihm das Gamma der Zeit konzentriert. Im Glauben an diese Konzeption habe ich versucht, Schneesturm-Jedigej ins Zentrum meiner Weltordnung zu stellen, in den Mittelpunkt der mich heute bewegenden Probleme. Ob mir das gelungen ist oder nicht, müssen andere beurteilen.

Nur eines möchte ich betonen: Er ist nicht nur von Natur aus ein Mann der Arbeit, sondern auch ein Mensch von fleißigem Naturell. Ein Mensch, der aus seinem Inneren heraus die Arbeit liebt, wird sich Fragen stellen, die für andere längst gelöst scheinen, deshalb erledigen sie träge irgendeine Sache – vielleicht sogar ganz gut –, sie leben, indem sie nur konsumieren.

Menschen von fleißigem Naturell scheint eine geheime Brüderlichkeit zu vereinen, sie sind immer fähig, einander zu erkennen und zu verstehen, mißlingt ihnen das, dann fangen sie an, darüber nachzudenken.

Unsere Zeit gibt ihnen zum Nachdenken sehr viel Stoff, wie keine Zeit je zuvor. Eine kleine Kette menschlichen Gedächtnisses zieht sich schon rund um die Erde bis zum Kosmos, alle Voraussetzungen für eine neue Identität sind bereits aufgetaucht – Erdenbewohner zum Unterschied von Fremdplanetariern.

Wahrscheinlich liegt der tragischste und gewaltigste Widerspruch am Ende des 20. Jahrhunderts zwischen den Möglichkeiten des menschlichen Genius und der Unmöglichkeit, diese zu verwirklichen, auf Grund von Ursachen, die einem Beobachter von außen unglaubhaft vorkommen müssen, so absurd sind sie. Die politischen, ideologischen und rassischen Barrieren, die der Imperialismus erzeugt hat, versperren heute in einer von Widersprüchen zerrissenen Welt den Weg zur Fortsetzung des Menschengeschlechts, um schon gar nicht von seiner Weiterentwicklung zu reden.

Heute sind nicht nur die technischen Möglichkeiten für ein sicheres Betreten des Weltraums vorhanden, sondern auch die ökonomischen und ökologischen Bedürfnisse der Menschheit fordern gebieterisch eine Realisierung dieser Möglichkeiten, und in dieser Lage stellt das Entfachen von Zwistigkeiten zwischen den Völkern, die Vergeudung der materiellen Ressourcen und der intellektuellen Energien für das Wettrüsten das ungeheuerlichste Verbrechen gegen den Menschen dar. Nur der Abbau der internationalen Spannung kann heute als Politik des Fortschritts gelten. Eine verantwortungsvollere Aufgabe gibt es nicht auf der Welt. Dazu gibt es keine Alternative.

Wenn die Menschheit nicht erlernt, in Frieden zu leben, wird sie untergehen. Die Atmosphäre gegenseitigen Mißtrauens, der Spannung und Konfrontation, die unvermeidlich zu den Versuchen führt, allen anderen die gleiche Gesinnung aufzuzwingen, ist eine der gefährlichsten Drohungen für ein ruhiges und glückliches Leben der Menschheit.

Menschen können Gleichgesinnte sein und doch nicht unisono denken, dabei menschlich bleiben und ihre humanen Eigenschaften bewahren. Der Wunsch, den Menschen seiner Individualität zu berauben, war von alters her bis auf unsere Tage Ausdruck imperialer und imperialistischer Ansprüche.

Der Mensch ohne Gedächtnis ans Vergangene, gestellt vor die Notwendigkeit, seinen Platz in der Welt neu zu bestimmen, beraubt der historischen Erfahrung seines Volkes und anderer Völker, befindet sich außerhalb der geschichtlichen Perspektive und vermag nur dem Augenblick zu leben.

Derzeit holen wir uns das historische Gedächtnis zurück, und darin bekunden wir, daß sich eine neue Selbsterkenntnis der in der sowjetischen Epoche wiedergeborenen Völker entwickelt.

Wie schon in meinen früheren Werken, aber wahrscheinlich diesmal noch stärker, habe ich mich auf Legenden und Mythen gestützt als eine überlieferte Erfahrung, die uns die vorausgegangenen Generationen zum Vermächtnis bestimmt haben, gleichzeitig habe ich zum ersten Mal in meiner schriftstellerischen Praxis einen Stoff der Phantastik benutzt. Sowohl das eine wie das andere ist mir kein Selbstzweck, sondern lediglich eine Denkmethode und ein Mittel zur Erkenntnis und Interpretation der Wirklichkeit.

Die Geschehnisse und die Kontakte mit der außerirdischen Zivilisation und alle Folgen davon haben keinerlei reale Grundlage, genausowenig wie die Kosmodrome in den Wüsten von Sary Ösek und Nevada existieren. Die ganze »kosmologische« Geschichte habe ich nur zu dem einen Zweck erfunden, um in paradoxer, hyperbolischer Form die potentiellen Gefahren für die Menschen auf Erden zuzuspitzen.

Was den phantastischen Einfall angeht, so hat schon Dostojewskij geschrieben, daß das Phantastische in der Kunst seine Grenzen und Regeln hat. Das Phantastische sollte das Reale so weit berühren, daß man daran fast glauben muß. Dostojewskij hat das Gesetz des Phantastischen präzise formuliert. Tatsächlich überzeugen uns, bei aller Verschiedenartigkeit, kraft ihrer Berührung mit dem Realen, die Mythologie der Antike wie der phantastische Realismus Gogols, Bulgakows oder García Márquez' oder die Science-fiction. Das Phantastische vergrößert gewisse Aspekte des Realen und legt dabei die »Spielregeln« fest, zeigt sie philosophisch verallgemeinert und bemüht sich, die ausgewählten Merkmale bis an die äußerste Grenze ihrer Möglichkeiten zu entfalten.

Das Phantastische ist eine Lebensmetapher, die es gestattet, das Sein unter einem neuen, unerwarteten Gesichtswinkel zu sehen. Metaphern machen sich in unserem Jahrhundert nicht nur unentbehrlich wegen des Eindringens der wissenschaftlichen und technologischen Leistungen ins Gebiet der Phantastik von gestern, sondern eher noch deswegen, weil die Welt, in der wir leben, phantastisch ist, zerrissen durch ökonomische, politische, ideologische, rassische Widersprüche.

Gabriel García Márquez sagt dazu: »Ich gehe von der Notwendigkeit aus, die Demarkationslinie zu zerstören, die zwischen Realem und scheinbar Phantastischem besteht, denn in der Welt, die ich zu gestalten versuchte, hat es diese Barriere nicht gegeben.«

Ein schreckliches Paradox: Im alten Griechenland wurden die Kriege während der Olympischen Spiele abgebrochen, aber heute ist die Olympiade ein Anlaß für den »kalten Krieg«.

Vielleicht tritt etwas Unverhofftes ein, sogar ein Kontakt mit anderen Welten und eine Begegnung mit einer außerirdischen Vernunft. Wird dies dann ein Unterpfand des Segens für die Menschheit sein, oder werden wir im Interesse einer Wahlkampagne oder eines schnellen politischen Vorteils diese Möglichkeit verspielen? Auch darüber sollte man nachdenken. Der Mensch sollte an alles denken, sogar ans Ende der Welt...

Worin besteht die Kraft des menschlichen Geistes, wie überwindet der Mensch die grausamen Hindernisse, die auf seinen Schicksalsweg fallen, was gibt dem Menschen das Recht, sich Mensch zu nennen und die Bilanz zu ziehen: »Ich habe gelebt, ich habe dieses Leben erkannt.« Das sind die unvermeidlichen Fragen zur künstlerischen Erfassung der Wirklichkeit, bei welchem Thema auch immer. Aber der Schriftsteller stellt sich ja oft eine lokale, begrenzte Aufgabe: »Dann schreib' ich halt eine Geschichte über Baumwollbauern.« Vielleicht wird ein nützliches Buch daraus, aber gewiß eines ohne philosophische Flügel.

Ich bin zunehmend davon überzeugt, daß das spezifische Gewicht des Philosophischen in der Prosa möglichst groß sein muß. Liegt es zu niedrig, verlieren die Werke, die durch ihre Aktualität im Augenblick attraktiv sind, mit der Zeit an Interesse. Blicken wir zurück: Wie heiß haben wir in den fünfziger und sechziger Jahren doch viele literarische Novitäten diskutiert, aber so viele Jahre sind gar nicht vergangen, und wir sind abgekühlt. Die Versuche, künstlerische Höhen ohne philosophisches Herangehen zu erreichen, sind zum Scheitern verurteilt.

Gewiß, Literatur duldet keine Rezepte, wenn wir sie je nach Standpunkt in »Tendenzen« aufspalten, engen wir ihre Standpunkte ein. Nein, gegen eine Einheit der ideellen Aufgaben und gemeinsamen Kriterien bin ich nicht. Wir Sowjetschriftsteller sind die Vertreter einer gemeinsamen künstlerischen Methode, aber unsere persönlichen Hauptaufgaben sind nicht programmierbar und unvorhersehbar.

Ich bin gegen die Theoretiker, die den sozialistischen Realismus darstellen als erstarrtes, auf ewig bestimmtes, abgeschlossenes System der künstlerischen Wahrnehmung und Wirklichkeitsaneignung. Nein, die Methode unserer Kunst ist in ständiger Bewegung und Entwicklung, sie ernährt sich oft aus Mischmethoden und Stilen. Für ebenso willkürlich und die lebendige literarische Praxis schematisierend halte ich jede strenge Periodisierung: Viele Vorgänge in der Kunst verlaufen nicht folgerichtig nach dem Lineal, sondern in einer komplizierten Verflechtung.

Aber vor allem darf man nicht vergessen, daß von uns zeitgenössischen Schriftstellern der Beitrag des sozialistischen Realismus abhängt, der eine erneuernde Bewegung in der Weltliteratur ist. Talent heißt Verantwortung.

Hinter dem Schreibtisch ist der Künstler einsam, und das

ist natürlich. Wir haben gemeinsame Orientierungen, aber jeder geht dabei seinen eigenen Weg.

In dem neuen Werk denkt beispielsweise mein Held Schneesturm-Jedigej viel und angestrengt über das menschliche Dasein nach. Ich nehme an, daß diese Frage zur geistigen Welt der Menschen (auch der modernen) gehört, mit dieser Frage muß man sich abquälen und sollte sie nicht von der Türschwelle verweisen, das würde die Persönlichkeit, wenn man so will, verarmen lassen. Es gibt Menschen, für die diese Frage mit dem Glauben an Gott verbunden ist, für andere wieder ist Gott nichts anderes als eine Ausdrucksform der Sittlichkeit, des Gewissens und der Selbsterkenntnis. In jedem Fall eine Art, etwas auszudrücken. So brütet auch mein Held – ein sowjetischer Arbeiter und kein Sektierer – über dieser Frage, und die Antwort kommt nicht so einfach wie in der Rede eines hergereisten Referenten.

Ich lege mir Rechenschaft ab, daß ich ins, sagen wir, reife Alter eingetreten bin. Die Jungen schreiben über Erscheinungen der Wirklichkeit, die mehr fesseln, sie haben das ganze Leben vor sich, es betört das Auge, leuchtet und verspricht viel. Ich wage den Gedanken, daß der Literat mit den Jahren in die Tiefe geht. Nein, ich möchte über die Jungen in der Literatur nichts Kränkendes sagen! Ich war ja auch jung und habe eine Masse Briefe von der Jugend erhalten – ich hatte einen sehr breiten Leserkreis.

Vielen Anzeichen zufolge habe ich jetzt weniger Leser und Anhänger. Aber mich entmutigt das nicht: Ich richte ja meine neuen Werke an einen Leser, der besser vorbereitet, menschlich erfahrener und weiser geworden ist. Zudem glaube ich, daß mit der Zeit auch meine neuen Bücher breitere Resonanz finden werden.

Mit den Jahren hat mich das Problem der Verbindung

des Menschen mit der Welt und dem Weltraum immer mehr bewegt. Wir sind eine Gemeinschaft von Menschen, aber es ist eine Gemeinschaft, die nach Staaten, Ländern, Systemen getrennt ist. Mit dem Eintritt in den Weltraum haben sich die zwischenmenschlichen Beziehungen prinzipiell verändert. Wenn der Mensch die Grenzen seiner Erde verläßt, dann tut er das nicht mehr allein, als Individuum, sondern die ganze Menschheit vollzieht mit ihm den Schritt in den Weltraum.

Nichts, was sich in der Welt ereignet (erst recht in der modernen Welt, wo die Massenkommunikationsmittel derart entwickelt sind), geht spurlos am einzelnen vorbei, selbst wenn wir daran nicht immer denken.

Und sogar mein in der Wüste verlorener Held ist durch viele Fäden mit der Evolution der menschlichen Vernunft verbunden. Die Kehrseite desselben Gedankens: Jeder von uns, ganz gleich wer, fördert mit seiner Arbeit den Fortschritt innerhalb des gesamten Gemeinwesens der gemeinsamen Welt.

Deshalb nehmen auch – ich kehre da zu meiner schöpferischen Praxis zurück – die modernen Weltraumforschungen in dem neuen Roman einen so großen Raum ein. Ich bin kein Wissenschaftler und nicht einmal ein Science-fiction-Autor, aber ich habe diese Ebene gebraucht, um von Weltraumhöhen darauf zu blicken, was sich »unten« abspielt.

Aber da unten ist das reale, werktätige, schwierige, irdische Leben. Mein Held ist ein Mann mit Erfahrung, wie man sagt. Er hat den Krieg mitgemacht, auch die Komplikationen der Nachkriegszeit haben ihn nicht verschont, er hat eine große Familie . . .

In dem neuen Buch berühre ich das Thema des »Personenkultes«, das nicht neu ist für mich, aber im Unterschied zu *Abschied von Gülsary* versetze ich es aus der alltäglichen in die intellektuelle Sphäre und verbinde es mit der mich beunruhigenden Generationenfrage: Sieht die Generation der Kriegsteilnehmer in ihren Kindern und Enkeln die Verwirklichung ihrer Ideale? Sind sie, die den Vätern, romantischen, selbstlosen Menschen, nachfolgen, nicht von einem gewissen »Opportunismus« infiziert?

Ich wollte über vieles sprechen, aber wahrscheinlich habe ich bei weitem nicht alles angeschnitten, schließlich bin ich ja von der Unerschöpflichkeit des Menschen als dem zentralen Objekt der Kunst überzeugt.

Den Menschen wahrheitsgetreu und tief darzustellen, ist die gemeinsame Aufgabe der Schriftsteller der ganzen Welt, und welch ein Glück, daß wir die Möglichkeit haben, uns gegenseitig zu lesen! Faulkner und Snow, Kawabata und García Márquez, Neruda und Hikmet... Obgleich das von diesen Schriftstellern Geschaffene in Raum und Zeit begrenzt ist, sind ihre Bücher den Menschen der ganzen Welt wichtig. Alles betrifft alle.

Und anders würde ein so buntes und zugleich einheitliches Mosaik wie die »Weltliteratur« nicht existieren, das ein gemeinsamer Gedanke durchdringt: Die Welt erhalten, das Leben in all seinen verästelten und schönen Erscheinungen bewahren.

Voprossy literatury, Moskau, Heft 12, 1980.

Kultur ist, was bleibt, alles übrige vergeht

Genossinnen und Genossen!

An diese Rede habe ich mich nicht ohne inneren Widerstand herangemacht, zum wievielten Mal muß ich erneut die Arbeit an meiner neuen Sache unterbrechen und beiseite legen, sei der Anlaß dafür auch noch so wichtig. Außerdem habe ich mich, was die Erneuerung des Internationalismus betrifft, schon mehrfach, schriftlich wie auch mündlich, geäußert. Und die Zeit verrinnt schneller und schneller, mit den Jahren wird buchstäblich jede Stunde und Minute kostbar, während sich vor deinen Augen ein fruchtloser Literaturbetrieb abspielt, verzehrt von ehrgeizigen Leidenschaften während der zwanzig-, dreißigjährigen Jubeltage, die im Werk nichts und wenig Bedeutsames abgeben, dafür aber einen illusionsträchtigen, endlosen Kampf um die Literaturszene ... Und so befürchtest du, dich in einen weit entrückten »Klassiker« zu verwandeln, an den sich kaum einer erinnert: Ach ja, da war doch was, dieser Autor hat doch etwas geschrieben, ja schlag mich tot, ich weiß nicht mehr was ...

Und trotzdem sagt dir eine Stimme: Du mußt wieder unter deine Leute, die Vervollkommnung der internationalen Beziehungen, und zwar vor allem im Bereich der Kultur, wird derzeit für uns alle und in allen Regionen des Landes besonders lebenswichtig. Da darf man leider nicht abseits stehen. Besonders dann nicht, wenn einem Gorbatschows Worte im Referat zur Festsitzung anläßlich des

70. Jahrestages der Oktoberrevolution einfallen, wo es um die multinationale Geschichte der Gesellschaft in der sowjetischen Periode geht, um die Lösung und Entwicklung der jahrhundertealten nationalen Frage auf leninschem Weg, um die Notwendigkeit, die sozialistische Wirklichkeit weiter zu überdenken. Wir sollten dies alles im Licht der internationalen Probleme vornehmen und die Bereitschaft des ZK der KPdSU aufgreifen, das in allernächster Zeit die historische Erfahrung wie auch die Perspektiven des binnennationalen Aufbaus vertieft untersuchen will. Dabei wird dir klar, wie sehr dies dich selbst betrifft, daß du außerdem hoffst, auch deinen Standpunkt und deine Sehweise einzubringen und vielleicht den Zeitgenossen helfen und irgendwie nützlich sein zu können.

Ich möchte mich also zu einigen aktuellen, praktischen Aspekten des Internationalismus äußern, insbesondere in unserer Republik, und vor allem zu den Problemen der Menschen.

Wo stehen wir nach siebzig Jahren internationalistischer Erziehung? Wie steht es um die geistigen und ideologischen Vorstellungen? Mir scheint, es herrscht die Erkenntnis, daß wir alle ein Teil sind, der mit dem Ganzen verwachsen ist, aber wir sind zugleich Vertreter einer bestimmten ethnischen Umgebung. Von hier aus gewinnen wir unsere Maßstäbe, hier laufen unsere Schicksalsfäden zusammen, die Arbeit, die Impulse des Subjekts und der Nationen, all das Allgemeinbedeutsame und Gemeinschaftliche, was die vielsprachige, vielschichtige Sowjetgesellschaft als sozialistischen Staat, als politisches Gebilde zur Einheit macht. Ein harmonisches Wechselverhältnis von Individuum, Staat und Völkern auf der Grundlage nationaler Gleichberechtigung und täglicher

Zusammenarbeit haben viele Geister vieler Epochen erträumt. Doch erreicht wurde das vorerst nur in einem Land, genauer gesagt, in einem System. Es ist dort gelungen, wo sich die kommunistische Partei seit den ersten Schritten nach ihrer Machtübernahme die Aufgabe stellte, trotz aller Komplikationen unverzüglich die Ideen des Internationalismus mit höchster Priorität in der Praxis wirksam umzusetzen. In Rußland ist das deshalb gelungen, weil das Land die Revolution durchstand und es zu jener Zeit den genialen Lenin gab, weil auch jeweils vor Ort nach gangbaren Wegen gesucht wurde, einst zurückgebliebene Nationen und Völkerschaften beschleunigt zu entwickeln. Und dabei spielte auch die proletarische Überzeugungskraft der ersten Generationen von Revolutionären ihre klassische Rolle.

Was Lenin skizzierte, wurde wirklich. Man könnte sagen, ganze Inseln haben sich vom Fleck bewegt, ehedem abgeschlossene Völkerschaften fügten sich in ein einheitliches Ganzes, international Konzentriertes zusammen, dabei stießen sie das ehemalige Kolonialsystem radikal und endgültig ab, es vollzog sich eine sozialistische Integration bei nationaler Vielfalt und anwachsendem nationalen Selbstbewußtsein. Ein neues Weltbild brach hervor, ein neuer, beispielloser, betäubend dynamischer Zustand der Gesellschaft, wo in unglaublich kurzen Fristen von kruden Anfängen her die Leistungen fortgeschrittener Kulturen erzielt wurden. Im Westen wurde dieses Phänomen bei angehaltenem Atem und voller Ungläubigkeit verfolgt. In der Sowjetunion mit Jubel und Stolz.

Das betraf insbesondere die Region Mittelasiens, und zwar wegen einer ganzen Reihe von Gründen. Über die alten Zeiten und die Entstehung der Nationalkulturen der mittelasiatischen Völker als einzigartiger geschichtlicher

Präzedenzfall ist schon viel gesagt und geschrieben worden, in wissenschaftlichen Darstellungen und der Tagespublizistik. Das Thema des Internationalismus ist auch heute am brisantesten, die Hauptsache ist jedoch, daß Ideen und Praxis des Internationalismus die prägende Kraft unserer modernen Lebensweise geworden sind – wir sind von diesem Fortschritt aus eigener Erfahrung und angesichts der eigenen Lebensgeschicke überzeugt. Bei alldem unterstreichen wir ohne Ausnahme und überall im Land das große Verdienst des russischen Volkes und seiner Kultur für die beschleunigte Entwicklung der sowjetischen Nationen, weil dies der Wirklichkeit entspricht, eben so und nicht anders war und ist. Wenn wir so freundlich über Rolle und Verdienst der russischen Nation sprechen, so berücksichtigen wir damit ihre historische Reife und den Umstand, daß dies in würdiger Weise angenommen und bei keinem Teil überflüssigen Hochmut oder, schlimmer noch, Hoffart hervorruft. Denn die Verantwortung des russischen Volkes ist heute riesengroß, sie betrifft unmittelbar das Schicksal der Welt. Eine derartige Verantwortung verpflichtet zu vielem.

Daraus ergeben sich auch Probleme der binnennationalen Beziehungen; da es keine gesellschaftliche Bewegung gibt ohne Probleme und ohne Weiterentwicklung des Erreichten, muß man sich diesen Fragen mit der gebührenden Achtsamkeit und zur rechten Zeit stellen, andernfalls droht Stagnation und dann Zerfall. Ich denke, Sie begreifen mich, das wissen wir aus mehr als zwanzigjähriger Erfahrung: Die Stagnation beginnt mit dem Totschweigen der Tatsachen, mit Heuchelei und Dogmatismus, mit Vorurteilen und der fehlenden Bereitschaft, die offenkundigen Krisenerscheinungen einzugestehen – und daraufhin folgt alles übrige. Doch das nur nebenbei.

Wenn wir über interkulturelle Probleme im geistigen Leben sprechen, muß man natürlich vor allem auf die Sprachsituation in der Republik eingehen. Das ist selbstverständlich, obgleich in der Presse auch Aufschreie aufrichtiger Bestürzung zu hören sind, »warum denn solche Leidenschaften um das Sprachproblem entfacht werden«. So naiv darf man hier nicht staunen. Die Sprache liegt am Ursprung eines jeden Volkes, die Sprache ist der Schnittpunkt seiner Erfahrung, der Erkenntnisse, der Kultur und Geschichte, schließlich ist die Sprache Gefühlsbarometer und Gedächtnis einer Nation. Wahrscheinlich nennen die Kirgisen ihre eigene Sprache nicht von ungefähr »Enetil« – die »Muttersprache«. Das Volk erkennt und drückt sich in seiner Sprache aus. Über Sprachen läßt sich lang und viel räsonieren. Über Sprachen kann man Oden singen: Ihr seid wie die Sterne der Mitternacht, ihr Sprachen der Völker der Welt bedeckt das Firmament der Geschichte. Ihrer gibt es so viele, als sprechende Sterne senden sie der umgebenden Welt unaufhörlich ihre Impulse und Signale, und alle zusammengenommen, die großen und kleinen Sterne, erzeugen sie ein leuchtendes Mosaik, einen gewaltigen Choral, der durch seine Größe und Schönheit den Geist ergreift. Auch in solch romantischer Aureole läßt sich das Bild der Welt entgegennehmen. Aber damit, so meine ich, hört die Romantik schon auf, und es beginnt die Prosa des Daseins, denn jede Sprache und jeder Dialekt haben ihr Schicksal, ihre Höhenflüge und Abstürze, ihre brennenden, mitunter dramatischen Probleme und Prüfungen, die Sprachen erleiden spiegelbildlich dieselben historischen Veränderungen wie ihre Träger. Und damit hat man zu rechnen, darüber lohnt es zu reden und nachzudenken.

Sprachen sind auf ihre Weise konservativ, aber sie unterliegen in unserem multinationalen Staat gewissen Geschichtskorrekturen, die sozial-ökonomische und kulturell-ideologische Ursachen haben. Bezogen auf Mittelasien und vor allem auf Kirgisien, geht es um einen neuen historischen Vorgang, der wissenschaftlich als Konzeption der Zweisprachigkeit bezeichnet wird, anders gesagt – als die Konzeption des Koexistierens und Kofunktionierens von zwei Sprachen unter den Bedingungen der sowjetischen Nationalrepubliken, nämlich der russischen und der angestammten heimischen Sprache. Zu diesem Thema habe ich mich schon mehrfach in der Presse geäußert, und ich habe versucht, meinen Standpunkt darzulegen: Man müsse, möglicherweise zum ersten Mal, über den Einfluß der bilingualen russisch-kirgisischen Kultur auf die Bildung einer neuen nationalen Selbsterkenntnis des Volkes reden, das in seiner Entwicklung das Stadium des Kapitalismus ausgelassen und gleich in die aktive Phase der nationalen Formierung unter Bedingungen der multinationalen sozialistischen Gesellschaft eingetreten ist. Ein gewaltiges Thema zum Nachdenken, man muß es hier nicht detailliert erörtern. Ich sage lediglich, daß sich die Logik der Geschichte so manifestiert hat: Um ein vollwertiges, geistiges Leben zu erreichen, mußte das Volk im Rahmen der Republik gleichermaßen zwei Sprachen beherrschen und anwenden – das Russische und das Kirgisische. Das ist auch tatsächlich geschehen, und dies ist unser neuer geschichtlicher Fundus, die neue Befindlichkeit unserer Kultur.

Das nationale Selbstbewußtsein stirbt dabei nicht ab und verliert nicht seine ethnische Besonderheit, sondern gewinnt eine neue historisch-kulturelle, bedeutungsvolle psychologische Dimension. Mit anderen Worten: Der alte Stamm der Nationalkultur wird vermehrt durch eine der hochentwickelten Sprachen. Eine solche kulturelle Konsolidierung bedeutet: Wir sind ein Volk von zwei Sprachen, genauer gesagt, wir sind zweisprachige Kirgisen. Wir schätzen, bewahren, entwickeln und wenden unsere Muttersprache funktionell an und benutzen zu gleicher Zeit in unserer alltäglichen Lebensaktivität die russische Sprache.

Von dieser Konstellation her müssen wir künftig in der Sprachenpolitik ausgehen, dank der Bedingungen des Sozialismus gewährt uns die leninsche Nationalitätenpolitik reale Garantien für ein Zweisprachenprogramm.

Aber jetzt wollen wir betrachten, was in Wirklichkeit geschieht. Wie vernünftig und harmonisch verläuft dieser Vorgang in der Gegenwart? Die Aneignung der russischen Sprache und ihre Anwendung in der Praxis durch die Bevölkerung der Republik, denke ich, steht außer Frage. Diese Errungenschaft liegt sozusagen offen zutage, denn die russische Sprache gehört zum unerläßlichen kulturellen Rüstzeug eines jeden Sowjetmenschen, und die Leute streben das an, ohne agitiert und stimuliert werden zu müssen.

Die kirgisische Bevölkerung der Republik hat jetzt deutlich die Zweimillionengrenze überschritten, und man kann mit aller Bestimmtheit sagen, daß das gesamte kirgisische Volk die russische Sprache beherrscht, und die überwältigende Mehrheit beherrscht die Sprache sehr gut. Für mich bleibt es nur ein Rätsel, warum bestimmte Presseorgane die Sache teilweise so darstellen, als ob die Bevölkerung der Republik, und zwar besonders in Kirgisien, unzureichend gut Russisch spreche, sie schlagen in dieser Hinsicht Fehlalarm. Darum geht es doch nicht, und wir alle wissen das sehr wohl. Mir persönlich scheint, daß solche Behauptungen von bestimmten Kräften als Gegenproblem vorgeschoben werden, sobald die Rede darauf kommt, wie dringlich die Anstrengungen für die Nationalsprachen vor Ort seien. Ich wiederhole nochmals: Die Geschichte unserer Tage begünstigt die Verbreitung der russischen Sprache, wir anerkennen den Gang der Ereignisse mit einem Gefühl der Dankbarkeit und wissen den Wert der russischen Sprache zu schätzen, die uns das Fenster zur Welt öffnet, aber wir sind dagegen, auf solche Weise Dinge gegeneinander auszuspielen, die nicht vergleichbar sind. Welche Probleme kann es denn in Kirgisien für die russische Sprache geben, die einen so beunruhigen müssen? Wenn es ein solches gäbe, dann wäre es das Problem im Weltmaßstab, wo die russische Sprache mit der englischen konkurriert. Wenn wir von den Nöten der kirgisischen Sprache reden, die derzeit ernsthafte Prüfungen zu bestehen hat, ist es schlichtweg unmoralisch, ein erfundenes Problem als Gegenargument anzuführen, so als würden wir die russische Sprache angeblich ungenügend beherrschen. So wird nur vom Problem abgelenkt. Zwischen unseren Sprachen gibt es keinen Antagonismus und nicht einmal einen Widerspruch, bei unseren Bedingungen hat jede Sprache ihren Platz, und nichts hindert sie daran, zu koexistieren und gleichzeitig einem jeden von uns zu gehören, nur sollte man diesen Prozeß nicht absichtlich stören, indem man in der Toga des Übernationalisten schreiend auf die Straße rennt.

Wenn es um die nationalen Sprachprobleme geht, sollten die Presseorgane besonders empfindsam sein, ich würde sogar sagen einfühlig, und sich vor allem vertieft mit dem Problem auseinandersetzen und keine konfusen, erst recht nicht wirklichkeitsentstellenden, verantwortungslosen Ansichten zulassen. Andernfalls führt das unweigerlich zur unzulässigen Konfrontation der Sprachen, zu einem künstlich erzeugten Zusammenstoß ihrer Probleme und Interessen. Mit einem ausgesprochen tendenziösen Interview von A. Tokombajew hat sich gerade jetzt die *Komsomolskaja Prawda* hervorgetan, hier werden die Probleme der kirgisischen Sprache nicht nur in einem herablassenden und verletzenden Ton abgehandelt, als drehe es sich um etwas Zweitrangiges, Unnötiges und Lästiges, sondern es fiel hier auch die törichte Äußerung, wonach in der Republik die Meinung grassiere, daß die russische Sprache für das Kirgisische ein Hindernis sei. Wie kann man nur so verantwortungslos und ohne Angabe von Beweisen den Leser informieren? Und mit welcher Begründung?

Es liegt auf der Hand, wie wenig solche Artikel dem Internationalismus dienen, sondern im Gegenteil Mißverständnisse, Verwirrung und Geschwätzigkeiten um Scheinprobleme erzeugen. Kein vernünftiger Mensch wird je auf den Gedanken kommen, daß die russische Sprache irgendwie behindernd sei.

Es ist auch hier nicht nötig, Selbstverständlichkeiten zu beweisen, die russische Sprache ist so gewaltig und das Bedürfnis nach ihr wächst in so hohem Maß, wie auch der Sprachunterricht allerorten installiert ist, die Kräfte und Möglichkeiten genügen hierfür durchaus, so daß die aufdringlichen Beschützer, die angeblich so sehr um die russische Sprache besorgt sind, die Würde und das Ansehen dieser Sprache eigentlich untergraben, die doch ihren Rang kraft historischer Notwendigkeit einnimmt.

Dieser Artikel wäre weiter nicht erwähnenswert, aber er bündelt, gleichsam gezielt, alles das, was unter dem Aushängeschild des Internationalismus als Nationalnihilismus auftritt.

Doch dies war der *Komsomolskaja Prawda* noch nicht genug, meiner Ansicht nach hat sie noch eine weitere Fahrlässigkeit durchgehen lassen: Nochmals werden die Sprachen einander entgegengestellt, wo die Zeitung nur dem Russischen den Status der unerläßlichen Pflichtsprache zuweist, diesen der Sprache der ursprünglichen Nationalität jedoch kategorisch verweigert, sie will ihr sogar, im bilingualen System innerhalb der Republik, nur noch den Status eines Extraanhängsels für Liebhaber überlassen, sie weist ihr also das Schicksal einer Sprache zu, die im Hinterhof der Geschichte zu verbleiben hat. Verkneifen wir uns die Bemerkung, daß niemand die *Komsomolskaja Prawda* ermächtigt hat, unsere Sprache abzuschaffen und sie für Spiele und Hobbys zu deklassieren, immerhin sollte nicht vergessen werden, daß wir trotz alledem ein Volk sind und für die asiatische Region stark genug, auf jeden Fall eine Geschichte von vielen Jahrhunderten hinter uns wissen; wir sind allemal eine Unionsrepublik, wenn das der geschätzten Redaktion etwas sagen sollte.

Was soll denn bei einer solchen Darstellung der Dinge der Kirgisenjunge denken, den wir im Geist der Liebe und Verehrung zur Bilingualität zu erziehen versuchen, wenn er jene These zu lesen bekommt? Wahrscheinlich daran, daß die Sprache seines Volkes nicht zur Kategorie der notwendigen Sprachen gehört, daß sie für ihn nicht einmal ein Pflichtfach ist, daß er sie ruhig geringschätzen kann, da sie ja eine Extraliebhaberei sei. Und was soll der heranwachsende Russe denken, auch noch Jüngling, für den diese Zeitung gedacht ist? Vielleicht daß seine Kirgisenfreunde, ob Schulfreunde, Kameraden der pädagogisch-technischen Lehranstalt oder Fabriklehrlinge, ihre Muttersprache überhaupt nicht kennen müssen? Und da die Sprache zu denen gehört, die du lernen kannst, wenn du Lust hast, oder auch nicht, dann dürfte man ja die Gelegenheiten, wo die untereinander kirgisisch reden, überhaupt nicht gutheißen, sondern müßte ihnen nahelegen, sie sollten sich doch bitte, mit Verlaub, nur auf russisch unterhalten. Zu solchen Schlußfolgerungen könnte ein unerfahrener Leser gelangen, wenn er von der Zeitung am Gängelband des Nationalnihilismus geführt wird, die allzu dienstfertig die Tragweite der Muttersprache negiert, sie der Willkür der Freiwilligkeit preisgibt und eben damit die Situation erzeugt, wo die nationalen mit den internationalen Interessen in einen künstlichen Gegensatz gebracht werden. Wir sehen darin nicht unseren Weg, wir wollen die Nationalsprache nicht ins Abseits der Geschichte drängen lassen, sondern im Rahmen der ethnischen Region die zwei Sprachen gleichwertig ausüben und ihnen die gleiche Achtung entgegenbringen. Man kann sich unschwer vorstellen, welch große Bestürzung der Leser im Baltikum oder im Kaukasus angesichts dieses archaischen Interviews verspüren muß – wahrscheinlich gerät er außer sich.

Eine Anmerkung noch zum Prinzip der Freiwilligkeit. Gehen wir mit diesem Begriff nicht leichtfertig um, wenn er die Nationalsprachen betrifft? Versuchen wir, etwas Klarheit zu finden. Ich beginne damit, daß mir die freie Wahl bezüglich der Muttersprache, man verzeihe mir das, wie eine Lästerung vorkommt. Niemand kann einen dazu zwingen, aber das Bewußtsein der Nation von seiner Geschichte zu befreien, zur Absage von der eigenen Sprache aufzurufen und dies zu fördern, ist unstatthaft. Es ist nicht rechtens, das ist fast dasselbe wie die Verleugnung der eigenen Eltern. Die Sache ist freilich komplizierter. Die Wahl der Sprache wird durch eine ganze Reihe sozialkultureller Ursachen bestimmt, und bei einer durchdachten und vor allem zielgerichteten Sprachpolitik unter den Bedingungen des Sozialismus wird es nicht bis zum Extrem kommen, aber der Verzicht auf die Muttersprache, unter dem schicklichen Vorwand der freien Wahl, ist eben ein Extrem. In dieser Hinsicht teile ich vollauf die Position der ukrainischen und belorussischen literarischen Öffentlichkeit, die sich durch die Plenarversammlungen der Schriftstellerverbände in der Ukraine und Belorußland an die Regierungen ihrer Republiken gewandt und gefordert hat, daß die Stellung der Nationalsprachen in diesen Republiken verfassungsmäßig verankert werde.

Es handelt sich darum, die sozialen und materiellen Bedingungen zu schaffen, wo ein Mensch die freie Wahl vor allem im Hinblick auf seine Muttersprache treffen kann. Was bedeutet das? Wenn die Eltern oder auch der junge Mensch selbst wünschen, neben einem vertieften Studium der russischen Sprache früh schon auch die eigene Sprache kennenzulernen und sich anzueignen, dann müßten dafür die entsprechenden Bedingungen geschaffen werden. Vor allem sind das Kindergärten und Schulen mit nationalsprachlichem und russischem Unterricht, Literatur für Unterricht und Wissenschaft, mehr Institutionen zur Pflege der Nationalkultur und in der Perspektive die Möglichkeit, die Nationalsprache am Arbeitsplatz anwenden zu können, denn nur in diesem Fall kann der Mensch seinen klar erkannten Wunsch auch verwirklichen. Aber wenn all dies fehlt, wenn es keine elementaren Institutionen gibt, wo die Muttersprache ihre Anziehungskraft entwickeln kann, ja, wo man von ihr angelockt wird wie von einer Quelle, wie kann man dann von Freiheit der Wahl reden, wie soll man dann seine Pflicht gegenüber seinem Volk und der Nationalkultur erfüllen? Es wird unmöglich! All diese edlen Motive verwandeln sich in leeres Gerede, wenn es keine Grundlage für die Jugenerziehung in der Muttersprache gibt, wenn Kindergärten und Schulen fehlen. Unterdessen erörtern aber die Nationalnihilisten das Prinzip der Freiwilligkeit ... Es gibt da einen Satz aus dem Alltag, der sehr gut zu dieser Situation paßt: Es kostet nichts und ärgert einen doch.

Ich meine, daß auch wir, den Ukrainern und Belorussen folgend, über die Verfassungsgarantie nachdenken müssen, die neben dem Status der russischen auch den der kirgisischen Sprache betrifft. Aber dafür brauchen wir unbedingt, wie ich schon sagte, die Basis – vor allem Kindergärten und Schulen. Dann möge sich meinetwegen das Prinzip der Freiheit und Freiwilligkeit in der Wahl der Sprachen voll entfalten. Dann wird man tatsächlich von sozialer Gerechtigkeit reden können. Und niemand soll beleidigt sein: Wie der Mensch es sich wünscht, soll er auch handeln ...

Da ich die Frage nach Kindergärten und Schulen berührte, möchte ich noch dabei bleiben, obgleich ich, bei Gott, kein Wort mehr darüber verlieren würde, wenn das nicht so dringend nötig wäre. Laßt uns die Angelegenheit in aller Ruhe genau besehen. Gehen wir weit zurück. Es hat eine Zeit gegeben, da die kirgisische Bevölkerung vorwiegend in den Bergen hauste, in geographischer und historischer Isolierung, und ihre Sprache genügte vollkommen ihren damaligen Kultur- und Lebensbedürfnissen. Aber die Zeiten haben sich geändert, in der sowjetischen Epoche haben wir die Weite des 20. Jahrhunderts betreten, einerseits war das ein großer Segen, andererseits – ich denke hier an die sprachliche Situation – kam unsere uralte Sprache in eine schwierige Lage, es war nötig, entsprechend dem neuen Lebensrhythmus und der neu erworbenen Kultur, die literarische Nationalsprache auszuformen und voranzutreiben. Sogar in dieser Lage ist man lange

Zeit träge geblieben und ohne eine moderne Struktur der Spracherziehung zu Rande gekommen. Niemand hat sich ernsthaft mit den Problemen der Nationalsprache befaßt, besonders in den Städten. Und wo stehen wir heute? Gegenwärtig leben 23 Prozent der kirgisischen Bevölkerung, das sind rund eine halbe Million Menschen in großen und kleinen Städten, in Arbeitersiedlungen. Und bis auf den heutigen Tag gibt es für alle diese Städter keinen einzigen kirgisischen Kindergarten, und zählt man die Schulen, dann sind es knapp mehr als die Finger einer Hand. Kann man diese Lage für normal halten? Manche Personen, die sich dazu in der Presse äußern, erklären nichtsdestoweniger, die Dinge ständen zum besten...

Vor zwei Jahren habe ich mir in einem Interview für die *Literaturnaja Gaseta* zu bemerken erlaubt – und dies als Replik –, daß es in der Hauptstadt der Republik, also in der Stadt Frunse, keinen einzigen Kindergarten in kirgisischer Sprache gebe und nur eine kirgisische Schule in Betrieb sei, die übrigens neulich ihren 60. Geburtstag beging;[1] dort wird in drei Schichten unterrichtet, und dies in Klassen von fünfzig bis sechzig Schülern. Muß noch erläutert werden, was das heißt und was das für ein Unterrichtsniveau sein dürfte, bei drei überfüllten Schichten Unterricht! Und diese Schule in Frunse gibt es seit sechzig Jahren, wie einen einzigen Finger.

Als ich die Aufmerksamkeit der Öffentlichkeit auf diese aktuellen Tatsachen lenkte, hatte ich naiv angenommen, daß sich danach in Frunse etwas zum Besseren ändern würde, daß die Menschen, meine Mitbürger, begreifen, wie ungerecht gegenüber der einheimischen Bevölkerung

[1] Tschingis Aitmatow, *Der Preis: Das Leben,* ein Gespräch mit Irina Rischina, in: Friedrich Hitzer, *Zeitzeichen aus der Ferne,* Hamburg 1987.

diese Verhältnisse sind, daß man so nicht weitermachen darf und alsbald einfache und eindeutige Maßnahmen ergriffen werden – für den Anfang wird man wenigstens einen Kindergarten öffnen, und die Schule No. 5, wo sich rund 2500 Schüler befinden, wird wenigstens in zwei Teile gegliedert.

Zu meinem allergrößten Erstaunen nahm die Sache überhaupt nicht den erwarteten Verlauf. Ich will jetzt nicht meine Beziehungen zu den Genossen darlegen, die, wie mir scheint, eher aus einem Mißverständnis heraus diese Idee ablehnten, ich sage nur nebenbei, daß ich dieses Thema nicht unbedacht, sondern aus Schmerz und Sorge aufbrachte. Wir leben in ein und der gleichen Stadt, uns allen ist klar, daß es neben der russischen Bevölkerung auch die kirgisische gibt, mit ihrer eigenen Sprachkultur, die eine natürliche Entwicklung, Ergänzung und Weiterführung braucht. Und das muß man berücksichtigen, denn Internationalismus ist keine tönende Phrase, sondern Pflicht, Toleranz, Einvernehmen und gegenseitige Hilfe. Die große Kultur muß zur Kultur, die sich entwikkelt, stehen wie eine große Schwester, sie sollte helfen und darf sie nicht zurückstoßen. Man sollte davon ausgehen, daß die Nationalkulturen wachsen und komplexer werden, und all dies ist mit der Sprache der Nation verbunden. Greifen wir einmal nur den humanitären Bereich auf. Wir brauchen neue Sprecher für Funk und Fernsehen, Regisseure und Schauspieler für Film und Theater, Journalisten und Redakteure, Reporter für Politik und Sport, Ausbilder und Setzer für Druckereien, Milizionäre, Richter und Anwälte, die ihre Muttersprache gut beherrschen, wir brauchen Sprachforscher und Historiker, Schullehrer aller Fächer, Pionierleiter und Erzieher in Kindergärten, Opern- und Schlagersänger, Chöre und Gesangsvereine, lange könnte man aufzählen, ein lebendiges Volk hat doch immer eine Menge an Sorgen und Bedürfnissen. Wie lassen die sich befriedigen, wenn unsere Kinder, Generation um Generation, in Städten heranwachsen, ohne die Möglichkeit zu haben, auf einem modernen Niveau, auf einem Standard des 20. Jahrhunderts und nicht in einer Küche die Sprache des eigenen Volkes zu erlernen und zu erwerben, weil moderne Vorschul- und Schuleinrichtungen fehlen. Viele haben sich jahrelang zurückgehalten, denke ich, über diese brennenden Probleme zu reden, vor allem aus Angst, sie würden des Nationalismus bezichtigt. Dafür gibt es viele Beispiele, nicht von irgendwelchen Leuten, sondern von Kirgisen selbst. Nach dem Jahr 1937, das die Blüte der Intelligenz weggeräumt hat, versuchten die Verbliebenen in Kultur und Verwaltung bestenfalls, sich in nichts einzumischen, andere jedoch benutzten unter der Mimikry der Übernationalisten bei jeder Gelegenheit den Vorwurf des Nationalismus, und wenn es keinen Nationalismus gab, dann haben sie ihn erfunden, um daraus ihr politisches Kapital zu schlagen.

Und im Fall des Interviews war für diese Leute keine Rede von Abwarten. In der Presse erschienen sogleich völlig unbegreifliche Beiträge, darin fanden sich auch dieses Mal exakt dieselben Formulierungen wie im erwähnten Interview der *Komsomolskaja Prawda*.

Alles in allem geht es um Kindergärten. Das war das Problem, das ist der Gegenstand unserer Diskussionen. Wie schon immer wurde auch jetzt wieder aus vollem Hochmut gesagt: Seht nur, in der Stadt Frunse machen die sich stark für ein erweitertes Netz an Kindergärten in exklusiv kirgisischer Sprache, wozu denn das, wir haben doch genug davon! Mit Verlaub, um welche Erweiterung und welches Netz soll es da gehen? Wie läßt sich etwas erweitern, das es gar nicht gibt? Verzeiht die Schärfe, aber das ist eine unverzeihliche Desinformation. Es gibt keinerlei Netz, und wo kein Netz ist, gibt es auch nichts zum Erweitern. In der Stadt Frunse und allen übrigen Städten gab und gibt es keinen einzigen Kindergarten und schon gar kein Netz, dessen Erweiterung unsere *Komsomolskaja Prawda* so sehr fürchtet.

Ferner hat niemand die Frage nach Kindergärten in exklusiv kirgisischer Sprache gestellt, im Gegenteil, die ganze Zeit wird betont, daß es nationale Kindergärten geben sollte, die ein vertieftes Studium der russischen Sprache für die Kinder auf dem Programm haben. Wozu, muß man fragen, diese vorsätzliche Desinformation der Öffentlichkeit des gesamten Landes? Hinter dieser Aktion verbirgt sich, meines Erachtens, etwas mehr als eine bloße Irreführung.

In der letzten Zeit ist es in der zentralen Presse Mode geworden, das Leben der mittelasiatischen Region regelmäßig in negativem Licht darzustellen. Eine der Ursachen dafür ist, wie ich es verstehe, der »Kampf mit dem Nationalismus«. Die *Literaturnaja Gaseta* beispielsweise hat einmal sogar darauf angespielt, als gebe es in Mittelasien eine islamische Kolonne, zu begreifen als fünfte Kolonne, die nur auf die Ankunft Chomeinis warte.

Zugestanden, das sind Extreme. Wenn nationalistische Regungen tatsächlich um sich greifen und wenn dies in der Presse getadelt wird, so kann man das nur begrüßen und unterstützen, denn es ist leichter, das Atomkraftwerk von Tschernobyl wiederaufzubauen, als zuzulassen, daß es zu einem Sprung im Staudamm des Internationalismus der Sowjetvölker kommt. Ein derartiger Zustand wäre unzulässig und tödlich, er wäre für alle zerstörerisch, für die großen wie die kleinen Völker. Ich sehe für das kirgisische Volk kein anderes Schicksal als in einer unzerreißbaren Einheit vor allem mit Rußland. Ich sage das nicht als Floskel, sondern weil dies meine tiefste Überzeugung ist und bleibt – ich hoffe, bis zur letzten Minute meines Lebens. Doch gibt es auch die »Aber«, wenngleich sie nicht das Herzstück dessen betreffen, was wir unter Internationalismus begreifen. Ein »Aber« besteht darin, daß es weitaus leichter ist, Feindschaft zu säen, oftmals sogar auf Grund von Ignoranz, als Freundschaft zu festigen. Der Internationalismus ist nämlich eine kompliziertere Erscheinung, als das auf den ersten Blick hin scheinen mag. Durch Kritik und Tadel erzielt man keineswegs immer das gewünschte Resultat, auch nicht durch Appelle und Etikettierungsmanie; natürlich kann da außer einer negativen Reaktion nichts Gutes herauskommen, wenn man in der Presse dem Nationalnihilismus das Wort erteilt. Ein simples Beispiel: Muß man denn immer im ganzen Land, vom Baltikum bis Kamtschatka, herumposaunen, daß da irgendwer eine widerliche anonyme Zuschrift nationalistischen Inhalts geschrieben hat, daß einer irgendwo irgendwas dahergequatscht hat, daß da – mit Verlaub gesagt – zwei Dummköpfe auf der Straße oder in einem öffentlichen Gebäude einen Skandal machten und sich gegenseitig unflätige Beleidigungen an den Kopf warfen, darunter auch nationalistisches, chauvinistisches Zeug? Ich denke, daß dies nur den hämischen Spießern beider Seiten zugute kommt, wenn sie seriöse Zeitungen aufschlagen und solche Sticheleien lesen. Und es ließen sich viele derartige Fakten anführen. Man darf nie außer acht lassen, ob uns etwas trennt oder vereint, ob etwas wert ist, vors Gericht der Öffentlichkeit gebracht zu werden oder nicht. Mir scheint, daß es mitunter besser wäre, ein mickriges Faktum nicht aufzublasen, am wichtigsten sind

Maßnahmen vor Ort, in den Kollektiven, im Rayon und Bezirk. Dort kennen sich die Leute eher, und die Umerziehung fällt leichter. Anders gesprochen, laßt uns selbst dafür sorgen, daß es verachtet wird, und diese Leute werden den Zorn des Volkes verspüren; wird dies über die nationalen Medien verbreitet, merkt jeder kleinliche Nationalist, daß wir, das Volk, nicht mit ihm sind, sondern dagegen. Aber wenn solche Engstirnigkeiten zur landesweiten Affäre gemacht werden, dann wachsen sie sich zu etwas Schrecklichem aus, und – das ist die Hauptsache – das Gift dumpfer nationaler Feindseligkeit und Zwistigkeit beginnt zu verströmen, man rechtfertigt dann a priori das Eigene und beschuldigt das Fremde. Und die Erbitterung wächst wie ein Schneeball. Und zuletzt sieht sich der unbedeutende Nationalist noch als Held.

Wenn sich aber der Nationalnihilismus einmengt, dann wird der Spießbürger unmittelbar angesprochen, das wirkt direkt auf seine leicht entflammbare Psychologie ein. Wie eben jener Fall in der *Komsomolskaja Prawda* hinsichtlich der Erweiterung eines nicht vorhandenen Kindergartennetzes. Das ist ja nicht nur die Unwahrheit, sondern ein direkter Appell an den rabenschwarzen Spießbürger: Da fordern die ständig einen Ausbau ihrer Kindergärten, und es stellt sich heraus, die haben davon schon ohnehin genug, hier aber steht man Schlange für einen Platz im Kindergarten, wartet schon zwei Jahre lang, und die dort treiben damit ihren Luxus, die haben Platz in Hülle und Fülle, leben sorglos und zufrieden, sitzen uns im Nacken, und jetzt sollen wir ihnen noch Spezialkindergärten verschaffen ... So ist doch das Drehbuch der Reaktion in bestimmten Kreisen. Aber auch auf der anderen Seite ist Unmut und Unzufriedenheit: Wo soll denn dieses Netz sein, wo ist dieser Kindergarten, das Kind wächst und wächst: Schimpf und Schande, kennt kein Wort von der Sprache seiner Ahnen und schaltet die kirgisischen Fernsehprogramme ab, weil es davon keine Ahnung hat!

Aber wozu schreibt man so etwas in der Zeitung? Und das noch in der *Prawda* und dann dasselbe wieder in der *Komsomolskaja Prawda!* Wer soll hier getäuscht werden, es stehe alles zum besten? Und wie soll es weitergehen? In der Stadt gibt es eine Schule für alle, wie da einen Platz bekommen, und dann noch das Kind durch die ganze Stadt, von einem Ende zum andern, in die Schule bringen... Das ist die andere Seite der Medaille. Dieselbe *Komsomolskaja Prawda* überlegt, ob es sich lohne, kirgisische Kindergärten aufzumachen, das würde doch die Kinder nur auseinanderbringen, sie könnten dann keine Internationalisten werden. Und zweitens leben in der Republik auch andere nationale Minderheiten – Deutsche, Dunganen, Usbeken, muß man also auch für sie Kindergärten und Schulen eröffnen?

Eine erschütternde Logik!

Was haben die noch nicht vorhandenen kirgisischen Stadtkindergärten (ob sie je existieren werden, steht in den Sternen) damit zu tun? Wenn es nötig ist und die Eltern das wünschen, dann müssen natürlich auch für die anderen Völkerschaften Kindergärten aufgemacht werden. Warum denn nicht? Alle haben ein Recht darauf, ihre Kinder in der eigenen Sprache erziehen und unterrichten zu lassen. Muß man dafür auch noch um die Erlaubnis von oben betteln? Für nichts und niemanden sollte es bei uns Sonderprivilegien geben, wenn wir die Prinzipien des Sozialismus tatsächlich und nicht nur in Worten an die oberste Stelle rücken. Selbstverständlich treten wir dafür ein, daß auch die nationalen Minderheiten ihre Kindergärten und Schulen haben, nach ihrem Willen und ihren Bedürfnissen. Im Zusammenhang damit möchte ich eine Eigentümlichkeit der kirgisischen Völkerschaft von heute hervorheben.

Ob wir viele sind oder wenige, hier liegt das Epizentrum unseres Volkes. Nur hier auf unserer Erde und nirgendwo sonst. Und dies ist nicht zu vergessen, wenn es um eine Gegenüberstellung der Bevölkerungsanteile geht. Wenn manche Personen ihre Ablehnung unserer Nationalkultur damit kaschieren, daß es ja auch noch andere nationale Minderheiten gebe, müssen wir im Auge behalten, daß diese Minderheiten, mit denen wir schon über hundert Jahre in Frieden, Freundschaft, Eintracht und gegenseitiger Achtung leben und mit denen es niemals irgendwelche Zwischenfälle gegeben hat, alles in allem ihre weitaus mächtigeren angestammten Epizentren haben, wo sich ihre Sprachen erhalten und entwickeln. Die Deutschen haben gleich zwei Deutschlands hinter sich, die Usbeken das benachbarte Usbekistan mit voller Versorgung an Kindergärten und Schulen, die Dunganen, kann man wohl sagen, haben gleich ganz China, die Koreaner ebenfalls zwei Koreas. Das ist freilich kein Argument dagegen, daß unsere nationalen Minderheiten über ihre Kulturstätten verfügen sollen.

Aber wenn die kirgisische Kultur auf ihrer eigenen Erde nicht stattfinden kann, dann kann sie nirgendwo bestehen. Darin beruht unser kleiner Unterschied, den es zu berücksichtigen gilt. Aber wir können in der Hauptstadt der Republik nicht einmal die Öffnung der einfachsten und harmlosesten Kindergärten durchsetzen.

Leider ist diese Frage weder im Grundsatzreferat noch im Kommuniqué des Stadtkomitees auch nur angeschnitten. Als gebe es die Problematik gar nicht. Und dennoch möchte ich bemerken, eine winzige Wandlung fand statt (nach weiß nicht wie vielen Anläufen) – man hat die Hälfte der 67. Schule als Filiale der Kirgisenschule No. 5 zugeteilt. Und es gibt, freilich ohne feste Existenzgrundlage, ein Kirgisenkindergärtchen – zwei Kleingruppen. Und dafür, wie man so sagt: Spasibo – danke schön!

Aber unterdessen denkt sich die *Komsomolskaja Prawda* um so mehr aus, je weniger sie argumentiert, damit ja keine kirgisischen Kindergärten geschaffen werden können, als sei das Problem unlösbar und als ob sich die Zeitung mit nichts anderem mehr zu beschäftigen habe. Dieselbe arrogante und sogar höhnische Position nimmt diese Zeitung auch hinsichtlich der nationalen Schulen in Frunse ein. Die Zeitung stellt die absonderliche Frage: Wieviel Kirgisenschulen braucht die Stadt Frunse? Wo es vorerst nur eine gibt! Es ist anzunehmen, daß das Stadtamt für Volksbildung diese mathematische Aufgabe lösen könnte. Außerdem gehört es sich nicht, auf einer so trivialen Ebene eine Frage der Nationalkultur anzupacken.

Noch mehr Unverständnis provoziert die Zeitung mit ihrem pauschalen Verdikt über die Konzeption der Zweisprachigkeit. Offensichtlich paßt der Zeitung die Zweisprachigkeit nicht, weil es in der Republik auch andere nationale Minderheiten gebe, und davon ausgehend stellt sie die rhetorische Frage: Wie soll man sich da verhalten? Im weiteren motiviert die Zeitung ihre ablehnende Haltung gegenüber dieser Grundfrage des nationalen Lebens mit einem Faktor der Demographie, sie appelliert dabei erneut an das Spießermilieu. Im Interview wird behauptet, daß hier eigentlich gar kein Problem der Nationalkultur vorliege, da ja angeblich die kirgisische Bevölkerung nicht die absolute Mehrheit in der Republik ausmache. Hier ist das stärkste Instrument der jüngsten Periode in Gang gesetzt worden – der Prozentwahn, der angeblich dazu berufen ist, die Normen der nationalen Wechselbeziehungen festzulegen, in Wirklichkeit aber nicht selten herhalten muß, um ein weiteres Mal die Nationalkultur und ihre brennenden Probleme herabzusetzen.

Nun denn, sehen wir uns auch diese Sache genauer an. Erstens liegt hinsichtlich der absoluten Mehrheit wiederum eine Ungenauigkeit, gelinde gesprochen, eine Lüge vor. Aber wenn wir tatsächlich nicht die absolute Mehrheit stellten, ist das ein Argument gegen die Nationalkultur und die Konzeption der Zweisprachigkeit? Ich bin ein überzeugter Gegner jeglichen Prozentdenkens in Sachen Nation, ich möchte meine Ansichten nicht auf nackte Ziffern stützen, aber auch ich muß dazu Zuflucht nehmen, die Zeitung und ihre Mitautoren enttäuschen: Die absolute Mehrheit der kirgisischen Bevölkerung ist trotz allem gegeben, vor zwei Jahren hat sie die 50-Prozent-Schwelle überschritten, gegenwärtig macht sie, wie schon im Hauptbericht erwähnt, fast 58 Prozent der Gesamtbewohnerzahl der Republik aus. Wenn man noch die Kirgisen dazuzählt, die in Gebieten der Nachbarrepubliken leben – in Usbekistan und Tadshikistan –, die wir mit Lehrbüchern, Literatur, Zeitungen, Zeitschriften und Lehrmitteln versorgen, dann wird das Sprachgebiet noch um einiges größer.

Aber darum geht es ja gar nicht – ob es weniger oder mehr sind, es ist einfach unschön, sich zu einem Volk, zu jeglichem Volk, in einer so herablassenden Attitüde zu verhalten und es verstehen zu lassen: Wieviel seid ihr denn überhaupt? Und dann noch Ansprüche stellen! Ihr mit eurer Zweisprachigkeit ... Wie kann man da noch von Internationalismus, Gleichberechtigung und Achtung reden? Hinter alldem blickt der Nationalnihilismus hervor, der alles tut, um die Kultur und den Geist eines Volkes, koste es, was es wolle, zu schmälern, zu erniedrigen und zu entwerten. Es ist unbedacht von der *Komsomolskaja Prawda,* so aufzutreten. Auch der Vergleich der prozentualen Anteile kann nur die negativen Gefühle der Menschen anstacheln. Vor allem bedeutet er freie Bahn für die chauvinistischen Ansichten. Mehr Umsicht stände der Zeitung gut an; sie sollte nicht vergessen, daß der Begriff der absoluten Mehrheit nicht das letzte Kriterium ist. Es ist alles eine Frage der Maßstäbe, übersteigt doch auch die russische Bevölkerung, wenn man sie in den Relationen des ganzen Landes bemißt, knapp die Hälfte der Gesamtbevölkerung der Sowjetunion. Will das jemand in Rechnung stellen und daraus etwa beschämende Vorwürfe ableiten, geht es nicht um ganz anderes? Für uns, die wir gemeinsam mit Russen in einem Land leben, ist das wissenschaftlich-intellektuelle Potential dieses Volkes weitaus wichtiger, genauso wie der Umstand, daß wir an seiner Sprache teilhaben und darin einen zweiten Atem erwerben, daß die russische Sprache zu den Hauptsprachen des Planeten gehört, neben dem Englischen, Französischen, Deutschen, Spanischen, und daß wir, wie auch unsere Muttersprache, dank diesem Umstand in einen Aspekt der Weltkreisläufe miteinbezogen sind. Darüber müßte die *Komsomolskaja Prawda* reden, wenn sie schon Fragen der binnennationalen Beziehungen aufgreift.

Nachdem die *Komsomolskaja Prawda* nihilistischen Äußerungen so viel Raum verschaffte, wurde sie gegenüber der kirgisischen Sprache in noch beleidigenderer Weise ausfällig, sie erklärte, die kirgisische Sprache sei verdorben. Worin und wie verdorben, bleibt völlig unklar. Verdorben, und damit basta! Vielleicht wie Müll? Und aufs neue diese Reverenz und der Appell an die Spießermeinung: Seht nur, sie sagen's ja, die Sprache ist verdorben, wodurch ist zwar unbekannt, aber verdorben, also doch eine untaugliche Sprache! Aber was steht hinter alldem, doch nicht die Wahrheit, bewiesen und abgewogen, sondern der Wunsch, ein weiteres Mal das Nationalgefühl eines Volkes zu verletzen, noch einmal zu erniedrigen. Da die Zeitung das nun einmal verkündet hat, wollen wir klären, was Verdorbenheit der Sprache bedeutet: Wenn man darunter die Präsenz von Vulgarismen, Jargon, Slang und anderem zufälligem Beiwerk im lebendigen Wortschatz versteht, so ist sie ausnahmslos allen Sprachen eigen. Das ist eine generelle und keine nationale Frage. Verdorbenheit kann individuell auftreten, wenn ein Mensch ganz einfach seine Sprache schlecht beherrscht, wenn man nicht versteht, was er äußert. Wozu dann überhaupt die Sprache? Versteht man jedoch unter »Verdorbenheit« unsere Entlehnungen aus anderen Sprachen und dies vor allem aus der russischen Sprache, so kann ich dem überhaupt nicht zustimmen. Entlehnungen sind ein unumgänglicher und organischer Vorgang in der Entwicklung des mündlichen und schriftlichen Schaffens, sie entstellen den Selbstwert und die Selbständigkeit einer Sprache keineswegs, weil ja diese Entlehnungen, einmal integriert, adaptiert werden und mit der Zeit in den Grundwortschatz eindringen. Mit Einzelheiten müßte sich hier jedoch die Sprachwissenschaft befassen. Ich erkläre hier durchaus verantwortungsbewußt, daß sich die moderne kirgisische Sprache in großem Aufschwung befindet. Im letzten Vierteljahrhundert hat die kirgisische Literatursprache eine erstaunliche Evolution durchlaufen. Auf der Ebene humanitär-abstrakter Kategorien steht sie auf der Höhe der Zeit, und es gibt keine Texte, die sich in der Übersetzung ins Kirgisische nicht als vollwertig erwiesen, was man vorerst vom wissenschaftlich-technischen

Niveau der kirgisischen Sprache nicht sagen kann. Hier gibt es noch weiße Flecken, die durchaus erklärlich sind – da ist die geringe Zahl der Arbeiterklasse und der wissenschaftlich-technischen Intelligenz. Aber all das ist eine Frage der Zeit, und im Ganzen ist die kirgisische Sprache reich und schön wie nie zuvor. Und sie zu entwerten, indem man ihr pauschal irgendeine Verdorbenheit zuschreibt, ist verlogen. Sogar an den Übersetzungen in die russische Sprache, etwa des Romans von Tolegen Kasymbekow, der Poesie von Sujunbaj Eralijew und der wissenschaftlichen Arbeiten von Muchtar Borbululow kann man sich überzeugen, daß sie eine hohe Stufe von Bildhaftigkeit, Klarheit und Tiefe des Denkens erreicht.

Ja, Entlehnungen gehen weiter vor sich, das ist ein weltweiter Prozeß, und der hat, würde ich sagen, seine eigene, universelle Gesetzmäßigkeit. Für uns ist jetzt die russische Sprache ein riesiges Reservoir, in dem kraft einer ganzen Reihe historischer Ursachen der Sprachschatz des Okzidents und der des Orients gesammelt ist. Die russische Sprache hat sozusagen die ganze Welt aufgenommen und in sich umgeschmiedet, und darin beruht ihr allergrößter Wert. Da ist es, wie es heißt, schön, Schulden abzutragen. Hat zu der einen Zeit die russische Sprache genommen, so gibt sie jetzt ab. Sind doch die Entlehnungen des Russischen aus den Turksprachen, wozu völlig gleichberechtigt auch das Kirgisische gehört, eine ganze wissenschaftliche Disziplin – »Türkismen in der russischen Sprache«. Es ist erstaunlich und mitunter verwunderlich, wurden ja so gewöhnliche Wörter wie »obojatelnyj«, »besalabernyj«, »sablja«, »telega«, »karaul«[1] und Dutzende, ja Hun-

[1] In der genannten Reihenfolge: »bezaubernd«, »liederlich«, »Säbel«, »Karren«, »Wache«.

derte anderer Wörter in der Ausgangsbedeutung aus unserem Wortschatz entlehnt. Alles hat wohl seine Zeit. Aber jetzt gibt uns die russische Kultur mit Gewinn ihre neuen Reichtümer zurück. Und ich sehe daran nichts Anstößiges, daß wir aus dem Russischen entlehnen. Darüber hätte die *Komsomolskaja Prawda* für die Erkenntnis der jungen Menschen nachdenken sollen, statt auf die Nationalsprachen einen Schatten fallen zu lassen.

Verzeihen Sie den spontanen Exkurs, aber schuld an all dem war ja, daß ich einmal zufällig davon gesprochen habe, wie dringlich es sei, in der Stadt Frunse einen kirgisischen Kindergarten aufzumachen, und wie es um die einzige kirgisische Schule in dieser Stadt bestellt ist – und nun ist das herausgekommen. Zu meiner grenzenlosen Verwunderung wollen seither die Stimmen gegen kirgisische Kindergärten und Schulen nicht verstummen. Laßt uns, Freunde, versuchen, heute die Sache auf den Punkt zu bringen. Ich habe die russischen Genossinnen und Genossen im Auge. Worum geht es? Weshalb diese Angst, daß die Erziehung der Kleinkinder in ihrer Muttersprache zwangsläufig den Internationalismus stört? Warum dieser Widerstand unter verschiedensten Vorwänden, ohne Rücksicht auf das dringende Bedürfnis von Hunderttausenden eurer kirgisischen Landsleute, die mit euch in einer Stadt leben? Begreift doch, es geht um das Schicksal und die Zukunft der Nationalkultur, verkörpert in den jungen Stadtgenerationen, denen die Möglichkeit abgeht, von Kind an ihre Muttersprache zu erlernen, weil die Basis einer kollektiven modernen Erziehung fehlt, nämlich Kindergärten und Schulen. Stört es etwa die russische Sprache, wenn junge Menschen ihre eigene Sprache kennen? Die Kenntnis des Russischen ist ihnen schon aus dem einen Grund gesichert, daß sie in einem stabilen russischsprachigen städtischen Milieu aufwachsen, um schon nicht davon zu sprechen, daß ein vertieftes Studium des Russischen für sie keine große Mühe bereitet. Statt sich verständnisvoll in die Situation einzuarbeiten und brüderlich zu helfen, was beileibe keine so grandiose Angelegenheit ist – es geht ja nicht um den Bau eines Staudamms, sondern nur um einige Kindergärten in verschiedenen Stadtteilen –, kamen aber einige Genossinnen und Genossen nur mit Warnungen und blanker Ablehnung, brachten auch keinerlei Alternativen, auch keine vernünftigen Empfehlungen und Vorschläge, wie nun ihrer Meinung nach zu verfahren sei, sie haben nur alles abgeblockt: Ihr seid also gegen nationale Kindergärten und Schulen; wie soll man aber Kindern ihre Muttersprache beibringen, wenn man sich nicht um eine Alternative bemüht? Ihr behindert eine so einfache und für die Nationalkultur zugleich so notwendige Aufgabe. Die Argumentation dieser Genossen ist wenig überzeugend. Ich will mich damit nicht aufhalten. Aber die städtischen Behörden und das Ministerium für Bildung haben es nicht gewagt, wenigstens ein Experiment durchzuführen, wiederum aus Furcht, als Nationalisten zu gelten. Es werden doch viele junge Generationen in vielen Nationalrepubliken in ihren Schulen und Kindergärten erzogen, und daraus hat sich nichts Schlimmes ergeben, sie sind ebensolche Sowjetmenschen wie wir. In allen Sowjetrepubliken außer der unsrigen ist die Präsenz der nationalen Kindergärten und Schulen kein Diskussionsgegenstand, sondern eine ganz selbstverständliche Angelegenheit. Laßt uns also diese Frage nicht verkomplizieren, darin liegt keine Logik; man kann kein Abgehen vom Internationalismus sehen, wenn sich Kinder in Kindergärten ihrer Muttersprache bedienen. Wie sollen wir denn damit umgehen, wenn im sozialistischen Weltsystem, in allen Ländern des sozialistischen Blocks – in der Tschechoslowakei, Bulgarien, Ungarn, der DDR und anderen Ländern –, die Kinder nur in ihren Sprachen erzogen und unterrichtet werden? Heißt das etwa, sie seien von Grund auf keine Internationalisten? Und man muß damit rechnen, daß die junge Generation der sozialistischen Länder künftig weitaus enger integriert sein wird, sie werden viele gemeinsame Programme und Angelegenheiten lösen und verwirklichen, aber sie werden in verschiedenen Kindergärten und Schulen mit verschiedenen Sprachen ausgebildet. Und diese Tendenz wird immer mehr zunehmen. Das ist die Perspektive der internationalen sozialistischen Entwicklung.

Ich denke, daß die Genossen, die in dieser Frage eine ablehnende Position eingenommen haben, nicht im Recht sind. Übrigens sollte man das auch nicht durch andere Vorhaben gutmachen wollen und zur Festigung der nationalen Beziehungen beispielsweise so vorgehen: Es sei notwendig, daß sich ein gewisser Teil der russischen Bevölkerung mit dem Studium der kirgisischen Sprache befasse. Die Absicht ist nobel, ein Danke für diese achtbare Einstellung, aber mir persönlich scheint dies, wenn wir darüber seriös reden, überflüssig. Wozu Menschen umsonst bemühen, wenn alle Kirgisen vorzüglich Russisch sprechen! Hier stellt sich eher die verblüffende Frage: Mit wem wollen die Russen kirgisisch reden, wenn die Kirgisen selbst ihre Sprache nicht mehr beherrschen? Denkt einmal auch darüber nach.

Unter unserer russischen Intelligenz gibt es nicht wenig Menschen, die im großen und ganzen die Idee unterstützen, für die kirgisischen städtischen Kleinkinder Kindergärten der Muttersprache zu schaffen. Sie treten ein für eine vollwertige Entwicklung der Zweisprachigkeit und sehen darin den wahren Weg, nationale und internationale Interessen zu verbinden. In diesem Zusammenhang halte ich es für nötig, den unveröffentlichten Artikel von K. Tjurina, einer Arbeiterveteranin, zu erwähnen. Sie hat sich damit an *Sowjetskaja Kirgisija* gewandt, aber die Redaktion dieser Zeitung hat es nicht für möglich gehalten, dieses Material bekanntzumachen, obgleich Beiträge anderen Charakters wiederholt Platz fanden. Es sollte gleichwohl das Prinzip der Demokratie eingehalten werden, denn die Frage erfordert eine allseitige Erörterung und nicht nur eine einseitige, die der Redaktion aus irgendwelchen Erwägungen zupaß kam.

Schließlich möchte ich bei einer so repräsentativen Konferenz meine Position erläutern. Ich trete nicht aus einer Laune heraus für das Zweisprachentandem ein, obschon ich in vielem von der eigenen Erfahrung ausgehe. Nur auf diesem Weg ist die volle Garantie dafür gegeben, daß unsere Nationalkultur ihr »Ich« bewahrt, und das ist ihre Muttersprache. Hier schreibt mir ein russischer Leser namens Nikolaj Nikolajewitsch Michajlow aus Moskau: »Jeder von uns wird so oder so zur Persönlichkeit im Milieu der Muttersprache, und nur durch die Sprache erhalten wir die Zugehörigkeit zur Nationalkultur – Nationalkultur ist die Nationalsprache in Aktion. Es lassen sich bemerkenswerte Nationaltheater schaffen, Folkloregruppen ins Ausland schicken, eine Unmenge Bücher in den Nationalsprachen verlegen. Aber wenn die Menschen aufhören, in der Muttersprache zu reden, bleibt von der Nationalkultur nur ein Nichts übrig . . .«

Ich denke, das ist sehr wahr gesagt.

Genossinnen und Genossen, versteht mich richtig, noch ist es nicht zu spät, noch ist alles erst am Anfang; laßt uns bedenken, was zu tun ist, um eine gemeinsame pädagogische Lösung zu finden für die kirgisischen Kleinkinder der Städte, die neben der russischen Sprache auch die Muttersprache beherrschen wollen. Es ist unerläßlich, einen umfassenden Plan für den zweisprachigen Unterricht auszuarbeiten. Wie ist das zu machen und mit welchen methodischen Programmen? Vielleicht lassen sich für die erste Zeit die Erfahrungen anderer Republiken nutzen, insbesondere die von Lettland. Der Unterricht für Kinder ist mit dem Antritt der Computerepoche ein weltweites Problem geworden. Wir müssen uns beeilen.

Genossinnen und Genossen, alle unsere Anstrengungen für Arbeit und Soziales, alle unsere Wirtschaftspläne verfolgen eine allgemeine Aufgabe – den Aufschwung der Wirtschaft. Ja, das ist am wichtigsten. Aber auch dies ist kein Selbstzweck, wenn man die Wurzeln des Daseins betrachtet. Nur wenn unsere Leistungen sich zu einem Fortschritt der geistigen Kultur wandeln und darunter auch zu einem Fortschritt der Nationalkultur, erlangen diese Bemühungen ihren höchsten Sinn. Und dies wird letztlich der Triumph der Arbeit sein.

Kultur ist, was bleibt, alles übrige vergeht, so ist das in dieser Welt des Wandels angelegt.

Das ist wohl alles, was ich dieses Mal habe sagen wollen. Und nun zu Einzelheiten, außerhalb des Themas.

Im Vortrag des Genossen A. Massalijew wurde erwähnt, es habe keinen Sinn, ideologische Diskussionen um das Epos »Manas« zu führen. Richtige Worte, und nicht zum ersten Mal gesagt. Wir sollten da aufmerksam hinhorchen. Aber die Diskussion wurde uns aufgedrängt, und dies auf die demagogischste Weise und aus gewissen Gründen wie auch unter Ausnutzung der Plenarsitzung des ZK der KP Kirgisiens. Nicht wir haben diese sinnlose

Polemik angezettelt. Aber unseren »Manas« werden wir bis zum letzten Atemzug verteidigen.

Ferner haben wir gehört, daß aus Gründen der Wirtschaftlichkeit und einer Reorganisation des Leitungsapparats eine Straffung und Zusammenlegung der Institutionen vorgesehen ist. Eine brauchbare Maßnahme. Aber da sind Gerüchte zu uns gedrungen, daß Anstalten gemacht werden, alle Künstlerverbände in einem einzigen Alptraumverband fusionieren zu wollen. Mit allem Ernst möchte ich dazu folgendes sagen: Auf diese Weise sollte man die Perestrojka nicht diskreditieren. In der Kultur kann man nur im Fall eines Krieges Opfer bringen. Aber zu allen übrigen Zeiten sollten sich Kultur und kulturelle Einrichtungen entwickeln und vervollkommnen. Ich persönlich bin zum Beispiel gegen eine Demontage des Staatsfilms der Republik.

Und zugleich möchte ich eure Aufmerksamkeit auf die Lage eines einzigartigen Kollektivs lenken, auf das Karamoldo-Orosow-Orchester. Vor kurzem wurde ihm der Rang eines Akademieorchesters zugesprochen. Das ist gut. Aber die Situation der Orchestermitglieder ist trostlos. Nur einige wenige Künstler dieses Kollektivs haben mehr oder weniger erträgliche Wohnungen, die übrigen hausen auf engstem Raum, wo sie gerade können. Es kommt sogar vor, daß sie aus Privatwohnungen geprügelt werden. Sie haben auf der Bühne vor dem Publikum in vollem Glanz zu erscheinen, und das tun sie auch – mit Tränen in den Augen, die wir nicht sehen. Und das Gehalt liegt bei dem eines Lehrlings – plus, minus hundert Rubel. Und das sind Meister der Kunst, und alles Leute mit Familien. Die Leitung sollte an dieses Orchester denken.

Außerdem denke ich noch jetzt an meine jüngste Reise nach Alma-Ata zur Ehrung des 90. Jahrestages von Muchtar Auesow. Ich hatte ein längeres Gespräch mit dem Genossen Kolbin[1]. Dieser Leiter hat einen guten Eindruck bei mir hinterlassen. Ich denke, Kasachstan hat Glück gehabt. Und die Kasachen fangen an, das zu verstehen. Unser Gespräch hat an dem Abend im Versammlungspalast begonnen, wo sich ein über zweitausendköpfiges Publikum zusammengefunden hatte. Wir haben versucht, uns vorzustellen – Zweisprachigkeit in Praxis und nicht nur in Theorie, und dies im alltäglichen Leben. Und da habe ich diesen Menschen darauf aufmerksam gemacht, daß viele Redner in ihrer Muttersprache auftreten könnten, wenn der Saal mit der entsprechenden Synchronapparatur ausgerüstet wäre. Das wäre sehr wichtig. An einem solchen Tag kein Wort in der kasachischen Muttersprache über den Klassiker der kasachischen Literatur sprechen zu können, gehört sich eigentlich nicht. Das heißt, man sollte einige praktische Maßnahmen ergreifen. Man müßte in der Hauptstadt für Synchronübersetzungen speziell ausgerüstete Säle haben. Unter anderem wäre es keineswegs schlecht, wenn dieser Saal, in dem wir jetzt arbeiten, für die Zweisprachigkeit ausgestattet wäre.

Kirgisstan madanijaty, Nummer 51, 17. Dezember 1987. Wochenzeitung des Schriftstellerverbandes Kirgisiens und des Kulturministeriums der Kirgisischen Sowjetrepublik. Aitmatows Rede wurde darin in russisch und kirgisisch veröffentlicht, er hielt sie am 5. 12. 1987 bei der Konferenz zum Thema »Patriotische und internationale Erziehung im Arbeitskollektiv«. Zu dieser Konferenz waren eingeladen: Vertreter der Kommunistischen Partei, der Sowjets, der Gewerkschaften und des Komsomols, Arbeiter, Kolchosbauern, Kulturschaffende, Wissenschaftler, Studenten, Leitende der Ministerien, Behörden und Massenmedien usw.

[1] Der ehemalige Gebietssekretär der KP Kasachstans, Kunajew, wurde nach den blutigen Unruhen in Alma-Ata sowie der Aufdeckung weitverzweigter Korruption abgelöst durch den Russen Kolbin.

Und dieses Wort statt meiner Seele

Gespräch mit Geworg Atrjan

ATRJAN Es sind nun heuer, im Jahr 1982, sechzig Jahre seit Gründung der UdSSR, und uns allen ist deutlich die unabänderliche Tatsache bewußt, daß die multinationale Sowjetliteratur zu einem Phänomen in der Weltkultur geworden ist. Die sowjetischen Schriftsteller benutzen in ihrem kreativen Verstehen der Wirklichkeit das Beste, was unsere Nationalliteraturen hervorgebracht haben, sie können dabei Werke schaffen, die unserer großen Epoche würdig sind, indem sie darin unsere Sorgen und Schmerzen, Freuden und Hoffnungen, unsere Ziele und Bestrebungen zum Ausdruck bringen.

AITMATOW Für jeden Künstler ist sehr wichtig, daß er sich auf die geistige Erfahrung stützen kann, die schon seine Vorgänger schufen. Ich bin meinem Schicksal dafür dankbar, daß mir, meiner Generation, uns allen das Glück zuteil wurde, im multinationalen Sowjetstaat zu leben und zu arbeiten. Gerade dank diesem Umstand haben wir die Möglichkeit, alle unsere geistigen Anstrengungen zu vereinen. Zum Beispiel haben die Armenier wohl kaum gewußt, wer wir, die Kirgisen, sind, aber auch wir hatten über euch nur eine abstrakte Vorstellung. Jetzt aber sind Narekazi und Ersnkazi, Komitas und Sarjan wie auch die architektonischen Denkmäler Armeniens nicht nur euer Eigentum, sie sind Gegenstand des gemeinsamen Nationalstolzes aller Völker, die unser Land besiedeln.

Jedes Mal, als ich erfuhr, daß mein jüngstes Buch in die

armenische Sprache übersetzt wurde, habe ich allemal das Gefühl der Zugehörigkeit zu etwas Antikem, Ewigem und Dauerhaftem empfunden. Ist doch die armenische Sprache eine der ältesten Sprachen der Menschheit, und viele ihrer Altersgenossen sind längst ins Nichts entschwunden oder wurden reduziert zum Gegenstand philologischer Untersuchungen, aber die armenische Sprache, die einige Metamorphosen in ihrer Evolution durchmachte, ist bis in unsere Tage überliefert, und für mich ist es eine große Ehre, darin zu erklingen.

Schon zwanzig Tage sind meine Frau und meine Tochter mit mir auf armenischem Boden. Auf diese Weise hatte ich das Glück, der kraftvollen Quelle der heutigen armenischen Wirklichkeit nahe zu sein, wo es viel Lehrreiches gibt, eine bedeutende Erfahrung des geistigen Lebens in Vergangenheit und Gegenwart, es gibt vieles, was man übernehmen möchte. Für mich sind all diese Tage Festtage, aber es geht nicht nur um die aufrichtige Gastfreundschaft, die mir meine armenischen Freunde erwiesen haben. In dieses Wort lege ich den Sinn, den Hemingway so erfaßte, als er sagte: Paris ist der Festtag, den du immer bei dir hast. Ja, Armenien, sein Land und seine Menschen sind für mich kein geringerer Festtag.

ATRJAN Uns alle, die armenischen Leser, hat das Motto des Romans *Ein Tag länger als ein Leben* angerührt, das Sie dem »Klagegesang« von Grigor Narekazi entnahmen. Warum gerade Narekazi, wie ist es dazu gekommen, daß Sie sich gerade ihm zuwandten, warum hat dieser Dichter Ihr Interesse gefunden?

AITMATOW Ich denke, daß der »Klagegesang« von Narekazi aus dem Nichts zu uns zurückkehrte, im bekannten Sinn des Wortes ist das ein Jahrhundertbuch. Wenn die armenischen Leser damit weitaus früher vertraut waren, so hat es, übersetzt in die russische Sprache, eine zweite Geburt erlebt und, würde ich sagen, die Unsterblichkeit erlangt.

Dieses Buch hat mich aufgewühlt und gezwungen, über vieles nachzudenken. Ein Mensch, der vor fast tausend Jahren lebte, dachte in Kategorien, die wir auch heute mitunter nicht einmal erahnen. Uns scheint, daß wir, die Menschen der zweiten Hälfte des 20. Jahrhunderts, die Erben der gesamten Zivilisation sind, über alles besser und mehr Bescheid wissen als unsere Vorgänger. Vom Standpunkt der wissenschaftlich-technischen Revolution stehen wir natürlich unermeßlich höher als sie. Aber wenn die Rede ist vom menschlichen Denken und auch davon, wie der Mensch seine eigene Welt begreift – Kunst ist ja letztlich das Verstehen der geistigen Welt des Menschen, der Gesellschaft und Geschichte zu einem gegebenen Zeitabschnitt –, so kann man nicht vom Fortschritt als reiner Vorwärtsbewegung sprechen. Narekazis Dichtung bestätigt meine Worte. Dieses Buch zeugt vom Höhenflug des poetischen Denkens jener Zeit und aller Zeiten.

Wenn wir uns dem »Klagelied« zuwenden, versenken wir uns in die selbstlose Beichte, in Buße und Reue des Menschen. Der Verfasser wendet sich unablässig dem Himmel zu, dem Allmächtigen und Schöpfer, und heute erscheint uns auf den ersten Blick, daß wir es mit einer geistlichen Person, mit einem religiösen Denker zu tun haben. Aber das trifft nur zu, wenn wir uns oberflächlich mit diesem Phänomen, das ein konkretes historisches Herangehen erfordert, beschäftigen. Es geht darum, daß in der Menschheitsentwicklung eine Periode eingetreten ist, wo nach der Vielgötterei und der Anbetung unterschiedlicher Naturkräfte der Mensch in seiner materiellen und kulturellen Entwicklung schon dermaßen abstrahieren konnte, daß er sich selbst Gott schuf, in meiner Sicht sind das Gedanken, Phantasien, Bestrebungen und Erwartungen des Menschen, die von ihm selbst entfremdet sind. Auf diese Weise bedeutete in jener Epoche das an Gott gerichtete Wort, so oder so, eine Hinwendung zum Menschen und zu sich selbst.

Narekazi kann Gott über sich erhöhen und seinem Beispiel folgen, er mag noch so bekräftigen, daß er, der Mensch, klein und nichtig sei, daß sich alle Macht, die himmlische wie die irdische, außerhalb der Menschen befände – damit wendet sich Narekazi lediglich an sich selbst, er ist sowohl der Angeklagte als auch der Richter. Indem er sich die verwickeltsten Fragen des Daseins stellt, findet er selbst darauf Antworten.

Wann immer ich mich diesem Buch zuwende, erstaunt mich der Genius des Dichters, sein Furor und das Bestreben, ins Wesen der menschlichen Bestimmung einzudringen und seine geistigen Eigenschaften auf die höchste moralische Ebene zu erheben. Das ist eines der philosophisch tiefsten Werke, die ich je gelesen habe. Ein ungewöhnliches Buch!

ATRJAN Auf welche Weise ist das »Klagelied« zu Ihnen gelangt?

AITMATOW Ich habe diese herrliche Ausgabe von Lewon Mkrtschjan geschenkt bekommen, dem angesehenen und ernsthaften Gelehrten, dem großen Vermittler der Literatur seiner Heimat, und dies nicht nur in seinen Werken, sondern auch im persönlichen Leben und im Umgang mit Freunden. Wo auch immer, ob in der Heimat, in Moskau oder sonstwo, kehrt er zur armenischen Literatur zurück, indem er seinen Gesprächspartner mit dem Besten und Interessantesten daraus vertraut machen will. Dafür bin ich ihm sehr dankbar und schätze seine

Leistungen als Literat sehr hoch ein, meine auch, daß es großartig ist, wenn eine Nationalkultur solche Repräsentanten hat.

Aus der von ihm besorgten Übersetzung habe ich die zwei Zeilen als Motto ausgewählt, die meiner Stimmung und Beziehung gegenüber dem Roman entsprachen:

> Und dieses Buch – statt meines Körpers,
> Und dieses Wort – statt meiner Seele.

Als ich den Roman *Ein Tag länger als ein Leben* schrieb, brachte ich alle meine Kräfte, Gedanken und Gefühle darin ein. Der Roman ist zu einer Offenbarung meiner Seele geworden.

ATRJAN Damals kam es Ihnen also vor, als würden Sie Ihr Hauptwerk schreiben?

AITMATOW So eine Empfindung hatte ich, obgleich man jedesmal bis an die Grenze gehen und bereit sein muß, sich bis zum letzten Wort zu offenbaren, alle seine Gedanken und Ideen darzulegen, als sei es die letzte Gelegenheit dazu. Aber zugleich hat das nicht zu bedeuten, ich hätte all meine Gedanken ins Buch einfließen lassen. Dieses Mal verblieb, wie üblich, jenseits der Grenzen des Werkes noch viel Ungenutztes. Offensichtlich kann von jenen Einfällen und Materialien, die für das Werk vorgesehen sind, nur das aufs Papier kommen, was sozusagen dem Sujet und der Form der Sache geometrisch proportional entspricht, da ja in einem Buch wie in jedem Kunstgegenstand die inneren und äußeren Formen angemessen sein sollten.

Einstweilen ist dieser Roman meine größte Leistung. Und das meine nicht nur ich, davon überzeugen mich zahlreiche Leserbriefe, kritische Äußerungen und Meinungen von mir nahestehenden Menschen. Aber ich sage

– einstweilen, denn ich habe natürlich nicht vor, auf dem Erreichten zu verharren; ob ich aber jemals Interessanteres oder Bedeutsameres schreibe, wird die Zukunft zeigen.

ATRJAN Sagen Sie bitte, woher stammt das Wort »Mankurt«? Hat es die Sage über den Mankurt im Volk tatsächlich gegeben, oder haben Sie das erfunden?

AITMATOW Eine von Mund zu Mund weitererzählte Sage über den Mankurt, so wie ich sie schilderte, existiert nicht. Aber es gibt den Prototypen einer solchen Legende im kasachischen Volk. Und ich habe mich ihrer nicht zufällig bedient. In jener fernen Epoche vollzogen sich an der Grenze des Imperiums Juan und des heutigen Mittelasiens stürmische historische Ereignisse, die Völker lebten in beständiger Feindschaft, es herrschten grausame Sitten. Und einer der unmenschlichsten Gebräuche jener Zeit war, einen in Gefangenschaft geratenen jungen Mann qualvollen Foltern zu unterziehen, die ihm das Gedächtnis raubten, ihn gewaltsam vergessen lassen, wie er heißt, wer sein Vater ist und seine Mutter, welchem Volk er angehört und wo sein Land liegt. Aber ein Mensch, der seiner nationalen und historischen Zugehörigkeit beraubt war, verwandelte sich in einen demütigen Sklaven und folgsamen Roboter. Und so einen Menschen-Idioten nannte man verächtlich – Mankurt.

Hätte ich mich indessen nur auf die Sage beschränkt, die es gab, hätte das dem zeitgenössischen Leser offenkundig nicht genügt. Ich mußte diesen kleinen Funken der Vergangenheit zu einem hellen, heißen Feuer anfachen, mit anderen Worten also die Sage auf eine höhere Ebene versetzen, damit sie uns aus dieser Retrospektive den heutigen Tag sehen läßt. Gerade aus Sorge um den Menschen, zur Abwehr gegenüber allem, was ihn daran hindert, eine integre, wertvolle und markante Persönlichkeit zu werden, habe ich mich der Legende vom Mankurt zugewandt.

Atrjan Und die Geschichte des Mankurt Sholoman wurde eine der stärksten Episoden des Romans, aber ich denke, daß Ihr Talent überhaupt am großzügigsten gedeiht, wo der Mythos einsetzt.

Aitmatow Vielleicht, ich will darüber nicht streiten. Ich meine, daß dies eine schöpferische Methode meines Selbstausdrucks ist. Wenn ich mich Mythen, Legenden und Gleichnissen zuwende, ist das ein Versuch, für das Vergangene eine zeitgemäße Anwendung zu finden. Diese Vergangenheit in ein künstlerisches Gewebe einzubeziehen und damit in unser künstlerisches Denken.

Atrjan Ihr Interesse am Mythos hat sich schon im Kurzroman *Abschied von Gülsary* gezeigt, dann meldete er sich noch stärker im *Weißen Dampfer* zu Wort, den *Frühen Kranichen,* am schillerndsten jedoch in Ihrem letzten Werk. Es ist zu hoffen, daß Sie sich von ihm in Zukunft nicht trennen.

Aitmatow Ja, in all meinen literarischen Plänen und Vorhaben nehmen die Mythen und Legenden einen sehr großen Raum ein. Ich fürchte, daß ich sie in meinem Kunstverständnis bis ans Ende meiner Tage in Anspruch nehmen werde.

Atrjan Im Roman haben Sie sich ebenfalls dem Genre der Phantastik zugewandt, trotzdem scheint mir, daß die phantastischen Episoden im Vergleich zum Mythos und unter der Kraft von dessen Zaubermagie etwas abfallen.

Aitmatow Das habe ich nicht zum ersten Mal gehört, aber das eine dem anderen gegenüberzustellen, ist einfach illegitim. Es ist doch eine Sache, sich dem lebendigen Atem der Geschichte zuzuwenden, Legenden und Mythen, wo es eine Handlung gibt, Gestalten, Leidenschaften, Charaktere; eine andere Sache ist es aber, wenn ich mich entschließe, die vorstellbare phantastische Welt als reale Wirklichkeit zu zeigen, reportagenhaft, fast in Zeitungssprache zu schildern. Dort fehlen sogar handelnde Personen, statt dessen agieren bestimmte Kräfte wie mathematische Größen.

Man sollte auch nicht die Besonderheiten der mythischen Poetik vergessen, die aus der Tiefe der Jahrhunderte kommt und schon seit sehr langer Zeit angeeignet wurde. Wir beleben lediglich den Mythos, obgleich wir etwas Eigenes einbringen. Die Poetik des Mythos ist uns nah und verständlich, aber die Phantastik ist ein Kind unseres Jahrhunderts.

ATRJAN Die Gegenüberstellung von Mythos und Phantastik ist hier nicht willkürlich. Wenn wir als Grundlage die Kategorie der Zeit heranziehen, dann sehen wir, daß im Zentrum des Romans die Mitte des 20. Jahrhunderts steht; in der einen Richtung der Zeit vollzieht sich ein Exkurs in die ferne Vergangenheit, in die andere wird ein Blick in die Zukunft geworfen. Unwillkürlich berühren sich die Enden dieser beiden Verzweigungen. Und dennoch – kann es passieren, daß Sie wieder zum Genre der Phantastik zurückkehren?

AITMATOW Ich weiß es nicht, vielleicht wenn es notwendig wird. Aber die Phantastik ist natürlich nicht ganz mein Element.

ATRJAN In einem Ihrer Gespräche haben Sie geäußert, daß die Pflicht der Literatur darin beruhe, den Menschen zu planetarischer Denkweise zu führen. Gehört Ihr Held Schneesturm-Jedigej zu diesem Menschentyp?

AITMATOW Der Begriff »planetarische Denkweise« ist nicht neu. Er kommt bereits in den Arbeiten von Gelehrten verschiedener philosophischer Schulen vor, aber in der Literatur nimmt er jetzt, kraft der Spezifik der Kunst, einen besonderen Platz ein. Während eine philosophische Lehre im wesentlichen mit einem engen Kreis Interessierter rechnet, wendet sich die Literatur an die Millionen. Obgleich Schriftsteller verschiedener Völker schon seit langem den Traum hegen, daß jeder Mensch über ein planetarisches Denken verfüge, wird die Menschheit nicht so schnell dahin gelangen.

Das Wesen planetarischen Denkens besteht darin, daß jeder Mensch über den anderen Menschen und über Menschen anderer Länder genauso denkt wie über sich selbst, daß ihn Schmerz und Glück, Kümmernisse und Festtage der anderen beunruhigen und erfreuen, daß er sich in ständiger Unruhe fragt: Wie kann man auf dieser Welt leben, was ist zu tun, um diese Welt zum Besseren hin umzugestalten? Und die eigenen Absichten mit den Wünschen anderer Menschen zu verknüpfen, sie in den großen Aufbau einer neuen Welt hineinzuziehen.

Der Triumph des planetarischen Denkens im Bewußtsein der Menschheit kommt näher mit einer Epoche, da sich jeder von uns über die staatlichen, gesellschaftlichen, nationalen und sprachlichen Unterschiede erhebt und im anderen vor allem den Träger der Ideen des Guten und nicht der Aggressionen sehen wird. Dann wird auch unser goldener Traum wirklich, daß unsere Nachfahren, vielleicht sogar schon wir, sagen werden: »Ich bin ein Mensch des Planeten, und alle Menschen auf diesem Planeten sind meine Brüder und Schwestern!« Vielleicht klingt das etwas abstrakt und wirkt heute auch nicht sehr real, aber wenn unser Geist, unsere Absichten und Wünsche nicht darauf gerichtet sind, dann wird wohl der Planet noch lange in seinem jetzigen Zustand verharren.

Was nun den Schneesturm-Jedigej, von Beruf Eisenbahner und ein einfacher Mensch, betrifft, so wage ich natürlich nicht zu behaupten, daß er bewußt mit Kategorien des planetarischen Bewußtseins operiert. Er wird auch kaum ahnen, was das ist, aber würde er sich in seinen philosophischen Reflexionen bis zu dem Begriff hocharbeiten, dann wäre er einer seiner würdigen Träger.

Atrjan Wodurch kann heute ein Schriftsteller der Gesellschaft, in der er lebt, praktisch nützlich sein? Kann die Literatur, darunter auch Ihr Werk, der Verbesserung des gesellschaftlichen, geistigen Klimas dienen? Es ist ja kein Geheimnis, daß sich in den letzten Jahren bei einer bestimmten Kategorie von Menschen Konsumsucht und Warenfetischismus ausbreiteten und moralische Kategorien entwerteten.

Aitmatow Ich glaube natürlich nicht, daß irgendwer nach der Lektüre meiner Bücher sogleich anders zu leben beginnt. Aber die Literatur sollte in diese Lebensbereiche eindringen, die Schriftsteller sind verpflichtet, daran zu denken. Und die Möglichkeiten dafür sind bei uns gegeben. Die Schriftsteller sind in einer großen Streitmacht organisiert, jede Unionsrepublik hat ihre Literaturzeitung, eine Masse an Zeitschriften, überhaupt wird jedes Druckorgan mit Vergnügen unsere Beiträge publizieren. Deshalb ist auch die Rolle der Essayistik so unermeßlich angestiegen. In der Hinwendung zu Millionen – da wir das lesefreudigste Publikum haben, ist es möglich, mit dem Wort an die Herzen der Menschen anzuklopfen – sollte der Schriftsteller beharrlich für moralische Integrität und gegen Geistlosigkeit, Konsumsucht, Warenfetischismus und andere negative Erscheinungen eintreten, unter letzteren würde ich speziell erwähnen die elementare, alltägliche, oder wie man sie bezeichnet, die unmotivierte Brutalität. In der *Literaturnaja Gaseta* stand eine Glosse, wonach in einigen ländlichen Siedlungen unseres Landes die Menschen aus unterschiedlichen Gründen ihre Dörfer verließen, ungeachtet der Tatsache, daß die Mechanisierung der landwirtschaftlichen Arbeit ein hohes Niveau erreicht hat. Herrenlose Pferde blieben zurück, und irgendwelche Bürschchen fingen damit an, ihnen die Augen auszustechen, sie an die Bäume zu fesseln, damit sie vor Hunger krepierten, oder sie trieben sie in Eisenbahnwaggons, die an unbekannte Bestimmungsorte davonfuhren.

Und noch eines. Wie bereits angemerkt, wächst der Lebensstandard und Wohlstand nicht immer proportional zum geistigen Stand aller Mitglieder der Gesellschaft. Zum Beispiel wäre es in meiner frühen Kindheit und während der Jugendzeit undenkbar gewesen, daß ein Mensch nicht arbeitet und fürs tägliche Brot kämpft, sondern nur ein müßiggängerisches Leben führt. Aber heute ist dies gar keine so seltene Erscheinung mehr. Der Kampf um die nackte Existenz gehört der Vergangenheit an, doch statt alle Kraft, Energie und den Verstand auf etwas Höheres und Geistiges zu richten, verfallen viele dem Warenfetischismus, der ihnen wie ein Vorhang den Blick auf die Welt verhüllt.

Deshalb wiederhole ich, daß jeder Schriftsteller nach seinen Kräften und Fähigkeiten mit Wort und Schrift im Menschen einen Geist wecken muß, der verhelfen könnte, diese negativen Erscheinungen zu vertreiben und zu verhindern.

ATRJAN Bekanntlich gehen viele Schriftsteller auf Dienstreisen, um ihre Werke zu verfassen, höchst aufmerksam studieren sie ihre Umgebung, lernen Leute kennen, vertiefen sich in ihre Zeitgenossen und beziehen letzten Endes daraus etwas, was ihnen hilft, eine Kunstfigur zu erschaffen. Lassen sich bei den Helden Ihrer Werke derartige reale Prototypen finden?

AITMATOW Nein, meine literarischen Personen haben fast keine Prototypen. Aber hier zeigt sich etwas Interessantes. Wenn sich der Einfall auf die Wirklichkeit stützt, dann kann sich eine Rückkoppelung ergeben. Nachdem ein Werk breit bekannt geworden ist, findet der literarische Held plötzlich seine Prototypen. Vor einiger Zeit erhielt ich einen Brief etwa folgenden Inhalts: »Ich bin genau der Alte Momun aus Ihrer Jugend ›Weißer Dampfer‹, bin 84 Jahre alt, lebe in der San-Tasch-Schlucht, wie in Ihrer Novelle beschrieben, habe tatsächlich ein Leben lang im Waldkolchos gearbeitet, und der Mensch, den Sie so sehr hassen, dieser Oroskul, piesakt mich bis auf den heutigen Tag! Aber der Junge, mein Enkel, ist überhaupt nicht ertrunken ...« Derartige Briefe sind keine Seltenheit.

Und hier eine Begebenheit, die mir kürzlich zustieß. Am Stadtrand von Moskau hielt ein Taxi an, obgleich es schon besetzt war; vom Rücksitz her musterte mich aufmerksam ein Mann etwa meines Alters, ich war in sehr großer Eile und beschloß, wenigstens bis zum Zentrum mitzufahren. Ich hatte kaum Platz genommen, sagte der Mann: »Sie sehen Tschingis Aitmatow sehr ähnlich.« Mir blieb nichts anderes übrig, als zu bekennen, daß ich eben der auch sei. Es stellte sich heraus, daß der Mann achtzehn Jahre an den Orten gelebt und gearbeitet hatte, die ich in meinem Roman *Ein Tag länger als ein Leben* Sary-Ösek nenne. In Wirklichkeit ist das die Umgebung von Baikonur und dem Kosmodrom von Baikonur. Dort ist jetzt eine Stadt entstanden, man hat eine Eisenbahnstrecke angelegt.

»Ich bin schon in Rente«, begann der Mann zu erzählen,

»aber da ich in dieser Stadt viele Freunde und Bekannte habe, schicke ich ihnen allen als Geschenk Ihren Roman, und die schreiben mir verwundert, daß das alles genauso gewesen ist, nur, wann ist denn Aitmatow zu uns gekommen und hat das alles gesehen?« Und der Mann führte als Beispiel reale, im Roman geschilderte Vorfälle an; in Wirklichkeit hatte ich sie erdichtet. Es erwies sich, daß tatsächlich die akute Frage anstand: Was tun wir mit dem Friedhof? Und obschon im Zusammenhang mit den massenhaften Bauvorhaben letzten Endes auch der Friedhof gebaut werden mußte, war die endgültige Entscheidung erst nach langen und qualvollen Debatten getroffen worden.

Beim Hotel »Ukraina« bat ich den Taxichauffeur anzuhalten. Ich verabschiedete mich von meinem Mitfahrer, und als sich das Taxi bereits entfernt hatte, war es mir eingefallen, und ich bedauerte, daß ich ihn nicht nach Namen und Anschrift gefragt hatte. Ein eindrücklicher Mensch.
Genauso wie sich dieser Mann und seine Freunde nur schwer vorstellen, wie ich den Roman geschrieben habe, irren auch viele bezüglich der Novelle *Der Junge und das Meer.* Ihnen scheint, daß ich mich eine bestimmte Zeit auf der Insel Sachalin aufgehalten hätte, Leben, Sitten und Gebräuche der Niwchen studierte, obgleich ich dort in Wirklichkeit nie gewesen bin.

Ich erzähle das nicht, um das besondere Gewicht und den Glaubwürdigkeitsgrad meiner literarischen Arbeiten zu unterstreichen. Keineswegs. Ich will einfach mit aller Ernsthaftigkeit betonen, daß der echte Künstler natürlich verpflichtet ist, die Welt, seine Zeit, die Menschen und seine Wirklichkeit tief und gründlich zu kennen, aber dabei braucht die Literatur nicht unbedingt aus einem Stück des wirkliches Lebens entnommen worden zu sein. Man sollte nicht vergessen, daß das Kunstwerk, das Phantasiegebilde in gewisser Weise ein Geheimnis ist, ein Rätsel des Schöpferischen, und für die Entstehung bestimmter Gestalten der Kunst gibt es viele Umleitungen und Umwege.

ATRJAN Welche Stellung nimmt, Ihrer Meinung nach, der Roman in der zeitgenössischen Literatur ein?

AITMATOW Ich denke, hier gibt es keinerlei Problem. Je weiter wir kommen, desto mehr können wir uns davon überzeugen, daß der Roman die führende Gattung, die wichtigste, entwickeltste und reifste Form der Prosa bleibt. Vorerst haben die Schriftsteller noch keine bedeutsamere Form erfunden als den Roman. Freilich gibt es die Versuche, Drama, Prosa und Gedichte zusammenzufügen, aber die Autoren gelangen über Experimente nicht hinaus. Der Roman bleibt immer wieder aufs neue das Werk, das den Bedürfnissen entspricht, die über viele Generationen beim Leser herangewachsen sind.

ATRJAN Tschingis Torekulowitsch, Sie sind ein auffallend geprägter Nationalschriftsteller, was können Sie über den »Nationalcharakter der Kunst« sagen?

AITMATOW Das ist eine sehr wichtige, vor allem aber eine allzeit aktuelle Frage. Sie läßt sich nicht ad acta legen, und man kann ihr auch nicht in akademischer Gelassenheit begegnen. Sie betrifft das Volk im ganzen wie auch jeden seiner Repräsentanten im einzelnen.

Historisch hat es sich so gefügt, daß auf unserem Planeten kein einheitliches Volk lebt, sondern Nationen, und wir alle sind Träger unserer Nationalcharaktere und unserer nationalen Kulturwerte. Jeder von uns ist erfüllt von der eigenen Würde und dem Stolz, wenn Musik, Lieder, Tänze, Bücher und Malerei des eigenen Volkes von anderen als künstlerischer, kultureller und moralischer Wert begriffen und geschätzt werden. Es ist sehr wichtig, daß die Nationalkultur – eine Art Visitenkarte für die Außenwelt – überall erkennbar ist, damit man sofort sagen kann: Dies ist eine grusinische Melodie, das ein armenischer Tanz, und hier sind usbekische Gedichte. Aber Subjektivismus, Vorurteile und eine Mentalität wie im Sport sind hier unannehmbar. In der Kultur darf es nicht den Wunsch geben, jemanden zur Seite zu drängen, zu überspringen und zu überspucken. Höchstes Ziel ist es, sich mit seinen Farben und Klängen in das Mosaik der Menschheit einzufügen!

Heute hat jeder von uns die Pflicht, die Eigenart und jene Unterscheidungsmerkmale zu bewahren, die sein Volk kraft seiner geographischen Lage und sprachlichen Besonderheiten in seiner ganzen Entstehungsgeschichte erworben hat, denn die Welt ist schön durch ihre Verschiedenartigkeit. Andernfalls hätten wir überall und allerorten eine graue, unifizierte und gleichartige Manifestation des menschlichen Geistes.

Leider ist heute die Entwicklung der Zivilisation in einer ganzen Reihe von Fällen von Nivellierung und Verwischung der nationalen Besonderheiten bedroht. Manche meinen sogar, mit der Zeit würden alle nationalen Formen in den Hintergrund treten und absterben, dann bräche die Zeit der kosmischen Allgemeinkunst an. Ich bin ein Gegner dieser Einstellung und meine, daß die Kunst ohne diese wichtigsten Quellen nicht existieren kann, gerade die Nationalkulturen und die Bildhaftigkeit des Nationaldenkens sind es aber, die das ausmachen.

Trotzdem sollten wir nicht ins andere Extrem verfallen, den Provinzialismus, wenn wir das Nationale hervorheben, entwickeln und bewahren. Begrenztheit und Abgeschlossenheit berauben die Kunst ihrer Flügel und allgemeinmenschlichen Bedeutung und führen unweigerlich zur Primitivisierung.

ATRJAN Aber wie erklären Sie das Phänomen, wenn das Regionale und Nationale in Ihren Werken allgemeinmenschliche Merkmale und Bedeutung annehmen?

AITMATOW Das kann ich schwerlich beantworten, wie das bei mir gelingt, aber mich verwundert immer wieder, wie das bei Márquez glückt. Alles, worüber Márquez schreibt, ist scheinbar ausgeprägt kolumbianisches Leben, und alle seine Kunstmittel sind ebenfalls charakteristisch für die lateinamerikanische Prosa; und dennoch halten Millionen Menschen in allen Winkeln der Welt das von diesem Schriftsteller Geschriebene für interessant, bedeutsam und nötig. Natürlich gibt es viele andere Bücher, in denen ernsthafte soziale Probleme, der Kampf der Klassen, des Alten und Neuen, des Fortschrittlichen und Rückständigen berührt werden, aber ohne die künstlerischen Entdeckungen, wie sie Márquez macht, sind die Autoren jener Werke nicht imstande, die regionale Schilderung des Lebens zu einem universalen Drama zu machen. Wahrscheinlich gibt es Leute, die dazu fähig sind, den Mechanismus dieser Verwandlung wissenschaftlich zu entschlüsseln, ich erkläre dies mit einem Wort – Magie.

Indem ich Márquez als Beispiel anführe, denke ich natürlich an unsere Gegenwart, wenn wir uns jedoch der Literaturgeschichte zuwenden, dann können wir alle Großen aufzählen: Homer, der uns bis jetzt bewegt, Shakespeare, der heute ein aktiv wirksamer Dramatiker ist, und es dürfte sich schwerlich ein Künstler finden lassen, der für die Theaterkunst mehr getan hat als er. Shakespeare hat aber doch überhaupt nicht damit gerechnet, daß seine Werke zum Universaleigentum werden. Ist etwa die Geschichte der Feindschaft zweier Sippen, die Geschichte der tragisch endenden Liebe von zwei jungen Menschen – Romeo und Julia – von so universeller Dimension? Ich will mich dem Rätsel lediglich nähern und sagen, daß in diesem Fall die Magie der Verwandlung durch die Dimension der in diesem Stück von Shakespeare dargestellten Persönlichkeiten zu erklären ist.

ATRJAN Ja, García Márquez ist einer der hervorragendsten Meister unserer Zeit, aber er ist zum Glück nicht allein. Vor unseren Augen ersteht ein ganzer Kontinent lateinamerikanischer Prosa, die in unwahrscheinlicher Wirklichkeit die Geschichte der eigenen Völker und der menschlichen Leidenschaften enthüllt. Und entstanden ist sie aus einem Ausbruch der Wortkunst bei Vulkanen des Literaturschaffens wie Miguel Angelo Asturias, Alejo Carpentier, Mario Vargas Llosa, Julio Cortazar.

AITMATOW Tatsächlich ein Wunder, die Geburt einer bewundernswerten Prosa fand nicht in den Vereinigten Staaten statt, wo der technologische Fortschritt ein so hohes Niveau erreicht hat und das Leben so saturiert und schwierig ist, sondern in Zentral- und Südamerika.

In dieser Prosa erschüttert der Schwung der Gedanken und Gefühle, den man in üblichen Absätzen nicht unterbringt: Dafür sind ganze Seiten nötig, damit der Schriftsteller seine lohenden Leidenschaften sich entfalten lassen kann. Die Urgewalt einer uns nicht immer verständlichen, eigentümlichen Denkweise, die Bilder, die Worte und die unglaubliche Frische der Farben haben uns nicht nur erstaunt und erregt, sondern verschafften uns auch einen riesigen Kunstgenuß. Man muß wohl die Erklärung zuallererst im heutigen politischen und kulturellen Leben der Völker Lateinamerikas suchen und alle Verästelungen und Schwierigkeiten des menschlichen Daseins in diesen Breitengraden berücksichtigen, zum zweiten muß man in die Tiefe der Geschichte eindringen. Denken wir nur daran, daß es dort noch die präkolumbianische, indianische Kultur des Denkens gegeben hat, und mit der Ankunft der Europäer ist es zu einer Kreuzung der Blut- und Lebensbilder gekommen. Eine neue Qualität ist entstanden, die Synthese zweier Kulturen. Mir scheint, daß darin der Schlüssel zur lateinamerikanischen Prosa liegt.

ATRJAN Tschingis Torekulowitsch, um das Problem der Tradition und Erneuerung gibt es immer Auseinandersetzungen. Wie sehen Sie das?

AITMATOW Das ist ein Dauerbrenner der Literatur. Jeder Künstler, denke ich, sollte seine eigene innere Orientierung besitzen, was für ihn Tradition und Neuerertum darstellen. Dafür braucht es Grundvoraussetzungen: Er sollte belesen sein, seine Zeitgenossen, die Klassiker und die übersetzte Literatur kennen. Auf der Suche nach neuen Formen hat die Literatur des Westens viel zuwege gebracht, etwa Faulkner und Hemingway. Letzterer hat eine neue Dialogstruktur entdeckt; mir kommt es immer so vor, daß meine Helden nicht so sprechen, wie sie sollten, für Hemingway ist aber der Dialog die Hauptantriebskraft des Stoffes.

Unsere nationalen, orientalischen Literaturen sündigen am häufigsten durch schwülstigen Stil, der von der literarischen Erfahrung der letzten Jahre herrührt. Wortschwall, Kommentiersucht, Beschreibungsmanie, Schwülstigkeit der Rede, als würden die Helden ständig Trinksprüche von sich geben und nicht im Leben stehen – je früher sich ein wirklicher Meister von all dem freimacht, desto besser erkennt er seine Zeit und erfaßt ihr echtes Wesen.

Das Neuerertum sehe ich vor allem in der Form eines Werkes, sofort kann man den modernen Prosaiker von den Schriftstellern vergangener Jahre unterscheiden. Das Neuerertum sollte auf den Künstler in der Gestaltung der Gedanken und der Darstellung einer Geschichte, bei der Niederschrift des Gegenstands unterschwellig, unterbewußt einwirken, damit er den Zeitgenossen nah und bekannt vorkommt und sie ihn als Künstler seiner Zeit empfinden.

ATRJAN Wie ernst ist die Gefahr, daß sich ein Schriftsteller, der Neuerungstendenzen folgt, von den nationalen Traditionen losreißt?

AITMATOW Man sollte nicht immer an einen allfälligen Bruch denken, ihn suchen oder vermeiden wollen. Man muß einfach andauernd sein nationales künstlerisches Selbstbewußtsein vervollkommnen, steigern und dem Neuen, das in der Welt erschienen ist, annähern.

Neulich las ich die Worte Goethes, wonach man nicht fanatisch seiner Vergangenheit verhaftet bleiben soll, man sollte imstande sein, sich von allem Abgelebten loszusagen und es durch die Erfahrung des Gegenwärtigen ergänzen. Ich denke, das stimmt. Schon das Schaffen der besten Dichter vor hundert Jahren entspricht in gewissen Dingen nicht mehr ganz unseren ästhetischen Anforderungen. Man kann und soll sie lesen, studieren und erforschen, aber das Gefühl, daß dies Vergangenheit ist, verläßt uns dabei nie. Natürlich gibt es bei den modernen Schriftstellern viel Leichtgewichtiges und Unnützes, aber zugleich ist da der uns nahe Stil der neuen Zeit, der Atem unserer Epoche.

ATRJAN Meinen Sie, in einer bestimmten literarischen Richtung zu arbeiten – »Dorfprosa«, »Produktionsthematik« usw.?

AITMATOW Nein, mich berühren diese Unterteilungen wenig. Ich schreibe immer, was ich für notwendig halte, was organisch ist für mich, was ich kenne und liebe. Wahrscheinlich ist es für die Kritik bequem, die zeitgenössische literarische Entwicklung nach bestimmten Richtungen zu zergliedern, aber für den Künstler ist das Nebensache. Wichtig ist, daß er in seinen Gestalten – ob Bauer, Ingenieur, Gelehrter – die Individualität erschließt, deren menschlichen Geist leuchten läßt, daß das von ihm Geschriebene auch für andere lesenswert ist.

ATRJAN Ihr Name wird in fast jedem mehr oder weniger bedeutungsvollen Artikel der Kritik erwähnt. Über Ihre Werke schreibt man ernsthafte Untersuchungen, Dissertationen und Monographien. Der Umfang all dessen, was über Ihr Werk von sowjetischen und ausländischen Kritikern geschrieben wurde, übersteigt Ihr Werk sicher um ein Vielfaches.

AITMATOW Die Kritik ist ein großer Nutzen für den Künstler. Denn würde man nicht spüren, daß man einen Gleichgesinnten, oder umgekehrt, einen kritisch eingestellten Menschen zur Seite hat – wesentlich ist nicht seine Einstellung, letztlich sagt dieser wie jener Unerläßliches und Brauchbares –, dann wäre es einem sehr, sehr einsam zumute. Und es geht hier auch nicht nur um Menschen, die mit dir auf einer gemeinsamen ideologischen Plattform stehen, sondern auch um die progressiven, weit und objektiv denkenden Kritiker fremder Länder. Vor kurzem hat man mir aus der BRD ein sehr großes Paket geschickt. Darin befanden sich rund 50 Artikel, Rezensionen, Glossen und Reaktionen auf den Roman *Ein Tag länger als ein Leben,* der im Verlag C. Bertelsmann erschien.[1]

[1] So wörtlich bei Aitmatow: Es handelt sich um eine Lizenzausgabe der Übersetzung von Charlotte Kossuth, Berlin (DDR), lediglich die Titel unterschieden sich. Beim Verlag Volk und Welt, Berlin, lautet er *Der*

Was denkt die westdeutsche Kritik über den Roman, wie bewertet sie ihn? Das ist nicht bloß interessant, sondern für mich als Künstler auch sehr wichtig.

ATRJAN Und welche Probleme erscheinen Ihnen in der zeitgenössischen Kritik besonderes aktuell?

AITMATOW Mir scheint, daß es ein ursprüngliches Problem gibt, das immer aktuell bleibt. Man sollte weiter darüber nachdenken, wie es in der zeitgenössischen Literatur gelingt, die menschliche Persönlichkeit wiederzuerschaffen. Dabei müßte es sich um ein Individuum handeln, das nicht nur so handelt, wie wir es in der Wirklichkeit beobachten, es sollte auch auf die Entwicklung des kritischen und des künstlerischen Denkens im ganzen wohltuend einwirken. Es ist die Aufgabe des zeitgenössischen Künstlers, neue Bilder und neue Typen zu schaffen. Gerade eine Analyse dieser Kunsttypen bereichert und entwickelt das kritische Denken.

ATRJAN Viele haben zur Verfilmung von Klassikern eine äußerst negative Einstellung. Es gibt Schriftsteller, die meinen, eine Verfilmung würde die Substanz, die in ihrer literarischen Arbeit stecke, nur abwerten, schmälern oder überhaupt gänzlich zuschütten. Wie stehen Sie zu Verfilmungen generell und Ihrer literarischen Werke im besonderen?

AITMATOW Die Gleichgültigkeit oder einfach das Mißtrauen gegenüber dem Kino sind mir bekannt. Ich bin darauf auch in Gesprächen mit meinen armenischen Kollegen gestoßen. Natürlich haben sie in vielem recht. Aber ich kann nicht wenig Beispiele anführen, wo die Verfilmung ein Kunstwerk auf eine große Umlaufbahn brachte, die

Tag zieht den Jahrhundertweg, bei C. Bertelsmann, München, dagegen *Ein Tag länger als ein Leben.*

ganze Union, ja sogar die Welt erreichte – es geht hier auch um ausländische Verfilmungen –, sie haben den Leser erstmals das literarische Original in die Hand nehmen oder ihn aufs neue zum Buch zurückkehren lassen.

Was mein Werk betrifft, so hat solches Interesse, gleichsam im zweiten Umlauf, meine Novelle *Frühe Kraniche* hervorgerufen. Als der Film in die Kinos kam, ergoß sich ein neuer Strom von Briefen, in denen die Zuschauer das lebhafteste Interesse am Buch äußerten und anfragten, wo man es beziehen könne.

Ich bin sicher, daß Verfilmungen für die kleinen Nationalliteraturen wie etwa die kirgisische einfach unerläßlich sind. Für uns kleine Völker ist es schwierig, die Welt mit Sensationen und Rekorden zu erstaunen. Das Kino verleiht einer Nationalkultur die Flügel, die sie über die Landesgrenzen hinaustragen. Und wenn von hundert Versuchen der Übersetzung in die Sprache des Films wenigstens zwei, drei gelingen, dann ist das schon gut!

ATRJAN Bekanntlich war Louis Aragon von Ihrer ersten Novelle *Dshamilja* begeistert, er hat sie in die französische Sprache übersetzt, dazu ein Vorwort geschrieben und sie in Frankreich herausgebracht. Man wurde aufmerksam auf die Novelle, hat sie in verschiedene Sprachen übersetzt, darunter auch ins Armenische. Welche Schriftsteller haben Sie persönlich und schöpferisch zu Beginn Ihrer literarischen Laufbahn am meisten beeinflußt?

AITMATOW Muchtar Auesow, der Klassiker der kasachischen Literatur und mein Zeitgenosse. Seine Aufmerksamkeit war mir sehr wertvoll. Alles, was aus meiner Feder floß, hat er durchgelesen, und er reagierte darauf etwa durch ein Telegramm oder einen warmherzigen, ermutigenden Brief. Die Unterstützung dieses

Menschen, der unangefochtene Autorität besaß, hat mich seinerzeit beflügelt und begeistert.

Atrjan Und in unseren Tagen, welchen Schriftsteller mögen Sie am meisten? Gibt es vielleicht einen Prosaiker, der Sie beeinflußt – zum Beispiel Maŕquez?

Aitmatow Sehen Sie, wenn ich jetzt damit anfange, einen Namen zu nennen, dann heißt das doch nicht, daß der zu diesem Zeitpunkt einen unmittelbaren Einfluß auf mich hat. Ich denke, man darf nicht nur über einen Schriftsteller oder ein Buch allein reden. Wie viele meiner Kollegen beeinflußt auch mich die gesamte geistige Erfahrung der Menschheit aus vergangenen Jahren und der neuen Zeit, ich lese sowohl Klassiker als auch Zeitgenossen, gute Bücher und mitunter gezwungenermaßen Imitationen von »Literatur«. Jeder Schriftsteller und jedes Buch haben etwas zu sagen. Echte Kunst ruft Interesse hervor und die Neugier, auf welche Weise dieses hohe künstlerische Niveau erreicht wurde, ein Gelegenheitsbuch lehrt einen, wie man nicht schreiben darf.

Atrjan Sie sind einer der ersten, wenn nicht überhaupt der erste Sowjetschriftsteller, der damit anfing, in zwei Sprachen zu schreiben – in der Muttersprache und in Russisch. Wann haben Sie beschlossen, auf russisch zu schreiben? Ihre ersten Werke haben Sie ja in kirgisischer Sprache verfaßt.

Aitmatow Zunächst möchte ich hier das Problem der Übersetzung berühren. Die Pflicht einer jeden Nationalliteratur ist es, einen wirklich starken Übersetzerstamm hervorzubringen und heranzuziehen, andernfalls werden wir auf diesem so wichtigen Gebiet immer nur Verluste buchen. Uns allen bietet die russische Literatur ein vortreffliches Beispiel. Seit langem wird hier dem Übersetzen eine riesige Bedeutung beigemessen. Beim Übersetzen der Klassiker der Weltliteratur haben die russischen Übersetzer deren Werk nicht nur zu ihrem Eigentum, sondern auch zu einem Teil ihrer Nationalkultur gemacht. Wenn wir diesem Beispiel folgen, ist auch etwas anderes wichtig für uns: Der Welt unsere Literatur würdig zu präsentieren.

Für mich persönlich kam seinerzeit ein Moment, da mir die Übersetzungen meiner Werke nicht mehr paßten, und als ich mich ans Übersetzen machte, steckte ich schon bald im Schreiben.

ATRJAN Zu den Vertretern des zweisprachigen Schaffens gehören inzwischen so bekannte Schriftsteller wie der Belorusse Vasil Bykau, der Moldawier Jon Druze, die Aserbajdshaner Anar und Tschingis Gusejnow. Der zweisprachige Schriftsteller ist also in unserer multinationalen Literatur schon keine Ausnahme mehr, sondern eine gewohnte Erscheinung.

AITMATOW Und das ist natürlich. In unserem Land wird die Zweisprachigkeit zur Norm für einen jeden Menschen, zu einem wichtigen Faktor für die Entwicklung der Nationalkulturen. Wenn wir weiterhin nur auf dem Boden unserer Muttersprache verblieben wären und nicht Russisch gelernt und dies für die eigenen Bedürfnisse angewandt hätten, dann wären wir womöglich in einer Sackgasse gelandet.

Ich denke, daß noch viele andere in zwei Sprachen schreiben werden: Erstens in der Muttersprache, damit sie nicht erlischt, brauchbar und dynamisch bleibt, und zweitens in der anderen Sprache, im vorliegenden Fall in Russisch, damit das Werk ein neues, größeres Leben erlangen kann. Aber das Kunstwerk in zwei Sprachen bewirkt natürlich keineswegs, daß der Schriftsteller besser aussähe, als er in Wirklichkeit ist.

ATRJAN Könnte es sein, daß Sie sich, als sehr zeitbezogener Schriftsteller, historischen Themen zuwenden?

AITMATOW Ja, ich habe die Idee, ein Werk aus einer ganzen Reihe von miteinander verbundenen Mythen, Legenden und antiken Geschichten zu schreiben. Ob das aber ein rein historischer Roman wird oder nur Teil eines anderen Werkes, das kann ich jetzt nicht sagen.

ATRJAN Liegt jetzt etwas auf Ihrem Schreibtisch, an dem Sie konkret arbeiten, wenn ja, was können Sie darüber erzählen?

AITMATOW Ich arbeite an einer neuen Sache, aber ich möchte darüber nichts sagen. Nicht weil ich abergläubisch wäre und fürchte, es würde dann daraus nichts werden. Nein, es hat einfach keinen Sinn, über etwas zu reden, was noch nicht fertig ist. Ein Vorhaben ist ja wie ein lebendiger Organismus, der mit dir koexistiert und sich ändert. Ich kann nur das eine sagen: Es wird das Leben eines Menschen unserer Tage sein.

ATRJAN Was stellt der Held des Werkes dar? Was ist er von Beruf?

AITMATOW Der Beruf ist hier nebensächlich, er prägt nicht sein Wesen. Das ist ein gewöhnlicher, gebildeter, wissender Mensch, wie uns viele umgeben.

ATRJAN Wie entstehen die Titel Ihrer Werke? Warum hat *Der weiße Dampfer* noch eine andere Titelvariante, nämlich »Nach einem Märchen«, und der im vergangenen Jahr als »Roman-Zeitung« in einer Auflage von zweieinhalb Millionen Exemplaren verlegte Roman *Ein Tag länger als ein Leben* hatte auf einmal auch eine neue Bezeichnung – »Der Schneesturm-Haltepunkt«.

AITMATOW Im ersten Fall wollte ich die Novelle »Nach einem Märchen« nennen, aber *Der weiße Dampfer* hat sich durchgesetzt. Aber an der Änderung des Romantitels bin ich selber schuld, übrigens hat der Roman in den folgenden Ausgaben seinen ursprünglichen Namen wieder bekommen.

Für mich ist das immer eine Qual, den genauen, ausdrucksvollen Titel zu finden, der dem Grundgedanken des Werkes entspricht. Vielen Schriftstellern gelingt das wie aus dem Handgelenk, aus dem Stand. Ich beneide sie immer wieder.

ATRJAN Nach meiner Ansicht sind die Titel ihrer letzten Werke sehr schön: *Der Junge und das Meer* oder gar erst *Ein Tag länger als ein Leben*.

AITMATOW Aber auch sehr lang. Deshalb wäre ich gern bei »Schneesturm-Haltepunkt« geblieben.

ATRJAN Es wäre interessant, Ihre »Literaturküche« kennenzulernen. Wie arbeiten Sie?

AITMATOW Leider arbeite ich sehr ungleichmäßig und mit Unterbrechungen. Aus verschiedenen Gründen habe ich oft einfach keine Möglichkeit, mich an den Schreibtisch zu setzen. Aber wenn die Möglichkeit gegeben ist, dann widme ich mich jede Minute ganz dem Buch. So ist mir das auch mit dem Roman widerfahren.

ATRJAN Und in welcher Zeit haben Sie ihn niedergeschrieben?

AITMATOW An ihm habe ich verhältnismäßig kurz gearbeitet, nämlich vom Dezember 1979 bis April 1980, ich schrieb jedoch ununterbrochen, jeden Tag, und habe mich nur vom Essen und Schlafen ablenken lassen.

ATRJAN Sie haben jedoch kaum so intensiv in der häuslichen Atmosphäre arbeiten können, wo Telefon, Verwandte, Bekannte, Kollegen sind und Dienstverpflichtungen anstehen.

AITMATOW Natürlich fahre ich für die literarische Arbeit immer weg von zu Hause. Irgendwohin in ein Sanatorium oder ein »Haus des Schaffens«.[1]

ATRJAN Können Sie an mehreren Werken gleichzeitig arbeiten?

AITMATOW Nein, niemals. Obgleich es ja Schriftsteller gibt, die das können.

ATRJAN Achten Sie auf den ersten Satz eines Werkes?

AITMATOW »Achten« ist nicht der richtige Ausdruck. Lang und qualvoll suche ich nach den ersten Sätzen. Sie müssen ja nicht nur für die Sache zwingend und prägend sein, sondern auch von Anfang an das Leserinteresse fesseln. Dagegen ist mir das Finale eines Werkes immer schon bekannt. Ich weiß immer, wie alles endet. Und erst dann fange ich an zu suchen, womit es begonnen hat.

ATRJAN Jurij Bondarew sagte, daß er sich den Anfang noch nicht ganz klar vorstellen konnte, als er den Roman *Das Ufer* zu schreiben begann, die letzten Zeilen davon seien aber bereits zusammengefügt gewesen: »Und schon ohne Schmerz, im Abschied von sich selbst, schwebte er langsam auf der von Heuduft durchtränkten Fähre im warmen Wasser des Nachmittags dahin, gleichmäßig trieb es ihn näher an jenes Ufer, und er konnte es aber nicht erreichen, jenes grüne, verheißungsvolle, sonnige Ufer, das ihm ein ganzes, das künftige Leben verhieß.«

AITMATOW Bei mir ist das nicht so, nicht die letzten Zeilen stelle ich mir vor, schon eher die letzten Seiten und den Ablauf der letzten Ereignisse.

ATRJAN Schreiben Sie gewöhnlich von Hand?

[1] Die Verbände der Kulturschaffenden in der UdSSR verfügen unter anderem über ein Netz von Unterbringungsmöglichkeiten, wo die jeweiligen Mitglieder arbeiten können und, wie in einem Hotelbetrieb, versorgt werden.

AITMATOW Nur von Hand. Ich kann einfach nicht lernen, auf der Schreibmaschine zu schreiben. Ich schreibe oft um, korrigiere, und erst dann gebe ich ab für die Maschine, korrigiere erneut auf den maschinengeschriebenen Seiten und lasse es wiederum abtippen. Ich bin überhaupt ein ungeheuerlicher Anachronismus: Ich kann weder Auto fahren noch photographieren, noch Karten spielen.
ATRJAN Und die letzte Frage: Vor kurzem konnte man Ihre dreibändige Werksausgabe subskribieren. Wenn Sie selber nur einen Band zusammenstellen müßten, was würden Sie darin aufnehmen?
AITMATOW Ich würde diesen Band mit den jüngsten Sachen ausstatten – *Abschied von Gülsary, Der weiße Dampfer, Der Junge und das Meer, Ein Tag länger als ein Leben.*

Garun, Heft 12, Eriwan 1982 (Monatszeitschrift in armenischer Sprache).

Der Widerhall unseres Wortes

Gespräch mit Nikolaj Anastasjew

ANASTASJEW Verehrter Tschingis Torekulowitsch, *Der Richtplatz* ist nun veröffentlicht, so sollten wir den zuvor umrissenen Plan unseres Gesprächs natürlich korrigieren.

AITMATOW Wahrscheinlich, ja.

ANASTASJEW Sie haben vor Jahren gesagt: »Scheker ist mein Grundkapital und ›etliches andere‹ ist dann nebenbei hinzugekommen. Vielleicht wird dies Hinzugekommene mit der Zeit in meiner Arbeit überwiegen.«
Was war das – ein Vorgefühl des neuen Romans? Ich will nicht sagen, Scheker sei darin verschwunden – und wie das noch sichtbar ist, besonders im abschließenden Teil. Ohne Zweifel genügt aber dem Autor des *Richtplatzes* schon nicht mehr der »Flecken Erde, so groß wie eine Briefmarke« – so Faulkner über sein »Hinterpfuiteufel« –, der dem Verfasser des *Weißen Dampfers* noch ausreichte, gar nicht zu reden von frühen Werken. Im Roman *Ein Tag länger als ein Leben* beispielsweise hat der kraftvolle Karanar den Ereignissen an der abgelegenen Eisenbahnausweichstelle nur die nötige »Aufhellung« gegeben. Und im *Richtplatz* sind die erdachten Karanar-Brüder – die Wölfe, die den gesamten Erzählraum symbolisch organisieren, sie geben der Handlung unauslotbare Tiefen. Sodann Awdij Kallistratow, ein Fremdling in dieser Gegend (freilich auch ein »Fremdling«, für den die ganze Welt Heimat ist). Und schließlich – die Überlieferung des Evangeliums.

Warum dieser Umschwung? Woher dieses Bedürfnis nach universellen Symbolen, die seit nunmehr zwei Jahrtausenden im Bewußtsein der Menschheit sind? Und was hat zum Schluß trotz allem die Rückkehr in die heimatlichen Gefilde veranlaßt?

AITMATOW Mich stört ein wenig, daß sich der Staub kaum hat setzen können, und schon ist die Rede von Roß und Reiter, von Übergangsstellen, Hindernissen und den verschiedenen anderen Hürden eines Feldzuges. Wir reden doch von einem Roman, vom *Richtplatz* ist die Rede. Der vorerst in seiner Zeitschriftenfassung vorliegt.

Ich fange an mit Scheker. Im Lauf der Jahre haben sich meine Beziehungen dazu, oder eher meine Empfindungen, geändert. Zunächst war das einfach der Geburtsort, die Kindheit, das Haus, die Berge und die Menschen, die mich umgaben. Sodann etwas Größeres. Wurzeln und Fleisch und Blut meldeten sich. Ich bin zu Fuß nach Hause gegangen oder auf einen Güterwaggon aufgesprungen: So habe ich mich die vierzig Kilometer von Dshambul, wo ich damals studierte, bis hierher durchgeschlagen. Für die Jugend von heute sind vierzig Kilometer Weges vierzig Minuten Fahrt im Bus. Aber damals ... Auch jetzt kann ich mich noch an alle Einzelheiten erinnern, wie ich mich danach sehnte, so schnell wie nur möglich in meinen Ail zu kommen, der für damalige Begriffe ziemlich groß war. Unter den Jahresringen tauchen vertraute Bilder und Gesichter auf, auch Klänge und Gerüche, und all dies fügt sich zur Lebenserinnerung mit ihren hellen und dunklen Streifen. Mit den Jahren wird der Blick härter, man beurteilt das Vergangene und sich selber strenger; und zur gleichen Zeit bedauert man, was verschwunden ist, es verrinnt ja nicht nur, was vergehen muß, sondern auch das, was sich zu bewahren lohnt und wovon sich unsere heutige Zivilisation gedankenlos lossagt. Kurzum, gäbe es kein Scheker, wäre es mir wohl kaum gelungen, in der Literatur etwas von anderen Schriftstellern deutlich Verschiedenes auszusagen, die auch ihr Scheker hatten, das nur anders hieß.

Und dennoch, dennoch... Wäre ich für immer bei Scheker geblieben, wären der Feder immer nur neue Versionen *Dshamilja* und *Abschied von Gülsary* entflossen.

ANASTASJEW Soll das bedeuten, daß diese Bücher für Sie nur Vergangenheit sind?

AITMATOW Mitnichten, ich schätze sie auch jetzt noch als den Beginn einer Erfahrung, und offenbar finden sie auch bei den Lesern bis auf den heutigen Tag ihren Widerhall. Vor kurzem habe ich erfahren, daß in Frankreich die siebte Auflage von *Dshamilja* in derselben Übersetzung von Louis Aragon und mit dessen dreißig Jahre altem Vorwort erschienen ist... Verstehen Sie aber, ich bin des Gehens nicht müde geworden. Und unterwegs muß man auch das zurücklassen, was man lieb hat.

Scheker lebt ständig in mir und wird wohl immerfort in mir leben, aber die Zeit verrinnt, neue Erfahrung stellt sich ein, die mitunter die vorausgegangene widerlegt, es ist unmöglich, andauernd auf ein und demselben Fleck zu verharren. Ich denke, wäre Faulkner, auf den man sich derzeit so gern beruft, heute noch am Leben, würde er auch verspüren, daß ihm sein heimatliches Yoknapatapha etwas zu eng geworden wäre. Die Menschenschicksale, das Leben überhaupt, werden doch in unserer Zeit derart umgepflügt, daß die Linien der Wechselbeziehungen immer wichtiger und stärker werden. Alles hängt von allen ab, womit man sich auch befassen mag. Außerdem hängt jetzt über uns allen eine allgemeine Bedrohung. Wir alle verwünschen sie und versuchen, sie abzuwenden, und ich

glaube, diese Bemühungen sind nicht unnütz, aber vorerst ist diese Drohung noch mit und über uns. Sie vereint uns auch. Ein furchtbares Paradox der Gegenwart: Die Menschen eint die Angst vor der gemeinsamen Katastrophe. Deshalb wird im Bewußtsein des Künstlers das Gefühl der Abgeschiedenheit seiner Welt immer schwächer, umgekehrt verstärkt sich der Drang nach der Darstellung der Allgemeinbefindlichkeit. Daher rührt, was Sie die universellen Symbole des Lebens nennen. Dies ist wohl kaum nur eine individuelle Willensäußerung des einen oder anderen Autors. Und schon gar nicht geht es hier um eine eilfertige Bestrebung, sich abzuheben und die allgemeine Aufmerksamkeit auf sich zu lenken.
ANASTASJEW Verzeihen Sie, ich habe nichts dergleichen behauptet, im Gegenteil ...
AITMATOW Sie nicht, einige andere Ihrer Kollegen haben das getan. Ich lese doch bisweilen auch kritische Beiträge, in manchen wird direkt gesagt, früher seien die Schriftsteller doch ohne die Grundfragen des Seins ausgekommen, so übel sei das gar nicht gewesen, aber jetzt ... Ein absonderlicher, absurder Gedanke. Doch lassen wir das. Ich will natürlich keineswegs die Bedeutung einer bewußten Anstrengung der Schriftsteller leugnen. Und trotzdem nehme ich an, daß das Streben nach Verallgemeinerung durch den inneren Gang der Geschichte zu erklären ist, durch die von ihr geweckten Kräfte und die Besonderheiten des historischen Zeitpunkts. Der Mensch befindet sich in einer neuen sozialpsychologischen Atmosphäre, und deshalb entsteht die Notwendigkeit, alles Hergebrachte zu überdenken und vielleicht auch in die Zukunft zu sehen. Andernfalls ist nicht zu begreifen, was jetzt geschieht.

Aber nun doch zum *Richtplatz*. Awdij Kallistratow ist in meiner Vorstellung (die ich selbstverständlich niemandem einreden will) eben eine Figur, welche die Schichten der Zeit vereint und verbindet.

Viele Menschen meiner Generation, darunter auch ich, haben gegenüber der Jugend eine ziemlich kritische Einstellung. In ihrer Mehrheit, so scheint das jedenfalls mir, lebt sie in gesellschaftlicher Hinsicht flau und träge, bei vielen ist das egozentrische Gefühl zu sehr entwickelt. Es ist kein Lebenskernpunkt zu erkennen. Vor einigen Tagen habe ich mit Askar, meinem zweitältesten Sohn gesprochen, er arbeitet an unserer Botschaft in Ankara. Ich frage ihn: Womit beschäftigen sich deine Institutskameraden? Wer von den Femdsprachlern – so meine Bezeichnung für Leute, die Fremdsprachen beherrschen – hat sich hervorgetan? Keiner, antwortet er, fällt besonders auf, der eine ist im diplomatischen Dienst, ein anderer Übersetzer, Journalist oder Reiseführer geworden. Ich dachte, er hat mich mißverstanden, er meinte, ich würde von ihren Stellungen reden. Das hatte ich nicht im Sinn, man kann sich in jeder Position hervortun. Ich wollte erfahren, wer von denen, die mit ihm heranwuchsen, eine Persönlichkeit geworden ist, meinetwegen eine Leitfigur. Wir werden älter, die Jungen nehmen die Bürde des Lebens auf ihre Schultern, deshalb stand hinter meiner Frage nicht bloße Neugier. Ich erläuterte meinen Gedankengang, doch die Antwort war unverändert: Keine herausragende Figur in Sicht, jedenfalls nicht in seinem Bekanntenkreis, alle sind irgendwie zufrieden mit ihrer unauffälligen Lebensweise. Ich habe den Verdacht, daß dieser Kreis keine Ausnahme ist.

Das wäre betrüblich. Was wir jetzt vor uns haben, ist das Werk unserer Hände und derer vor uns. Ich will nicht sagen, wir hätten unvorstellbar viel erreicht, aber hinterlassen können wir schon etwas. Aber wer folgt uns?

Werden sie das aushalten? Und begreifen sie, welch schwere Last sie zu schleppen haben?

Hier ist Awdij Kallistratow mein Versuch, auf diese Frage zu antworten und, wenn Sie so wollen, eine Herausforderung an die Trägheit junger Menschenseelen, die leider viel zu häufig zu beobachten ist.

Freilich unterscheidet er sich stark von jenem positiven Helden, den unsere Literatur früher darstellte. Wer war dieser Held? Ein vor Aktivismus strotzender Anführer, Kommissar, Persönlichkeit von starkem Willensdrang, ein Mensch, der die drängenden Tagesaufgaben löste. Er vollbrachte die Revolution, dann kämpfte er an den Fronten des Bürgerkrieges, erfüllte den Fünfjahrplan, und sodann wehrte er, um den Preis schrecklichen Blutvergießens, die Invasion des Faschismus ab. Er lebte in schweren Zeiten, leider sprechen wir darüber selten mit der nötigen Aufrichtigkeit. Ich bin immer mehr davon überzeugt, daß das Prinzip Glasnost darauf ausgedehnt werden muß, was man in der Folgezeit als den Personenkult Stalins zu bezeichnen pflegte. Wenn wir das negative Erbe verschweigen, treiben wir die Krankheit nach innen, statt uns von der Last der Vergangenheit zu befreien. Kehren wir jedoch zum literarischen Helden zurück. Das ist der großartige Sowjetmensch, und obgleich Revolution und Krieg schon der Vergangenheit angehören, sehen wir in ihm nach wie vor das große Beispiel für Mut und Selbstlosigkeit. Laßt uns aber die Frage stellen: Welches Gefühl war in ihm ausgeprägt? Das Klassengefühl. Das war gerechtfertigt.

ANASTASJEW Entschuldigen Sie, wenn ich unterbreche. Ich begreife nicht, warum Sie die ganze Zeit in der dritten

Person sprechen. War denn das Klassengefühl bei Tanabaj Bakasow nicht entwickelt? Oder sagen Sie sich jetzt davon los?

AITMATOW Wozu eine so kategorische Fragestellung? Klären wir das zunächst einmal: Wenn ich mich auf die Brust schlage und damit beginne, die Unerschütterlichkeit meiner Klassenposition zu bekräftigen und zu behaupten, die Klassenmäßigkeit stehe über allem, so wäre das noch längst nicht das wahre Wesen der Klassenmäßigkeit. Vermutlich ist der Begriff »Klassenmäßigkeit« keine ein für allemal unerschütterliche Größe. Wie alles in der Welt kann sich auch der Begriff der Klassenmäßigkeit entwickeln und anreichern. Tanabaj Bakasow wie auch Jedigej Shangeldin, um nicht von den Helden der Bücher zu sprechen, deren Handlung von unseren Tagen noch weiter entrückt ist, stellen Menschen ihrer Zeit dar. Seit jener Zeit ist viel Wasser unter den Brücken abgeflossen. Und – davon bin ich überzeugt – es ist ein Anachronismus, eine Vulgarisierung, die die Freiheit des Denkens behindert, wenn man heute mit besonderem Nachdruck auf dem Klassengefühl beharrt, wie das nicht selten die Kritiker tun, die alles auf das klassenmäßige Gefühl reduzieren, in jeder Handlung unbedingt die Klassenposition ausfindig machen wollen. Von dieser Höhe aus, mit solcher Schwarz-Weiß-Darstellung, meine ich – hier Feind, hier Freund –, läßt sich die heutige Welt nicht verstehen. Und so wachsen, so sehe ich das, in der neuen Generation Menschen heran, die Awdij Kallistratow ähneln, ich wünschte mir, daß das so ist. Hier die Väter, durch Erfahrung klüger geworden, sie haben ja einiges durchgemacht, und dort erarbeiten sie sich andere, weiträumigere weltanschauliche Positionen. Das ist freilich meine persönliche Sicht, ich nehme an, viele werden mit mir nicht einverstanden sein, sehen darin außerdem den Versuch, die Klassengrenzen zu verwischen. Ich gebe gerne zu, daß das kein typischer Held ist, wie er im literaturwissenschaftlichen Wörterbuch steht. Aber ich hoffe sehr, daß viele junge Menschen, die ihm begegnet sind, in Awdij einen der ihren sehen, ihn akzeptieren, ihm jedenfalls zuhören und damit einverstanden sind, daß er kein Zufallsprodukt unserer Welt und unserer Zeit ist.

Awdij ist mit seiner Umgebung unzufrieden, er fühlt sich in seinem eigenen Bereich unwohl, möchte sich als der Erbe der gesamten menschlichen Kultur empfinden. Von daher auch die Hinwendung zur christlichen Symbolik als einem Reichtum der Menschheit, der bis heute seine Bedeutung nicht eingebüßt hat. Inwieweit die Figur des Helden überzeugend und lebendig ist, das müssen selbstverständlich andere beurteilen.

Wahrscheinlich ist vieles nicht gelungen, jedenfalls spüre ich, daß ich die Aufgaben, die ich mir gestellt hatte, möglicherweise nicht in vollem Maß löste, und es ist gut, daß Vollkommenheit keine Grenzen kennt. Doch von einem bin ich überzeugt: Man muß sich von der eng verstandenen Politisierung lösen, die uns schon zu lange in Fesseln hält, man muß nach Kräften die Fäden suchen und offenlegen, die Menschen zusammenbinden.

ANASTASJEW Wie die erste Reaktion gezeigt hat, kann die Figur Awdijs völlig entgegen Ihren Absichten aufgefaßt werden. Im Artikel von I. Kryweljew, Doktor der philosophischen Wissenschaften . . .

AITMATOW Erwähnen Sie das als Kuriosum?

ANASTASJEW Keineswegs, ich kann auch nicht Ihre Heiterkeit teilen. Ich denke freilich nicht, daß die zwölf Millionen Leser der *Komsomolskaja Prawda* Aitmatow, Bykau oder Astafjew der Ausübung religiöser Riten verdächtigen, doch kann dieser Artikel einen in der Literatur unerfahrenen Menschen einfach verwirren. Aber vergessen wir den Artikel, ihn lang zu erörtern oder dagegen zu polemisieren scheint mir sinnlos: Kryweljew und ich sprechen verschiedene Sprachen. Aber denken Sie nicht, daß einen auch der offensichtlich falsche Ansatz der Kritik auf ketzerische Gedanken bringen kann? Ein notorischer Unsinn ist, im *Richtplatz* wie auch in den Erzählungen Viktor Astafjews und den Äußerungen Vasil Bykaus (wer ist da noch im Visier?) eine Propaganda für die christliche Lehre zu sehen. Zu fragen wäre indes, ob die Episoden auf der Arkadenterrasse des Herodes künstlerisch notwendig waren? Liegt darin nicht ein außerordentlicher Druck auf dem Leserbewußtsein? Das bekannte Mißtrauen gegenüber unserer Assoziationsfähigkeit, Bezüge im Roman herzustellen? Schon lange, bevor die Handlung zweitausend Jahre zurückversetzt wurde, habe ich doch begriffen, womit ich es unter dem Namen Awdij Kallistratow zu tun habe, wie ich auch verstanden habe, daß sich der in die Geschichte eingegangene Pontius Pilatus, der sich die Hände wusch, in Grischans Figur niederschlug, auch dieser verfolgte teilnahmslos, wie die Hauptfigur ermordet wird.

AITMATOW Ich fange mit dem Schluß an. Mir wäre es nicht in den Sinn gekommen, daß sich jemand eine Analogie zwischen Grischan und dem römischen Prokurator ausdenken könnte. Wer ist dieser Grischan? Ein zynischer Gauner, der Supermann spielt, besonders im Vergleich – wenn man ihn schon anführt – mit Pontius Pilatus, der nach meinem Verständnis eine große und bedeutende, in Michail Bulgakows Roman sogar eine tragische Figur darstellt. Das ist übrigens die überragende Leistung der Bulgakowschen Version. Nun zur künstlerischen Notwendigkeit. Die Verbindungen haben Sie schon im voraus gespürt, sagen Sie. Was ist daran so erstaunlich? Das ist bereits europäisches Bewußtsein – wenn es mit den Begriffen von Sittlichkeit und Moral, von Gut und Böse konfrontiert wird, wendet es sich unvermeidlich der Persönlichkeit zu, die nach der Überlieferung vor zweitausend Jahren auf der Schädelstätte bei Jerusalem gekreuzigt wurde. Das ist der Ursprung der Ursprünge. All das, was früher war, alle Ereignisse und Menschen, selbst die realen, werden als Überlieferung und Mythos wahrgenommen. Und der legendäre Christus unserer Phantasie, den Menschen höchstwahrscheinlich so erdacht haben, ist eine lebende Figur, die das allergrößte und unvergeßliche Bild von persönlichem Mut und Hochherzigkeit abgibt. Nach ihm hat es in allen Lebensbereichen bedeutende Menschen und Märtyrer gegeben, es hat Gerechte gegeben und, umgekehrt, auch die Anti-Christen. Für eine gewisse Zeit beherrschten solche Verfechter der christlichen Glaubenslehre Geist und Bewußtsein der Menschen, im Verlauf der Jahre jedoch entschwanden die meisten Namen in der Geschichte. Jesus hat aber alle überlebt, er wendet sich gleichermaßen an den Menschen des zweiten wie des zwanzigsten Jahrhunderts. Daher wiederhole ich, diese Analogien sind beim Leser völlig natürlich aufgekommen, ich wollte sie nicht speziell hervorrufen, daß sie sich melden würden, nahm ich freilich an.

Was die Episoden in Jerusalem betrifft, keiner kann sie für sich pachten, sie gehören in gleichem Maß allen, und dies zu allen Zeiten. So wie es auch kein Monopol auf die Geschichte Buddhas gibt: Finden Sie eine Verkettung, und Buddha wird in einem zeitgenössischen Werk als Gestalt in einem europäischen Werk allgemeingültig erscheinen können.

Anastasjew Tschingis Torekulowitsch, Sie kennen keinerlei Schonung, nehmen sozusagen die Standardfragen vorweg. Ich habe es nicht geschafft, mit Bulgakow anzufangen, folge also Ihnen ...

Aitmatow ... und desgleichen mit Dostojewskij, Faulkner, Thomas Mann ... Es herrscht derzeit die Sitte, sogleich eine Reihe von Namen aufzustellen wie Hindernisse beim Pferderennen ...

Anastasjew ... selbstverständlich auch mit denen ... Wie dem auch sei, aber schon die klassischen Hindernisse ...

Aitmatow ... das ist es ja, was ich sage: Es gibt ein Gemeineigentum, egal ob Sergej Awerinzew höchstpersönlich mit snobistischem Hochmut darüber verfügen möchte, wer dieses Thema berühren darf und wer nicht.[1] Eine andere Sache ist es, daß sich Menschen verschiedener Generationen in der Vergangenheit das Ihrige suchen und dies mit eigenen Zielen aufgreifen. Als ein Mensch, der am Ende des zweiten Jahrtausends lebt und unter den Bedingungen des Sozialismus aufgewachsen ist, habe ich

[1] In der *Literaturnaja Gaseta,* Nr. 42, 15. Oktober 1986, wurde eine Diskussion über den Roman *Der Richtplatz* veröffentlicht, an der sich Sergej Awerinzew, Georgij Gatschew, Tschingis Gusejnow, Vadim Koshinow, Achijar Chakimow, Alla Latynina und Jewgenij Kriwizkij beteiligten. Die Diskussion verlief sehr kontrovers. Im Unterschied zu den Angriffen des Philosophen Kryweljew in der *Komsomolskaja Prawda,* der Aitmatow und anderen sowjetischen Schriftstellern »Kokettieren mit dem lieben Gott« vorwarf, rügte in jener Diskussion der Philologe Sergej Awerinzew unter anderem, daß der Autor im Detail Fehler gemacht habe: Jesus hätte so nie geredet, die Frau des Pilatus hätte ihren Mann nicht mit »Pontius« angesprochen, im übrigen sei die »Renansche Christus-Interpretation« ein für allemal erschöpft, und nach Bulgakows »Meister und Margerita« – der »Vollendung« des Stoffes – sei es ohnehin unstatthaft, beinahe eine Lästerung, dieses Sujet noch einmal aufzugreifen.

mein eigenes Bedürfnis, mich diesem gemeinsamen Ursprung zuzuwenden. Wir haben der Welt viel versprochen, wir haben versprochen, den Menschen so frei und glücklich wie nie zuvor zu machen. Wir haben zwar einiges zustande gebracht und den Menschen von der erniedrigenden Abhängigkeit eines anderen Menschen befreit, haben ihn freigemacht von dem Übel der unmittelbaren Ausbeutung des Menschen durch den Menschen. Jedenfalls sind wir auf dem Weg dahin. Aber wir erreichten bei weitem nicht alles, was wir versprochen haben. Deshalb stellt sich die Notwendigkeit, das, was wir vollbrachten und was wir nicht schafften, in Korrelation zu setzen, unseren derzeitigen Zustand auf einen Nenner zu bringen, was wir von uns selbst und was andere von uns halten und was aus den Frühzeiten der menschlichen Existenz bis auf unsere Tage geblieben ist.

ANASTASJEW Und trotzdem müssen Sie sich darüber im klaren sein, ob gewollt oder ungewollt, der Leser des Romans *Der Richtplatz* erinnert sich sofort an *Der Meister und Margarita*. Es geht im gegebenen Fall doch nicht bloß um die Benutzung eines Eigentums, das tatsächlich allen gehört – etwa die Texte des Evangeliums –, sonders es geht um die unmittelbaren Anklänge im Aufbau des Stoffes, sogar in der Rhythmik. »Angetan mit einer blutrot gefütterten weißen Toga, erscheint mit schlürfendem Reitergang ... im überdachten Säulengang zwischen den beiden Flügeln des Palastes Herodes des Großen der Prokurator von Judäa, Pontius Pilatus.« Das ist der Anfang des parallelen Stoffes in *Der Meister und Margerita*. »Jener Morgen in Jerusalem war heiß, und er kündigte einen neuen heißeren Tag an ...« Dies ist der Anfang der Evangeliumsepisode im Roman Aitmatows.

AITMATOW Natürlich begriff ich das, ich sah sehr wohl,

wie riskant es ist, den Weg zu betreten, den einst ein so großartiger, von mir hoch verehrter Schriftsteller wie Michail Bulgakow gegangen ist. Und trotzdem konnte ich darauf nicht verzichten, was ich, gerade ich, brauchte. Außerdem wollte ich die Figuren anders anordnen, ob das gelungen ist, mögen andere beurteilen. Bei Bulgakow ist ungewiß, wer stärker dargestellt wurde – Jeshua oder Pontius Pilatus.

ANASTASJEW Wie das, wer soll da stärker sein? Beide sind stark geschildert.

AITMATOW Mir aber scheint, daß Pilatus in *Der Meister und Margarita* Jeshua etwas in den Schatten rückt, vor dem Hintergrund der innerlich angespannten Persönlichkeit des Prokurators ist Jeshua teilweise einförmig geraten, übrigens hat Bulgakow vielleicht gerade das gewollt. Ich habe jedoch Jesus in den Mittelpunkt zurückholen und zur gedanklichen Zentralfigur machen müssen.

ANASTASJEW Das heißt, es gab sogar eine Art Polemik mit Bulgakow, bewußt oder unbewußt?

AITMATOW In keinem Fall bewußt. Ich habe das einfach so geschrieben, wie das die künstlerische Logik dieser Erzählung erforderte.

ANASTASJEW Schön, nicht mit Bulgakow, aber dann mit Faulkner, da Sie selbst mich schon auf diese Gegenüberstellung hin provozierten?

AITMATOW Was meinen Sie damit eigentlich?

ANASTASJEW Natürlich den Roman *A Fable* (»Eine Legende«). Derselbe allgemeine Plan: Gegenwart im Licht des durch die Jahrhunderte gefestigten, wie Faulkner sagte, »individuellen Verhaltenskodex, dank dessen der Mensch besser wird, als das seine Natur ihm abverlangt«. Dieselbe Transparenz der Entsprechungen: Der Korporal bei Faulkner, Teilnehmer des Ersten Weltkrieges, hat die Soldaten aufgewiegelt, das brudermordende Schlachten einzustellen, und bezahlte dafür mit seinem Leben – das ist derselbe Jesus Christus wie Awdij Kallistratow. Schließlich die wechselseitige Anziehungskraft der Hauptideen. Einer der Helden in *A Fable* sagt, der Mensch ist größer als die Gestalt der Unschuldsmoral, die er selbst aus seiner Phantasie geschaffen hat. Das heißt, der Zeitgenosse darf auf niemand die Bürde der Verantwortung für Gegenwart und Zukunft abwälzen. Und ähnlich lauten die Worte Awdijs: »Der Mensch ist selbst Richter und Schöpfer eines jeden Tages von uns ...«

Aitmatow Das ist natürlich alles sehr interessant, nur, sehen Sie, ich habe *A Fable* nie gelesen. Ich will mir Mühe geben, den Roman bei Gelegenheit zu lesen.

Anastasjew Tatsächlich? Nun denn, um so interessanter und lehrreicher ist jedenfalls für mich als Literaturwissenschaftler der spontan aufgekommene Dialog darüber. Vielleicht hat das auch etwas Unvermeidliches an sich, geht es doch um Schriftsteller des 20. Jahrhunderts. Aber ich wende mich einem rein schöpferischen Problem zu.

A Fable ist für Faulkner – in vielem scheint mir das auch für Sie bei *Richtplatz* zuzutreffen – ein außergewöhnliches Werk, er hat darin seine heimatlichen Gefilde verlassen, die von Ihnen zuvor geäußerte Vermutung über eine Entwicklung des amerikanischen Schriftstellers ist also keine grundlose Annahme. Er hat sie verlassen und war sofort mit einer großen Schwierigkeit konfrontiert. Man fragte ihn einmal: »Hat der spezifische Grundgedanke des Romans Ihre schöpferische Phantasie nicht eingeschränkt?« Der Schriftsteller antwortete: »Offensichtlich ist der Grundgedanke in den Vordergrund getreten, wo Einbildungskraft und Vorhaben kollidierten ... Nein, die Idee ist eigentlich zurückgewichen. Wo sich jemand unterordnen mußte, hat sich die Idee angepaßt und nicht die Phantasie. Vielleicht liegt darin die Ursache, warum man immer wieder umschreiben muß: Phantasie und Idee müßten miteinander versöhnt werden.« Sind Sie nicht auf diesen Widerspruch gestoßen, als Sie den *Richtplatz* verfaßten?

AITMATOW Ich weiß es nicht einmal, das ist schwer zu beantworten. Umschreiben? Natürlich habe ich das wiederholt umgearbeitet. Mitunter schien mir sogar: Genug damit, jetzt langt es, sich mit dem Umarbeiten herumzuschlagen, im Verlauf der Zeit geht das jedoch vergessen. Da war aber noch etwas anderes. Nein, die Idee ist nicht mit der Gestalt in Konflikt geraten, soweit ich das beurteilen kann. Zunächst entstand die Novelle über Pilatus und Christus, dann verspürte ich, daß sie eine materielle Stütze brauchte. Daraufhin tauchten die Wölfe auf, sie fingen an, durch die Menschenwelt zu laufen, und organisierten dabei den Erzählverlauf des Stoffes. Danach gesellte sich Awdij hinzu. Im übrigen vermute ich, daß mir jetzt, wo alles hinter mir liegt und der Roman veröffentlicht ist, der Arbeitsprozeß wie ungetrübt vorkommt. Vielleicht war das alles in Wirklichkeit weitaus schwieriger. Offen gestanden, ich möchte jetzt aber nicht über Restaurationsarbeiten diskutieren, jeder Schriftsteller hat da seine Probleme und Schwierigkeiten, und jeder kommt damit auf seine Weise zurecht, ohne jemanden einzuweihen oder mit fremder Hilfe zu rechnen. Eine andere Sache ist – diese Erkenntnis wächst mit dem Alter und der Erfahrung –, daß eine Darstellung nicht nur mit ihrem direkten Inhalt verbunden werden muß. Man braucht einen allgemeinen Plan und die Korrelation mit dem gesamten Experiment, selbst wenn es keine plastische Verkörperung erhält. Wenn der Künstler, wie ich formulieren würde, keine

Empfindung für die universelle Dimension des Geschehens in sich erarbeitet hat, dann kann er zwar dieses oder jenes Subjekt ausdrucksvoll beschreiben (wie das bezeichnet wird, ist unwichtig – Erzählung, Novelle, Roman), er wird es aber schwer haben, mit einem breiten Kreis Menschen zu kommunizieren, er riskiert, allein bei sich daheim zu bleiben.

Ich habe jetzt unversehens an Scholochow gedacht. Ich kann mir nicht erklären, wie dieser dreiundzwanzigjährige Mensch, eigentlich ein Junge, einen solchen Klotz anpacken und ins Rollen bringen konnte. Die Kenntnisse und die Erfahrungen und die Lebensweisheit, die fürs Schreiben eines Werkes wie *Der Stille Don* nötig sind, hatte er doch nicht, ja, er konnte sie nicht gehabt haben. Ich bin schon alles andere als jung und wage zu hoffen, daß ich mich in der Literatur etwas auskenne und mir die Technologie der literarischen Arbeit vertraut ist. *Der Stille Don* paßt in keine der üblichen Vorstellungen und Allgemeinplätze. Hier geht es um das Geheimnis des geistigen Durchblicks, multipliziert mit Inspiration. In diese äußerste Grenzzone sollte man mit den üblichen Instrumenten der kritischen Analyse lieber nicht eindringen.

ANASTASJEW Schön. Dann wende ich mich dem zu, was einer rationalen Erklärung wohl zugänglich sein dürfte. Im *Richtplatz* heißt es an einer Stelle: »Es gibt keine isolierten Schicksale . . .« Diese Worte wie auch die literarischen Analogien, die sich hier aufdrängen, bringen mich eigentlich zum Ausgangspunkt des Gesprächs zurück, den ich anschnitt.

Ich habe die Dialoge, Essays und öffentlichen Äußerungen gelesen, die in Band III Ihrer Werke veröffentlicht wurden, zugegebenermaßen nicht ohne Hintergedanken, ich wollte darin eine Stütze für eigene Ansichten über die

Entwicklung der Kunst im 20. Jahrhundert auffinden.[1] So oder so schien es mir, daß Sie beim Nachdenken über die verschiedenen Themen die Weltliteratur durchwegs als einen Prozeß betrachten, bei dem alles wechselseitig verknüpft ist, wo die unterschiedlichen Richtungen wie auch die individuellen Schriftstellerschicksale in einen Dialog eintreten, unabhängig von der Form dieses Dialoges, ob man sich gegenseitig anzieht oder ablehnt. (Die Ablehnung ist ja auch ein Typ Beziehung.) Kurzum, um Ihren Ausdruck zu gebrauchen – »Dom der Weltliteratur«. Und die Redewendung Awdij Kallistratows – »Dom der menschlichen Weltschicksale«. Falls meine Wahrnehmung nicht nur subjektiv ist, falls ich Ihnen nicht etwas aufdränge, worüber Sie gar nicht reden wollten, dann möchte ich das Gespräch gerne darüber fortsetzen und das Thema so formulieren: Der zeitgenössische Schriftsteller im Klima der Weltkultur. Da erhebt sich dann eine ganze Reihe von Fragen individuellen wie auch allgemeinen Charakters.

W. Lewtschenko hat Sie in seinem Gespräch mit Ihnen kürzlich gefragt: »Wer von den Klassikern steht Ihnen nach Stil, Stimmung und Prinzip des Eindringens in die Welt eines Helden am nächsten? Wen könnten Sie als Ihren Lehrer bezeichnen?« Sie haben eigentlich die Antwort schlicht umgangen und lediglich angemerkt, die Klassiker seien für Sie eine »einheitlich große Erfahrung«, »eine Sonne, die Licht abgibt..., und auf welche Weise ihre Strahlen ankommen, sei nicht so wesentlich«. Nach meiner Ansicht ist das doch wesentlich, sobald man die

[1] Gemeint ist die Werkausgabe von Tschingis Aitmatow, hier Band III, Moskau 1984, der auch die meisten Beiträge dieses Sammelbandes entnommen sind.

»Lehrerschaft« nicht platt begreift. Im riesigen Massiv der Literatur gibt es doch Schichten, die Ihnen näher sind? Andererseits gibt es Schichten, die nur distanziertes Interesse hervorrufen. Oder? Können Sie nicht doch eine Figur in der Literaturgeschichte benennen, die für Sie wurde, was Tolstoj für Scholochow und Rolland bedeutete, Goethe für Thomas Mann, Balzac für Proust und so weiter?

AITMATOW Nun denn, fangen wir vor allem mit dem Begriff »Dom« an. Angewandt auf die Architektur, auf Musik und Literatur bedeutet das in meinem Verständnis – entgegen der Ethymologie – nicht nur ein kollektives, sondern auch ein individuelles Gebäude.[1] Jeder schreibende Mensch ist vom Wunsch beseelt, seinen eigenen Dom zu errichten. Für Tolstoj wurde das die Epopöe *Krieg und Frieden*. Ich weiß, daß ich für Spötter eine bequeme Zielscheibe abgebe, begreife, daß mich auch gutwillige Leute der Anmaßung bezichtigen könnten, wenn ich sage, wie ich das schon zuvor ausgesprochen habe: Wenn du dich an den Tisch setzst und ein Blatt Papier vor dir ausbreitest, fängst du lieber gar nicht erst an, falls du dich nicht mit Puschkin oder Tolstoj messen willst. Der Schriftsteller sollte immer etwas Größeres anstreben, als wozu er selber fähig ist. Kommen wir also zum Dom zurück. Ja, jeder erbaut ihn für sich allein: Aber nicht auf einem leeren Platz, ringsum sind bereits andere Dome errichtet worden – vielleicht ist es das, was Sie als Klima der Weltkultur bezeichnen. Diese Metapher trifft freilich die

[1] Im russischen Original wird hier das Wort »sobor« verwendet, das Wort umfaßt die Synonyme »Versammlung«, »Versammlungsort«, »Dom«, »Kathedrale«, es ist verwandt mit dem Verbum »sobirat«, das heißt »versammeln«, »sammeln« u. ä. Mit dem Wort »Dom« wird also der dem russischen »sobor« am nächsten kommende Begriff des ursprünglichen »Haus der Gemeinde« benutzt.

Sache, wie mir scheint, nicht genau. In der Kultur wie auch auf der Erde selbst gibt es verschiedene Klimagürtel, sie verändern sich in der Zeit, wenn auch nicht so rasch wie im Leben der Natur. Wir leben in unserem Land, unser Klima begünstigt derzeit das schöpferische Schaffen. Günstig heißt hier nicht, daß es keine Probleme gibt und alles wie am Schnürchen läuft. Selbstverständlich nicht. Es ist jetzt einfach eine Zeit angebrochen, in der man schreiben kann, was man für nötig und wie man das für nötig hält, auch wenn einem das ungewohnt erscheinen mag. Schreiben und veröffentlichen. Andernorts und zu anderer Zeit können sich dagegen die sozialpolitischen Bedingungen verschlechtern, ja, sie können zum Schlimmsten ausarten. Die nahe und ferne Geschichte sind eine eindringliche Mahnung. Als sich in Deutschland die faschistische Diktatur etablierte, war Thomas Mann bereits ein weltweit bekannter und bedeutender Schriftsteller. Außerdem stand ihm immer zur Seite, was er als Geist von Lübeck bezeichnet hat: eine kraftvolle humanistische Tradition, die anscheinend imstande ist, jeder auch noch so grimmigen Aggression zu widerstehen. Dennoch bin ich überzeugt, daß sogar dieses herausragende Talent verkümmert wäre, hätte es in dem zerrissenen Deutschland bleiben müssen. Und wir wären nicht in den Genuß gekommen, *Josef und seine Brüder* oder *Doktor Faustus* lesen zu können. Manchmal stirbt in ganzen Regionen die kulturelle Entwicklung ab. Etwa in Indonesien mit seinen langanhaltenden sozialen Wirren, die offensichtlich einem Wachstum der Literatur entgegenstanden.

ANASTASJEW Vielleicht wissen wir davon einfach nichts?

AITMATOW Läge etwas vor, hätte man davon zumindest ein Gerücht vernommen. Nicht auf direktem Weg, eher über England oder Holland, mit dem dieses asiatische Land alte Bindungen hat. Übrigens möchte ich damit keine unmittelbaren Abhängigkeiten unterstellen. Es gibt da allerlei: Giganten wie Tolstoj und Dostojewskij sind im halbfeudalen Rußland herangewachsen. Letzterer ist für mich überhaupt ein Rätsel. Unvorstellbare Schwankungen des Schicksals und der Stimmungen: vom Semjonow-Platz[1] bis zum Umgang mit dem Thronnachfolger, dem er, über Pobedonoszew[2], den Sinn des Romans *Die Dämonen* erläutert. Und wie läßt sich die für Dostojewskij so hehre Idee der universellen Brüderlichkeit mit dem Haß auf die Polen und dem Aufruf zur Unterjochung der Türkei vereinbaren? Der Künstler Dostojewskij ist für mich ein unerreichter und unfaßlicher Gipfel, der Denker Dostojewskij hingegen Schmerz und Enttäuschung. Ich fürchte, daß wir ihn in unserem Urteil oft zu tief ansiedeln, er ist verblüffend kompliziert. Das eine Mal ist er rundherum Ablehnung, das andere Mal blinde Akzeptanz, wo Dostojewskij beinahe zu einem Propheten der Revolution erkoren wird. Wenn man sagt, Dostojewskij habe dem Roman des 20. Jahrhunderts den Weg gebahnt, ist mir das begreiflich und vertraut. Etwa mit dem »Bewußtseinsstrom«, den man noch immer, aus Trägheit, für eine Entdeckung des Modernismus hält. Aber für mich ist

[1] In St. Petersburg, wo Dostojewskij hingerichtet werden sollte und im letzten Moment zur Verbannung nach Sibirien begnadigt wurde.

[2] Der erzreaktionäre Oberprokuror des Heiligen Synods am Zarenhof – Aitmatow spielt darauf an, daß der junge Dostojewskij wegen seiner revolutionären Einstellung im Kreis der Petraschewzen, die für den Sozialismus im Sinn von Fourier eintraten, zum Tod verurteilt, sodann verbannt wurde, nach der Rückkehr aus der Verbannung und seinen Eindrücken in Westeuropa dem Zaren höchstpersönlich erläuterte, warum er in dem Roman *Die Dämonen* den Sozialismus als eine Art Besessenheit schilderte.

das Musterbeispiel dieser literarischen Technik das Poem des Iwan Karamasow über den Großinquisitor. Ich weigere mich jedoch, rundum zu begreifen, wie man in Dostojewskij einen Propheten des Sozialismus sehen kann.

ANASTASJEW Das wäre ein besonderes Kapitel. Kehren wir jedoch zu unserem Thema zurück – den wechselseitigen Einflüssen und dem Selbstgefühl des Schriftstellers in der entstandenen kulturellen Atmosphäre.

AITMATOW Habe ich mich etwa davon zu weit entfernt? Mir schien, daß ich nur darüber gesprochen habe. Hier ist einfach alles viel zu verwickelt, mitunter läßt sich eine Situation erklären, manchmal gelingt es jedoch überhaupt nicht. Während meiner letzten Frankreichreise habe ich Freunde gefragt, ob es jetzt eine Figur gäbe, die Aragon ebenbürtig wäre? Nein, sagen sie, sie ist nicht in Sicht.

ANASTASJEW Übrigens teilt Graham Greene die Meinung Ihrer Freunde, er lebt bekanntlich seit langem in Frankreich. Vor kurzem meinte er bei einer Begegnung in Moskau, daß es den Roman in Frankreich nach dem Weggang der Generation von Mauriac, Malraux, Sartre, Camus nicht mehr gebe.

AITMATOW Sehen Sie. Und warum? Wer beantwortet diese Frage? Wir wollen nicht die von selbst wachsende Kraft des Talents vergessen. Außerdem gibt es unvorhersehbare Zufälle. Vielleicht wächst dort, in ebenjenem Frankreich oder an einem anderen Ort, ein uns unbekanntes Genie heran, doch da hat eine Annuschka unglücklicherweise Öl verschüttet, und er gerät unter die Räder der Straßenbahn oder eines Autos. Wer kann die großartigen Schriftsteller und Gelehrten zählen, deren Namen wir nie erfahren haben, weil sie der letzte Krieg hinweggerafft hat?

Anastasjew Muß man Sie also so verstehen: Die Geschichte, sei es auch nur die Literaturgeschichte, ist lediglich ein Chaos, ein Spiel des Zufalls?
Aitmatow Nein, wieso denn? Selbstverständlich gibt es einen gewissen Allgemeinzustand der Weltkultur, eine objektive Bewegung. Genauso wie den Allgemeinzustand der Erdatmosphäre. Aber das ist noch ein ziemlich abstrakter Begriff, es sei denn, man hat nur die professionellen Gelehrten im Sinn. Wir treffen uns hier in Frunse und reden miteinander, es herrscht wunderbares Herbstwetter, Windstille, es ist trocken und warm bei einer Temperatur von 25 Grad Celsius. In Moskau jedoch, sagt das Radio, regnet es und ist kalt. Wahrscheinlich liegt hier eine bestimmte Wechselwirkung vor, aber hat auf Sie jetzt das Moskauer Wetter irgendeinen Einfluß? Auf mich nicht. Vielleicht hinkt der Vergleich, ich bleibe trotzdem dabei ... Da redet man von europäischer Literatur. Was ist das eigentlich? Es gibt eine dänische, schwedische, holländische Literatur. Aber ich kenne sie so gut wie nicht. Woran liegt das? Nicht genug Übersetzer? Faule Verleger? Oder geschieht dort heute einfach nichts Bemerkenswertes? Vielleicht hat dort das Fernsehen das gedruckte Wort bis zu einem gewissen Grad schon verdrängt. Oder aber ein mehr oder weniger geruhsames Leben trägt nicht zur Förderung der Literatur bei, jedenfalls nicht zu einer Literatur, die auch außer Haus eine Resonanz findet. Ich weiß es nicht. Dafür weiß ich, daß die skandinavischen Literaturen in meine geistige und schöpferische Erfahrung so gut wie nicht eindringen, während die spanische, englische und deutsche Literatur gewissermaßen Zugang haben. Das darf niemanden verletzen, bei der Wahrnehmung wirkt einfach auch das Gesetz der Auswahl.
Anastasjew Nehmen wir an, es ist so. Aber bleibt nach

Abzug all dessen, worüber sie redeten, irgendeine Gesetzmäßigkeit übrig, die rational zu erklären ist? Oder ist das auch eine geheimnisvolle Angelegenheit? Worin Ihnen der lateinamerikanische Roman nahesteht, ist mir, wie jedem Leser Ihrer Bücher, begreiflich. In einem Ihrer letzten Interviews haben Sie aber gesagt, daß Sie die Lektüre des Romans *Der Steppenwolf* umgestülpt habe. Die stilistisch-intellektuell raffinierte, geometrisch konstruierte Prosa von Hermann Hesse indessen ...

AITMATOW ... besonders im *Glasperlenspiel* ...

ANASTASJEW ... müßte Ihnen, nach meiner Auffassung, sehr fremd sein. Folglich geht es doch nicht nur um den Stil?

AITMATOW Vielleicht ist »umstülpen« ein zu starkes Wort gewesen. Aber es hat mich stark berührt. Wenn du liest, denkst du doch nicht daran, ist dir das nah oder fern. Du hast mit einem Text zu tun. Und wenn er stark und meisterhaft geschrieben ist, kein zufälliges Wort vorkommt und du ständig die Spannung der erzählenden Rede verspürst, wenn der Dialog natürlich fließt, wie kann dich das gleichgültig lassen? So ist aber, nach meiner Meinung, die Prosa von Hermann Hesse. Außerdem kommt es ja auch vor, daß dich gerade das besonders erschüttert, wozu du selbst, dem Wesen deines Denkens und Schreibens nach, einfach nicht fähig bist. Andere Aufgaben, andere Mittel. Vielleicht hat mich im gegebenen Fall auch der Kontrast angezogen.

ANASTASJEW Gut, Hesse hat Sie wegen des Kontrasts angezogen, bei Hemingway muß man das auch annehmen. Sie haben einmal davon gesprochen, daß Sie von seiner Fähigkeit, wie er Dialoge baue, begeistert seien. García Márquez hingegen wegen der Ähnlichkeit ...

AITMATOW Wenn man so häufig hört, da gebe es eine

Ähnlichkeit, dann liegt sie wohl auch vor – von außen sieht man das leichter. Aber ich empfinde dennoch einen starken Unterschied. García Márquez überträgt mythische Situationen und mythische Helden völlig frei in die Bedingungen der Gegenwart. Ich belasse sie aber in dem Milieu, wo sie natürlich gewachsen sind, ich bin um maximale Natürlichkeit bei der Darstellung einer Legende bemüht.

Anastasjew Das bemerken nicht nur Sie. Ich erinnere mich daran, wie mir der verstorbene Lajosz Mesterhazy einmal sagte: Aitmatow schildert seine mythischen Fischer so (damals war soeben *Der Junge und das Meer* erschienen), als hätten sie einmal direkt existiert. Und ich schildere meinen Prometheus, als seien wir ihm gestern bei einer Gewerkschaftsversammlung in einem Budapester Unternehmen begegnet ... Zur Mythologie kommen wir jedoch hoffentlich noch zurück. Mögen die Verbindungen zwischen den schöpferischen Individualitäten zustande kommen, ohne daß man sie vorhersehen kann, meinetwegen sogar auf irrationale Weise. Aber die Einwirkung kann nicht nur ein Nutzen sein, sondern auch eine Last. Darüber hat Goethe gesprochen, als er daran erinnerte, wie ihn Shakespeares Genie angefesselt hat, bis er sich von ihm durch den *Goetz von Berlichingen* und *Egmont* losmachte. Bilden sich denn die Wechselbeziehungen zwischen einer Nationalliteratur und der Weltliteratur nicht auf ähnliche Art und Weise heraus? Das Streben nach Aneignung und Bewahrung der nationalen Ursprünglichkeit ist zu verstehen. Neben der nationalen Ursprünglichkeit gibt es jedoch auch den nationalen Hochmut. Und dies bekanntlich nicht nur in der Literatur, darüber wurde viel auf dem 27. Parteitag gesprochen. Die Frage läßt sich also auch so formulieren: Wie selbständig sind die Nationalliteraturen, darunter auch die mit einer jungen schriftlichen Überlieferung? Wie kann man sich der Versuchung der nationalen Verschlossenheit erwehren, ohne die nötige nationale Ursprünglichkeit einzubüßen?

AITMATOW Sie hätten diese Frage besser etwas anders formuliert, denn bei solcher Fragestellung ergibt sich keine sinnvolle Antwort. Mir ist sie jedenfalls unbekannt. Hier gibt es keine absoluten Begriffe, das ist alles ziemlich unbestimmt und fließend. Nehmen wir etwa die chinesische Literatur. Sie ist mir nahezu unbekannt. Wodurch ist das zu erklären? Durch meine Trägheit oder wiederum durch die der Übersetzer und der Verleger? Oder etwa dadurch, daß diese Literatur derart eigentümlich ist, daß Zeitgenossen, die ihre Bildung an anderen Kulturmustern erworben haben, deshalb nicht imstande sind, eine künstlerische Sprache zu rezipieren, die sich durch eine so markante Spezifik auszeichnet? Ob erst unsere Enkel diese Fähigkeit in sich ausarbeiten werden? Ich weiß es nicht.

Wie auch immer, die Beispiele gibt es, wir haben das schon hinsichtlich der skandinavischen Völker angeschnitten. Verallgemeinerungen wären also äußerst riskant. Als Arbeitshypothese, deren Vorläufigkeit ich dreifach eingeschränkt haben möchte, läßt sich aber denken, daß es bestimmte Orientierungspunkte gibt.

Schon wiederholt habe ich gesagt, und ich sage es noch einmal, daß die Literatur außerhalb eines bestimmten nationalen Milieus nicht leben kann. Sie ist mit einer bestimmten Sprache verbunden, mit ihrer Entwicklung, mit einer ethnischen Umgebung und Kultur. Es ist unmöglich, daraus durch einen Willensakt »herauszuspringen«, so sehr man sich das auch wünschen mag. Andererseits existiert freilich die Gefahr der Selbstisolierung. Es sollen dich ja nicht nur die Eigenen verstehen, sondern auch die »Fremden«.

Hier wirkt eine Fülle subjektiver und objektiver Faktoren. Nehmen wir García Márquez. Kann man denn sagen, daß die kolumbianische Literatur, die Literatur eines kleinen Landes, ins Bewußtsein der Welt eingegangen ist? Ich denke, nein. Aber der Autor von *Hundert Jahre Einsamkeit* ist hineingekommen. Weil er ein ungewöhnlich begabter Künstler ist, ein mit einer erstaunlichen Einbildungskraft begnadeter Schriftsteller.

Es gibt auch Gegenbeispiele. Die grusinische Literatur hat offensichtlich noch keine Figur hervorgebracht, die einem García Márquez ebenbürtig wäre. Aber die objektiven Bedingungen haben sich auf eine Weise entfaltet, daß ihre freigebige, originelle und seltene Bildhaftigkeit ihren Widerhall auch jenseits dieser kleinen Republik, die nicht größer ist als Kolumbien, gefunden hat. Im übrigen kommt es auch vor, daß in den weltweiten Kulturaustausch auch nationale Traditionen eingedrungen sind, die sich nicht durch eine solche frische Ursprünglichkeit auszeichnen. Warum? Weil man auf der Suche nach Begegnungen ist. Wie in einem Wald. Verharrst du an einem Fleck, findest du nichts, du kannst dich bestenfalls an deinem Ebenbild in dem Bach erfreuen, falls er neben dir vorüberfließt. Aber wenn du dich bewegst und die Richtung änderst, wirst du sowohl du selbst bleiben als auch mit anderen Weggefährten zusammentreffen. Den einen verfehlst du spurlos, mit dem anderen hast du was zu bereden. In jedem Fall gibt es ohne Bewegung keine Entwicklung. Und keine Entdeckungen. Sie werden unterwegs erworben und somit zum gemeinsamen Kulturgut.

Das ist die vorrangige Aufgabe. Daneben besteht freilich auch die naheliegende, unmittelbare Aufgabe des Umgangs mit deinem eigenen Volk, der geistigen Bildung deines Volkes, der Resonanz auf seine Leiden, Nöte und Freuden. Dies zu vernachlässigen ist unmöglich. Aber genauso wie sich darauf zu beschränken.

ANASTASJEW Offenbar ist hier ebenfalls alles miteinander verflochten. In manchen Fällen entfaltet sich das spontan, in anderen als Ergebnis einer bestimmten Anordnung. Bei den einen entspinnt sich wegen dieser oder jener subjektiven oder objektiven Umstände einfach kein Dialog außerhalb des eigenen nationalen Milieus. Sie wünschen es und können nicht. Aber eine bewußte Kultivierung der eigenen, ausschließlich eigenen Tradition gibt es nicht? Wie ist das bei Ihnen hier in Mittelasien?

AITMATOW Diese Frage ist kompliziert. Sehen Sie, ganz Mittelasien ist eine Riesenregion, und seine Kultur hat sich seit Urzeiten aus zwei Komponenten entwikkelt: aus der seßhaften, urbanen Kultur und aus der nomadisierenden, viehzuchttreibenden Kultur. Eine jede hatte ihre Traditionen. Aber die Zeiten haben sich geändert. Bei uns hat es einmal bedeutende Versdichter gegeben – die Akyns. Der letzte von ihnen war der Dichter, Komponist und Gesangsimprovisator Toktogul. Ein genialer Poet. Ich meine aber, er hat keineswegs daran gedacht, ob er außerhalb der Grenzen Kirgisiens gehört wird. Ihm hat es vollkommen genügt, daß ihn seine Landsleute sehnsüchtig anhörten. Das war nicht kleinliche Natur oder geringe menschliche Bedeutung, ich wiederhole, Toktogul war ein Genie. Über ihm haben einfach andere Sterne geleuchtet. Aber heute – wir sprachen darüber – ist alles miteinander verwoben, und wer hat denn das Ziel, ein Leben lang bei sich zu Hause auszuharren? Selbst der kleinste Dichter möchte erkannt und in andere Sprachen übersetzt werden.

Anastasjew Aber ist das nicht schiere Eitelkeit und kleinlicher Ehrgeiz?

Aitmatow Natürlich gehört das dazu. Es gibt welche, die vor allem darin die Zugehörigkeit zur Literatur sehen. Aber im Prinzip ist dieses Streben produktiv und unvermeidbar, wenn man mal von persönlichen und illegitimen Ambitionen absieht. Damit ein Buch nicht nur zu einem typographischen Zeichensatz in einer anderen Sprache wird, sondern Bestandteil der geistigen Erfahrung eines vielsprachigen Leserkreises, muß man natürlich vom Eigenen und auf eigene Art sprechen und in den Dimensionen des gesamten Lebens denken. Übrigens haben wir auch darüber schon geredet.

Anastasjew Hier drängt sich offensichtlich die Frage nach dem Fortschritt der Literatur und seinen Kriterien auf. Aus früheren Aussagen kann man schließen, daß für Sie dieser Begriff nicht völlig geklärt, zumindest zweifelhaft ist. Tatsächlich ist der Weg bis zur völligen Klarheit weit. Es gibt viele Schwierigkeiten, und die hauptsächliche besteht, nach meiner Ansicht, darin, daß sich die Kunst hartnäckig jener Interpretation von Fortschritt widersetzt, die für das gesellschaftliche und wissenschaftliche Leben durchaus effektiv sein kann. Eben das erzeugt die Skepsis, die anscheinend auch Sie teilen. Doch nehmen wir einmal das Akademiemitglied Dmitrij S. Lichatschow, der den Fortschritt in der Literatur verbindet mit dem Fortschritt in deren Rezeption. Wie stehen Sie zu dieser Idee? Da ja für die normale Existenz der Literatur als Minimum zwei nötig sind – der Schriftsteller und der Leser – ist die Frage statthaft. Haben Sie eine Idealvorstellung vom Benutzer Ihrer Bücher?

AITMATOW Wenn ich schreibe, denke ich überhaupt nicht an den Leser. Ich muß mit meiner Sache ins reine kommen. Aber wenn das Buch erschienen ist, dann fange ich an zu denken, ja, ich warte sogar nervös darauf, wie die Reaktion sein wird. Wie ich eben jetzt auf den *Richtplatz* erste Äußerungen erhalte, darunter sind sehr interessante, mitunter völlig unerwartete Seelenergüsse. Man kann nur staunen, wie unerschöpflich die Menschenseele ist, wie unendlich und unvorhersehbar. Ich freue mich über den Kreis der Leser, deren Gedanken mit den meinen mitschwingen. Das ist völlig natürlich. Sie dürfen mich nicht in dem Sinn verstehen, daß ich eine elitäre Literatur propagieren möchte, aber das Recht aufs Experiment muß es geben. Und folglich auch die Voraussetzung für Experimente. Das läßt sich eher begreifen, wenn man sich der Erfahrung des Theater zuwendet. Im Westen gibt es Kleintheater, sogar Kleinstbühnen, in Hülle und Fülle. Wir haben Riesensäle für Tausende Zuschauer. Dies prägt die Ästhetik. Ich möchte über die akademischen Theater nichts Böses sagen, sie leisten eine große, unerläßliche Arbeit. Aber es sollte auch die experimentellen Bühnen geben, die auf einen ganz bestimmten Zuschauer zugeschnitten sind, denn der Zuschauerkreis kann ebensowenig wie das Leserpublikum einheitlich sein.

ANASTASJEW Wie Sie wissen, entstehen derzeit in Moskau immer mehr neue Studiobühnen.

AITMATOW Das ist sehr schön. In der Literatur haben wir es im Prinzip mit derselben Sache zu tun. Ich rufe freilich nicht dazu auf, die Auflagen künstlich zu senken, aber es ist nötig, die Gliederung der Lesermasse im Auge zu behalten.

ANASTASJEW Sie haben einmal gesagt, Sie wären wegen einer Reduzierung Ihres Lesepublikums nicht bestürzt.

Einverstanden. Beunruhigt Sie aber nicht, daß sich derzeit die Massenbelletristik so stark entwickelt? Ist Ihnen etwa gleichgültig, was man als das Pikulsche Phänomen bezeichnen könnte?[1]

AITMATOW Auf eine solche Popularität bin ich nicht neidisch. Auf der anderen Seite halte ich den Wunsch nach Popularität nicht für etwas Verwerfliches, letztlich möchte jeder so weit wie möglich gehört werden. Hier gibt es aber auch Maßstäbe. Ein seriöser Künstler darf sich die Wohlgeneigtheit der Leser nie um jeden Preis erobern. Einsamkeit ist die liebe Not der schreibenden Menschen. Bewußt danach zu streben wäre absurd. Doch die demonstrativen Verbeugungen vor dem Leser sind erniedrigend. Ein Schriftsteller sollte sich nicht dem Schlagersänger anpassen, der in die Hände klatscht, um das Publikum anzuheizen. Solche kläglichen und beschämenden Bemühungen kommen leider auch in der Literatur vor.

Mich verblüfft die Schwemme der verschiedenartigen Abenteuerprodukte. Da ist etwas passiert, ein Umschwung. Ich erinnere mich an meine Jugend, als man sich scheute, über Spione zu sprechen. Aber jetzt ist gleichsam ein Damm gebrochen. Was ist geschehen, haben etwa diese Literatur und dieses Kino etwas Ernstzunehmendes und Bedeutsames erbracht? Eine herausragende Erscheinung? Ich denke, nein.

ANASTASJEW Das Phänomen hat bedrohliche Ausmaße angenommen und zersetzt das gesellschaftliche Bewußtsein immer aggressiver.

AITMATOW Ja, wie eine Sorte Rauschgift. Nur fürchte ich, man muß sich damit abfinden. Die Massenbelletristik wird man mit keinerlei Dekreten abschaffen. Auch nicht

[1] Nach dem gegenwärtig sehr populären Autor Pikul.

mit Beiträgen in der Literaturpresse, das schaffen die guten und kühnen Beiträge wie etwa der Artikel von W. Kardin in der Zeitschrift *Woprossy literatury* nicht. Hier wirken die Gesetze des Marktes, die Nachfrage erzeugt das Angebot. Wenn die Leser und Zuschauer all diese Geheimnisse und verzweifelten Intrigen, Aktionen und Gegenaktionen nicht nötig hätten – einer flüchtet, der andere holt ihn ein und dergleichen mehr – und nicht bereit wären, stundenlang vor dem Fernseher zu hocken und diese unterhaltenden Spiele zu verfolgen, dann würde es diese Sorte Literatur wahrscheinlich gar nicht geben.
ANASTASJEW Und sich einfach damit abfinden? Also kann man gar nichts dagegen unternehmen? Nicht in administrativem Sinn freilich ...
AITMATOW Vielleicht habe ich mich ungenau ausgedrückt. Natürlich sollte man sich damit auseinandersetzen. Nur, das ist eine langwierige, schwierige und mühselige Arbeit. Die Erziehung zum guten Geschmack müßte sehr früh einsetzen, in der Schule, ja sogar im Kindergarten. Damit ein Mensch beim Eintritt in die reifen Lebensjahre ein Original von einer billigen Fälschung unterscheiden kann. Und ich bin nicht sicher, ob dieser Kampf in absehbarer Zukunft den gewünschten Effekt hervorruft. In jedem Fall wäre das eine Arbeit auf Jahrzehnte, weil nämlich auch Gegenströmungen und Seitenströmungen vorhanden sind, wie überhaupt viele verschiedene Faktoren auf die Bildung der allgemeinen und individuellen Geschmäcker einwirken, denn jeder Mensch ist ein souveräner Staat, dessen Ordnung kann einem gefallen oder mißfallen, man hat jedoch mit ihm zu rechnen.

Nehmen Sie etwa das, was man als Amerikanisierung des Alltags bezeichnet: All diese Hamburger – für alle ein und dasselbe und in Windeseile – sind eine Servicekultur.

All das spiegelt sich auch in der Kunst. Das heißt, ich sehe darin die Herstellung bestimmter Erwartungen, das wirkt auf die Rezeption der geistigen (oder angeblich geistigen) Nahrung ein. Das Joch des amerikanischen Kinos läßt Westeuropa gegenwärtig stöhnen und in Atemnot geraten. Sogar Frankreich. Und sogar Italien mit seinen bedeutenden Filmtraditionen. Und ich fürchte, diese Welle hat uns nur noch nicht erreicht. Leider, denke ich, werden wir die eigene Filmproduktion einstellen müssen, falls wir die Schleusen für die amerikanische Filmproduktion öffnen. Hier wäre ich ein entschiedener Anhänger von Barrieren. Sonst würden sie uns wegwerfen, weil wir in dieser Hinsicht noch schutzloser sind als Westeuropa. Wir haben unsere Filmkunst noch nicht auf das ideelle, künstlerische wie auch technische Niveau angehoben, um einem derart starken Druck zuverlässig zu widerstehen. Zum Teil ist die Literatur auch davon betroffen. Was würde geschehen, wenn wir jetzt damit anfingen, die unterschiedlichen Sorten von Comics zu übersetzen? Werden wir in uns genug Widerstandskraft finden? Ich bin nicht sicher. Von allen Seiten ist zu hören, unser Leser sei erwachsen. Das stimmt wohl auch. Aber ich bin nicht davon überzeugt, nein, bei weitem nicht davon überzeugt, daß wir in der Masse unserer Leser eine Immunität gegen Fälschungen ausgebildet hätten. Das Interesse für Konsumartikel aller Art ist zu groß. Und wenn sie meisterhaft und bewußt ausgearbeitet sind – hier sind die Amerikaner wirklich konkurrenzlos –, vermehrt das lediglich die Popularität. Und dann fange ich allen Ernstes an, um die Zukunft der wirklichen Literatur zu bangen.

Ist es nicht erstaunlich, daß man das Niveau der Arbeitsproduktivität und des Lebensstandards anheben muß, um dieser Infektion wirklich zu widerstehen und unsere genuinen geistigen Werte zu behaupten? Im Westen sind die Konsumartikel erstklassig. Wir haben weit und breit nichts Gleichartiges. Was wir auf diesem Gebiet machen, ist bestenfalls Durchschnittsware.

Die Amerikanisierung fängt damit an, daß dem Menschen für den täglichen Bedarf alles im Überfluß zur Verfügung steht. Vorzügliche, wenn auch massengefertigte Bekleidung, sehr gute Einrichtungen für die Küche, ausgezeichnete Tonbandgeräte und so weiter. Auf ebendiesem Prinzip beruht auch die Massenkultur. Hervorragend ausgeführte, farbenprächtige Verpackung. Reklame, Anzeigen und so weiter – du willst es nicht und kaufst es doch. Der Mensch geht ins Wasser, dessen Spiegel allmählich steigt, und er hat gar nicht gemerkt, daß es ihm schon bis zum Hals reicht. Wir können all das noch nicht machen. Dafür haben wir unsere hausgemachte Massenkultur …

ANASTASJEW Moment mal, ich kann Ihrem Gedankengang irgendwie nicht folgen. Geht es darum, daß bei uns die Massenbelletristik oder das Kino eine Art von Kompensation dafür sind, daß wir nicht gelernt haben, gute Tonbandgeräte herzustellen?

AITMATOW Ich versuche einfach zu erklären, warum es uns schwerfällt. Damit Werte frei atmen können und wie echte Werte aufleuchten, muß von ganz unten begonnen werden. Stellen Sie sich jemanden vor, der ins Theater geht, er hat Glück und sieht ein sehr gutes Stück, auf zwei, drei Stunden versenkt er sich in eine hohe geistige Atmosphäre. Wird er sie verspüren, wenn er sich sonst andauernd mit tausend bedeutungslosen Ärgernissen herumschlagen muß, auf die man genausogut verzichten könnte?

ANASTASJEW Trotzdem verstehe ich nicht. Angenommen, wir erreichen eine unvorstellbare Höhe der Alltagskultur. Sehr schön. Sie sind dafür, ich bin dafür, alle sind dafür. Was dann? Folgt dem unmittelbar ein Höhenflug der geistigen Kultur, der Kunst und dementsprechend der Kunstrezeption?

AITMATOW Ich ahne schon, all das ist umstritten. Außerdem gibt es hier natürlich keine direkte Abhängigkeit. Und dennoch bin ich davon überzeugt, daß der von unnötigen Mühen befreite Mensch auf die Begegnung mit echter Kultur besser vorbereitet ist als der vom Alltag abgehetzte. Wir wollen also die Dinge nicht besser und schneller machen – würde davon unsere Kultur profitieren und die Kunst wertvoller? Nichts dergleichen. Nein, wenn Sie so wollen, wird der Mensch in einem guten Anzug, den er mühelos unter anderen guten Anzügen auswählt, vielleicht auf andere Weise lesen, auf andere Weise einen Film oder ein Stück ansehen, als der mit seinem häßlich geschneiderten, in einer Käuferschlange erworbenen Anzug, zu dem er auch nicht die gewünschten Schuhe kaufen konnte, sondern eben irgendwelche Schuhe, damit er nicht barfuß gehen muß. Man kann so vieles und Richtiges und Allgemeines darüber sagen, wie unsere Werte vom Geist des Humanismus durchdrungen seien, wie schön und doch ideenreich unsere Kunst sei – solche Worte erreichen einfach nicht die Menschen, denen der Sinn leider nach ganz anderem steht. Und ich bringe es nicht über mich, mit Steinen auf diejenigen zu werfen, die man gemeinhin Spießbürger nennt.

Man sollte nicht so verächtlich zu den Dingen stehen, die man als Äußerlichkeiten bezeichnet. Beispielsweise die klassische Musik: Aufnahmequalität und Verpackung – all das hat auch seine Bedeutung.

ANASTASJEW Angenommen, jeglicher Unsinn wird

hervorragend aufgenommen, irgendwelche »Zahnprothesen unübertrefflich«, welche Effekte, welche Farben!

Aitmatow Darum meine ich auch, daß wir uns von solchen Mustern eher fernhalten, wenn wir unsere Lebensweise verbessern. Zugegebenermaßen sind sie auch schon zu uns durch verschiedene Ritzen durchgedrungen und haben im Bewußtsein die wirkliche Kunst, die natürlich auch im Westen geschaffen wird, verdrängt. Hier sollte es eben zu einem Wettbewerb der Talente kommen. Aber eine Konkurrenz mit der Massenkultur des Westens ist ein offenkundig verlorenes Unterfangen. Sogar wenn wir berücksichtigen, daß die Massenkultur schlechthin überall dasselbe bringt, hier wie dort. Es sind leibliche Schwestern.

Anastasjew Dann schon eher Cousinen. Gehen wir aber weiter. Wir sprachen über das komplizierte System der wechselseitigen Abhängigkeit von geistiger und materieller Kultur, über die Wechselbeziehungen zwischen Autor und Leser. Wie sehen Sie bei diesem Prozeß die Rolle der Kritik? Braucht denn die Literatur überhaupt die Kritik? Nebenbei bemerkt, das ist keineswegs eine rhetorische Frage. Jedenfalls geht aus dem jüngsten Beitrag von Sergej Michalkow, der mit anderen Schriftstellern an der Diskussion der *Literaturnaja Gaseta* (vom 10. September 1986) über Probleme der aktuellen Kritik teilgenommen hat, eindeutig hervor: Die besten Kritiker sind die Autoren selbst, weil die Berufskritiker einen entweder möglichst empfindlich verletzen wollen oder Gefangene von Gruppenvorlieben werden, deshalb dürfe man von ihnen offensichtlich kein objektives Urteil erwarten. Was denken Sie darüber. Brauchen Sie die Kritik?

Aitmatow Man muß noch beweisen, daß die Kritik eine selbständige Gattung der schöpferischen Tätigkeit ist? Sie geht Seite an Seite mit der Literatur und dem Dichten. Es sind unvermeidliche Weggefährten. Und ich persönlich würde mich sehr unwohl fühlen, einfach eine innere Leere verspüren, wenn etwa *Der Richtplatz* keinerlei kritische Resonanz hervorgerufen hätte. Kritik kann bestärken, Kritik kann auch einen Nimbus zerstören. Begreiflicherweise ist es angenehm, wenn man gelobt, ärgerlich, wenn man beschimpft wird. Doch sollte man sich auch dann würdevoll verhalten, wenn die Kritik, wie es heißt, das Niveau hält. Denn auch sie hat ihre Probleme. Die eine Kritik propagiert die Massenkultur, die andere Kritik befaßt sich mit echter Literatur. Übrigens ist auch letztere kein Monolith. Die einen machen sich über allgemeinmenschliche Werte Gedanken, die anderen suchen in der Kultur vor allem den Nationalgeist. Doch so oder so ist die Existenz der Kritik eine völlig unerläßliche Bedingung für die Existenz der Literatur, ihrer Bewegung.

ANASTASJEW Bei der Entgegennahme des Nobelpreises hat Hemingway gesagt: »Auf seiner Höhe verläuft das Leben eines Schriftstellers in Einsamkeit... Wenn er sich von der Einsamkeit befreit, wird aus ihm eine Figur der Öffentlichkeit, und dies geschieht nicht selten zum Schaden seines Schaffens.« Ein anderer amerikanischer Schriftsteller, Henry Thoreau – er lebte freilich im letzten Jahrhundert, beantwortete die Frage, ob er viel auf Reisen sei: »Ich reise viel durch Concord und Umgebung.«[1] Ich weiß nicht, ob Sie je dort gewesen sind, es ist eine Kleinstadt in Neuengland, an der Atlantikküste der USA. Wieviel Menschen leben in Scheker?

[1] 1845–1847 lebte Thoreau in einer selbst gebauten Blockhütte am Walden Pond bei Concord, Massachusetts. Seine Erlebnisse dieser Jahre schilderte er in seinem bekanntesten Werk *Walden or life in the woods*.

AITMATOW Rund dreitausend.

ANASTASJEW Sehen Sie, Concord im 19. Jahrhundert war das Scheker von heute, vielleicht noch kleiner. Und wenn man bedenkt, daß sich Thoreau von dort auf zweieinhalb Jahre entfernte und am Ufer des Walden Pond selbst eine Blockhütte baute – das Ergebnis der Abkapselung war ein bedeutendes Buch –, so geht daraus hervor, daß für ihn sogar das winzige Concord noch zu menschenbelebt war. Aber Sie reisen wie andere zeitgenössische Schriftsteller durch die Welt, treten auf verschiedenartigen Kongressen auf, Sie sind Abgeordneter, Vorsitzender des Schriftstellerverbandes einer Republik, gehören der Leitung des Schriftstellerverbandes der UdSSR an, und dazu kommen noch die unterschiedlichen Komitees, Sowjets und so weiter. Ich verstehe das als einen Ausdruck Ihres gesellschaftlichen Temperaments. Aber brauchen Sie all dies als Schriftsteller? Dringen diese Erfahrungen und dieses unentwegt mit Menschen verbrachte Leben in Ihr Werk ein?

AITMATOW Wissen Sie, wenn ich mich von alldem freimachen könnte und man mir sagen würde: Schreib, mehr wird von dir nicht verlangt, dann würde ich dennoch weiterhin reisen, mit Menschen zusammentreffen und auftreten. Ich sehe nicht, wie man die Welt anders erkennen und verstehen kann. Vielleicht gibt es die Leute, die dreihundertfünfundsechzig Tage im Jahr schreiben können. Das ist schwer vorstellbar, aber vielleicht gibt es sie. Ich jedenfalls gehöre nicht dazu. Die eine Sache ist, mit zwei, drei Leuten zu verkehren. Schön, wenn es kluge Menschen sind. Eine andere Sache wären tausend, Tausende. Darunter finde ich wahrscheinlich ein Dutzend interessanter, ungewöhnlicher Persönlichkeiten. Natürlich entfaltet sich bei jedem das Leben auf seine Art, jeder braucht das Seine. Sie sprachen von Hemingway...

ANASTASJEW Mehr um Sie zu provozieren. Schließlich enthalten seine Worte nicht wenig Koketterie. Übrigens bereiste er in seiner Jugend ganz Europa, als bereits berühmter Schriftsteller trat er beim Pariser Kongreß zur Verteidigung der Kultur auf und fuhr dann ins kämpfende Spanien. Und wär all das nicht gewesen, was wäre dann geblieben? Ein paar bedeutenden Novellen und *The Green Hills of Africa*.

AITMATOW Also doch. Und nach dem Krieg ist Hemingways Talent verkümmert. Etwa deswegen, weil er wirklich versucht hat, sich abzukapseln?

ANASTASJEW Da sind Sie aber doch zu weit gegangen. Hemingway hat zwar seine besten Bücher in den zwanziger und dreißiger Jahren geschrieben, aber auch nach dem Krieg ist ein herausragendes Buch erschienen: *Der alte Mann und das Meer.*

AITMATOW Natürlich ist das eine ausgezeichnete Novelle. Nur müssen Sie mir verzeihen, daß Ihre Kritikerkollegen nicht wenig dazu beigetragen haben, meinen Eindruck davon zu verderben.

ANASTASJEW Tatsächlich? Wie haben wir das bloß geschafft?

AITMATOW Aber Sie vergleichen doch den *Alten Mann und das Meer* ständig mit meinem »Scheckigen Hund ...« Das heißt natürlich umgekehrt – den »Scheckigen Hund ...« mit dem *Alten Mann und das Meer.*[1]

ANASTASJEW Und was ist daran so schlecht?

[1] In der westdeutschen Ausgabe wurde vom Verlag (C. Bertelsmann, München) der Titel *Der Junge und das Meer* in bewußter Anlehnung an Hemingways Novelle gewählt. Wörtlich übersetzt lautet der Originaltitel »Scheckiger Hund im Lauf am Rande des Meeres«. Die DDR-Ausgabe der Novelle hat den Titel *Scheckiger Hund, der am Meer entlangläuft*.

Aitmatow Sehen Sie, ich hab' den »Scheckigen Hund...« sehr gern. Vielleicht ist das überhaupt mein Lieblingsbuch. Bis heute denke ich daran, mit welcher Befriedigung und Leichtigkeit es sich hat schreiben lassen. Wahrscheinlich widersetze ich mich hier innerlich allen Vergleichen, sogar wenn es Hemingway ist...

Anastasjew Kritiker sind wohl kaum verpflichtet, auf Autorenschwächen Rücksicht zu nehmen. Verzeihung, ich beziehe mich auf eigene Erfahrungen. Ich habe jetzt im Verlag ein Buchmanuskript abgegeben, das unter anderem auch diese wirklich verbreitete Gegenüberstellung enthält. Ich wußte zwar nicht, daß Sie das kränkt, aber selbst wenn es mir bekannt gewesen wäre, hätte ich darauf nicht verzichtet. Trotzdem bringt mich das, was Sie sagten, auf die übliche Frage – sie gehört zu denen, die man Ihnen immer stellt, wahrscheinlich hängt es Ihnen schon zum Hals heraus, darauf zu antworten. Nebenbei bemerkt, ist es eher eine Beobachtung als eine Frage: *Der Junge und das Meer* und *Der alte Mann und das Meer* hier, dort jedoch *Ein Tag länger als ein Leben* und *Hundert Jahre Einsamkeit*. Ob Ihnen das gefällt oder nicht, die Analogien ergeben sich ganz natürlich: Hier wie dort ein Mythos und die künstlerische Erforschung des mythologischen Bewußtseins. Nur scheint mir, daß man zwar die Ähnlichkeit, die beträchtlichen Unterschiede jedoch nicht immer bemerkt. Über den einen Unterschied sprachen Sie heute schon selbst. Meines Erachtens gibt es auch andere. Bei García Márquez erdrückt der Mythos beinahe vollständig den individuellen Ursprung. In Ihren Büchern behindert der Mythos scheinbar nicht das Wachsen der Persönlichkeit, im Gegenteil, er fördert es. Und ferner: Beim kolumbianischen Schriftsteller (teilweise auch bei Faulkner) erscheint der Mythos mit einer erstarrten Zwanghaftigkeit, man denke nur an den *Herbst des Patriarchen.* Solch eine Ansicht ist Ihnen, meines Wissens, auch nicht fremd (*Der Weiße Dampfer,* die Legende vom Mankurt in *Ein Tag länger als ein Leben*), trotzdem ist die Hauptsache zu verspüren – die heroisch erschaffende Grundlage des Mythos.

AITMATOW Die Beobachtung eines Literaturwissenschaftlers, so kann man das vielleicht auch sehen. Aber jetzt zur Sache . . . Der Mythos ist insoweit möglich und für die Literatur nötig, als er interessant ist für den Leser und ihn unterhält, dem Leserwissen über die Welt etwas hinzufügt. Ist der Mythos bloß Schmuck und ohne Notwendigkeit, dann sollte man auf ihn verzichten. Wenn García Márquez den Mythos braucht, wendet er sich ihm zu, und das fesselt den Leser. *Hundert Jahre Einsamkeit* ist ein ausgezeichnetes Buch, man liest es mit ungebrochenem Interesse. Das ist alles.

ANASTASJEW Lesen Sie etwas anderes außer belletristische Literatur?

AITMATOW Ausgerechnet die Belletristik ist in den letzten Jahren in meiner Lektüre ins zweite Glied zurückgetreten.

ANASTASJEW Und was ist ins erste Glied getreten?

AITMATOW Verschiedene Bücher. Historische. Biographische. Autobiographische. Wissenschaftliche, insbesondere Werke, die mit der Renaissance verknüpft sind. Eingehend studiert habe ich die Arbeit von A. F. Lossew über die Ästhetik der Renaissance. Die zweibändige Ausgabe *Mythen der Völker der Welt* liegt auf dem Tisch. Schöngeistige Literatur lese ich derzeit ausgesprochen handverlesen. Ich schlage ein Buch auf, und wenn ich nach fünf, sechs Seiten Lektüre kein Interesse verspüre, dann lege ich es einfach weg. Früher war das anders.

ANASTASJEW Nun die letzte Frage. Sie ist banal. Und

gerade jetzt, da Ihr neuer Roman erschienen ist, vielleicht auch taktlos. Schreiben Sie Neues, bereiten Sie sich auf etwas vor? Vor sechs, sieben Jahren haben Sie im Gespräch mit der deutschen Literaturforscherin Irmgard Gutschke erwähnt, daß Sie an ein Buch denken, in dem die Erfahrung des patriarchalischen Bewußtseins mit seinen freudvollen und finsteren Seiten wiedererstehen würde. Was ist damit?

AITMATOW Dieser Brunnen enthält noch viel Wasser, der Grund ist nicht zu sehen. Aber ich möchte jetzt über dieses Thema nicht sprechen. Zunächst muß ich die laufenden Dinge erledigen. Vor allem aber: Man hat einen Einfall, man erzählt davon, aber plötzlich entsteht etwas völlig anderes. Nur das eine weiß ich ganz sicher – ich werde schreiben. Und man wird anfangen, wie man immer anfängt – als läge nichts hinter einem, als geschehe alles zum ersten Mal.

Druschba narodow, Heft 2, 1987.

Perestrojka – Der Preis des Durchblicks

Gespräch mit Felix Medwedjew

Das Telefon klingelte kurz vor Mitternacht. »Ich bin bereit, das Gespräch zu beginnen«, sagte er bedächtig, »wenn Sie wollen, kommen Sie gleich.«

Ich jagte quer durch Moskau. Im Taxi. Zum Schriftsteller, dessen Namen der ganzen Welt bekannt ist, fieberhaft dachte ich bereits nach, worüber ich mit ihm reden werde. Worüber nur? Schien mir doch, daß unseren Lesern alles über Tschingis Aitmatow bekannt ist: Die Menge des Gedruckten über ihn übersteigt das von ihm selbst Geschaffene um ein Vielfaches . . .

Was kann der Schriftsteller Neues über sich und seine Arbeit sagen? »Aber das Leben ist unerschöpflich«, dachte ich mir, »selbst wenn Tschingis Aitmatow noch gestern mit Journalisten zusammentraf, ist heute ein neuer Tag, eine neue Lebenslinie, neue Sorgen und Zweifel sind mit ihm. Umso mehr in diesen Tagen, da sich jede Stunde auf die Waage der Geschichte legt, vielleicht gleicht jede dieser Stunden einer Epoche . . .«

Und Tschingis Torekulowitsch begann sofort mit dem Wichtigsten, dem Schmerzhaftesten und Notwendigsten . . .

Aitmatow Endlich fangen wir an zu begreifen und wachen auf, wir blickten zurück und sahen in eine gähnende Leere. Schrecklich daran zu denken, was mit uns geschehen wäre, wenn alles weitergegangen wäre wie zuvor, als man Tatsachen durch rituales Wortgeklingel ersetzte. Bis in die allerjüngste Zeit wurde über Lebensfragen nur in Klischees gesprochen, die im Mund zu Asche wurden –

lauter Ausrufezeichen über die fortgeschrittenste Gesellschaft der Welt, über unseren gebildeten sowjetischen Leser, über unsere unerschütterliche sowjetische Avantgarde, über all das, was in die Rubrik »unser sowjetisches...« fiel. In dieser süßen Selbstverzauberung wurde unser Blick für das Reale und Konkrete trübe, wir verschlossen die Augen vor der Tatsache, daß wir von der uns umgebenden Welt auf vielen Strecken überholt worden sind. Und das Ziel glitt uns aus den Händen: »Noch die heutige Generation der Sowjetmenschen wird im Kommunismus leben.« Eine einzige Profanation, ein ungeheuerlicher Voluntarismus. Unser Ziel – der Kommunismus – ist noch weiter in den Hintergrund gerückt. Und nicht nur das: Viele Forderungen des Sozialismus sind entstellt worden.

MEDWEDJEW Sagen Sie bitte, warum haben Sie sich dafür entschieden, im *Richtplatz* das bis anhin für die Presse tabuisierte Thema des Rauschgifts einzubringen und zugleich das Problem der geistigen Leere des Menschen? Haben Sie die grundlegenden Veränderungen in der Gesellschaft vorausgespürt?

AITMATOW Vielleicht gab es ein inneres Vorgefühl. Und die Drogensucht ist hier nur ein Detail. Reden wir von Wichtigerem. In den letzten Jahren ertappte ich mich immer wieder beim Gedanken, daß wir eine geistesarme Geschichtsperiode durchmachen und eben jetzt ein plötzliches Verstehen einsetzt. Sind wir denn wirklich so abgestumpft... Stimmen Sie zu, daß jetzt ein plötzlicher Durchblick stattfindet? Langsam, aber sicher schütteln wir die Selbstzufriedenheit, die Selbsttäuschung und den Hochmut ab. Die Litaneien, daß wir das und das geleistet, diesen und jenen überrundet hätten, sind zu Ende.

MEDWEDJEW Tschingis Torekulowitsch, aus unserem

Gespräch im Januar 1984 sind mir Ihre Worte im Gedächtnis geblieben, daß »die wirkliche Geschichte erst jetzt anfängt, und erst jetzt wird deutlich, wie unsere Gesellschaft gereift ist, inwieweit sie die Errungenschaften beherrscht, über die sie verfügt... Und wir sollten siegen, und dies wird ein beispielloser Sieg sein.« Damals schien es mir, als hätten Sie diesen Worten einen besonderen Sinn unterlegt. Ich wiederhole, das war der Januar 1984 und nicht der April 1985, es war auch nicht das Jahr 1986.

AITMATOW Wissen Sie, ich habe immer – offenbar wie viele andere – den ungeheuren Mangel, mitunter das völlige Fehlen an Demokratie gespürt. Wir sind auch jetzt noch nicht so weit, sie gesetzmäßig wahrzunehmen. Demokratie ist eine außerordentlich verantwortungsvolle Sache, die in Generationen anzuerziehen ist. Nicht daß man sich über alles in gedruckter und gesprochener Form äußern könnte, das ist ein mehr äußerliches Herangehen. Demokratie in Aktion ist vor allem anderen ein höchst komplizierter Vorgang der Toleranz und des Respekts füreinander, der einen Gesellschaftsschicht gegenüber einer anderen; ein unglaublich schwieriger, in vielem dramatischer Formierungsprozeß einer neuen Sichtweise auf Geschichte und Gesellschaft.

Da die Demokratie, die wir schon immer nötig gehabt hätten, vor allem auf dem Papier existierte, meine ich, daß erst jetzt der wirkliche Sinn des Sozialismus spürbar wird. Ich denke, daß das höchste Ziel allen Strebens auf der Erde in der Demokratie Gestalt annimmt. Man kann ein System nennen, wie man will, wenn es aber nicht die Grundlage für eine echte Befreiung des Geistes bietet, wird daraus nichts werden. Die Vorstellung vom Glück kann persönlich, vereinzelt und individuell sein, aber es gibt auch das gesellschaftliche Glück. So ist vielleicht das Glück des

Sozialismus erst dann gegeben, wenn völlige und eindeutige Demokratie existiert, die alle Bereiche des Lebens und der menschlichen Existenz durchdringt.

MEDWEDJEW Eine solche Zeit gab es teilweise schon in unserer Geschichte – nach dem 20. Parteitag. Literaturkritiker meinen, ebenjene Jahre hätten Ihr Werk geprägt, Sie haben ja von 1956 bis 1963 die »Novellen der Berge und Steppen« geschrieben, die übrigens den Leninpreis zugesprochen erhielten.

AITMATOW Ja, ich bin dem Schicksal dankbar, daß ich in jener Zeitspanne lebte und arbeitete. Die sechs, sieben Jahre haben viel bedeutet. Eben damals ist die Gruppe der Schriftsteller gewachsen, die bis heute die führende Hauptkraft der zeitgenössischen Literatur verkörpert. Es ist gut, daß sie damals jung waren. Auch ich war jung. Daher konnte man sich für viele lange Jahre die innere Würde und Hoffnung bewahren.

Zum Glück hat sich jetzt der Vorhang erneut gehoben, und wenn jene Zeiten eine verschwommene Hoffnung brachten, so ist nun die Zeit einer bewußten Unumkehrbarkeit der sich vollziehenden Veränderungen gekommen. Und daher erwarte ich auf dem Feld der Literatur regelrechte Vulkanausbrüche. Ich meine, daß nach Valentin Rasputin, der jetzt fünfzig Jahre alt ist, und den Generationen, die ihm folgten, eine gewisse geistige Leere zu verspüren ist. Sowohl in der russischen Literatur als auch in den nichtrussischen Literaturen ist etwas zum Erliegen gekommen ... Die Formel: »Und das Wort war Gott« gilt nicht mehr.

Aber jetzt scheint mir eine günstige Zeit für große Entdeckungen angebrochen zu sein. Und wenn morgen ein bedeutender Romancier oder Poet auftritt, der uns verblüfft, wird das kein Zufall sein. Soll er nur alle in Bedrängnis bringen. Wir werden das als eine lange erwartete Erscheinung annehmen.

MEDWEDJEW Ich sehe diesen Entwicklungsprozeß nicht als etwas Leichtes und Schmerzloses. Die Zukunft ist, wenn sich Demokratie behaupten soll, ein langfristiger Vorgang. Und nicht alle Literaten begreifen das genau und engagieren sich tatkräftig für das Geschehen »draußen«. Nicht von ungefähr benutzte Michail Sergejewitsch Gorbatschow bei seinem jüngsten Auftritt das bereits geflügelte Wort vom »Abrechnen« im Hinblick auf Zustände, die mit echter Kunst nicht das geringste zu tun haben.

AITMATOW Das ist bedauerlich und verwerflich, denn wenn im Literaturbetrieb Beziehungen ausgenützt werden, um mit Individuen oder Gruppen abzurechnen, dann ist das unproduktiv und war noch in keinem Fall fruchtbar. Übergeschäftige, anmaßende Leute, die nur persönliche Popularität und Ruhm suchen, wirken abstoßend, erst recht bei Literaten. Sie vergiften sich und anderen das Leben. Das war schon immer so: Haß entleert den Menschen. Daran sollte man denken. Ich kenne junge Leute, die schon ausgelaugt sind vor Haß und Neid. Mir sind auch Bejahrte bekannt, die auf die alten Tage kein bißchen Weisheit dazugelernt haben, daher zu allem fähig sind, um ihre chronische Unproduktivität an jedem und allem auszulassen, sogar an den Kleinen im Kindergarten. Wir müßten endlich begreifen, wie kurz unser Leben wirklich ist, und je länger man auf der Welt ist, um so tiefer müßte das als tiefes Glück wahrgenommen werden und nicht als der Anlaß für eine verspätete Rechthaberei um jeden Preis. Wer sich durch Haß, Neid und Feindseligkeit entleert, wird zum Sklaven der Nacht und nie zu einem Schöpfer des Lichts.

Medwedjew Ist es wahr, daß Ihr Vater, Torekul Aitmatow, und dessen Brüder, die Dorfaktivisten Ryskulbek und Alemkul, der Repression des Jahres 1937 zum Opfer fielen? Ich habe das erst jetzt erfahren.

Aitmatow Ja, das stimmt. Es ist genau ein halbes Jahrhundert her, und die Erinnerung daran bedrückt mich. Öffentlich habe ich das niemals erwähnt, ich äußere mich dazu erstmals. Ich möchte nicht, daß diese Tatsache von anderen verzerrt erläutert wird. Doch auch ohne diese Erfahrungen würde ich mich mit allen Kräften dem »Knüppel« des Personenkultes widersetzen. Bis heute wollen viele noch nicht begreifen, welch Riesenschaden er der sowjetischen Gesellschaft zugefügt hat. Der Personenkult hat dem Sozialismus unersetzliche Verluste und Verstümmelungen beigebracht. Viel zu lange fesselte uns das Fangeisen des von Stalin geschaffenen autoritären Regimes, und erst jetzt, beinahe dreißig Jahre nach seinem Ende, haben wir damit begonnen, uns zu befreien und den Sklaven des Personenkultes aus uns herauszupressen. Erst jetzt hat die Gesellschaft wirklich damit angefangen, die schwere Bürde jener finsteren Epoche abzulegen. Und das kommt uns teuer zu stehen. Es gibt ja noch so viele Anhänger des Vergangenen. Sie wollen nichts sehen und nichts ändern. Wenn wir uns ein für allemal von den Komplexen der Vergangenheit freimachen, dann wird dies eine große politische und geistige Leistung der Perestrojka sein (. . .).

Die ganze Zeit denke ich über ein Paradox nach: Beim Erschaffen des Sozialismus geben wir allem, was dem Kollektiv entspringt, den Vorzug, wir haben vieles eingebüßt, was mit Individualität und Persönlichkeit zu tun hat, das »Selbst« des Menschen, wenn man es so ausdrükken kann. Gehen wir davon aus, daß es das »Selbst« gibt, dann ist alles übrige die »Welt«. Wie sehr offenbart sich heute dieser Verlust! An vielem, in vielem. An der Qualität der Arbeit. In der Beziehung des Menschen zum Menschen. An der Haltung zu seiner Kreativität.

Die Persönlichkeit ist bei uns kein Wertmaßstab. Und wir ignorieren diese Probleme, decken sie zu, als würden wir sie nicht bemerken. Aber sie haben sich aufgestaut, sind an die Oberfläche gekommen, sie drücken sich aus im Verhalten des Menschen zum Staat, des Staates zum Menschen, des Menschen zum Kollektiv. All dies zusammengenommen erfordert Lösungen, wie wir sie derzeit »Perestrojka« nennen. Perestrojka ist ein weiter Begriff. Für die einen scheint die Perestrojka rein organisatorische Dinge zu betreffen, eine Umbesetzung der Kader; für die anderen umfaßt sie nur technologische und technokratische Probleme. Das wichtigste für mich sind die sozialen Aspekte, die Wechselbeziehungen der Menschen, der Persönlichkeit und der Gesellschaft. Persönlichkeit, Individuum und Staat. Ich bin kein Wissenschaftler, kein Soziologe, ich gehe an diese Probleme sozusagen empirisch heran. Und mir scheint, daß man darüber qualifiziert reden müßte. Genug der Dogmen und festen Formeln. Dogmen und Formeln, die uns bremsen, haben wir mehr als genug, wir sollten von der Nivellierung, der Entpersönlichung und der Normierung abkommen. Die allgemeine Standardisierung im Namen des Kollektivs ist mörderisch.

Wir sind doch Menschen, unser ganzes Leben, was wir auch immer tun, setzt sich aus Alltagsdasein und Alltagsmühen zusammen. Ein Teil der Gesellschaft produziert, ein anderer konsumiert, zwischen ihnen gibt es den Dienstleistungsbereich. Alles ist vergesellschaftet. Einst genügte dem Menschen die Naturalwirtschaft, in der

Hauptsache war er auf sich selbst angewiesen. Auf seine Arbeit, sein Vermögen, sein Land. Heutzutage ist das alles ganz anders: Um alles kümmert sich der Staat.

Einerseits resultiert das aus Prinzipien des Sozialismus, andererseits enttäuscht es mich, daß wir viele Bereiche unserer Existenz nicht selbst so organisieren können, wie sich das gehört. Nehmen wir das Wohnen.

Früher hat sich ein Mensch selbst um seine Behausung gekümmert und darum bemüht, sie in Schuß zu halten, zu verbessern, und hat deshalb jeden Nagel aufbewahrt, aber alles wartet jetzt nur noch auf die fertige, komfortable Wohnung. Begreiflich, daß hierfür Mittel bereitgestellt werden und ganze Produktionszweige existieren. Einerseits wird so das Leben leichter, andererseits haben wir es nicht fertiggebracht, das Wohnen zu etwas Vertrautem, Gemütlichem, von uns Untrennbarem zu machen. Schauen Sie nur an, was in den Eingängen und Einfahrten, in Aufzügen und in Treppenhäusern geschieht! Was haben wir nur aus unseren Häusern gemacht? Mehrstöckige Baracken? Wir leben, als wollten wir uns an uns selbst rächen. Aber wofür nur, fragt man sich, üben wir an uns selbst Rache, etwa wegen des Staates, der diese unerhörte Verpflichtung auf sich genommen hat? Der Teufel weiß warum, stimmt etwa tatsächlich das Spießersprichwort: Tu nichts Gutes, dann passiert dir nichts Schlimmes? Wir haben es nicht gelernt, in mehrstöckigen Häusern zu wohnen und unsere Bleibe zu pflegen. Außerdem bauen wir unsere Häuser schlecht. Bereits im Bauplan läßt man Fehler und Undinge durchgehen, man denkt nicht zu Ende, und im Verlauf des Bauens werden viele Planelemente nicht beachtet. Das ergibt die reinste Schluderei – bloß so rasch wie nur möglich weg von diesem Objekt.

Die neuen Quartiere, die wir in Moskau sehen, sind

wahre Blumen – es ist das Beste, was wir in unserem modernen Bauen haben. Aber fahren Sie mal in Provinz- und Gebietsstädte. Schon aus dem Zugfenster sieht man mit Bestürzung, wie häßlich die Bauweise unserer Wohngebäude ist. Unsere Behausung ist aber unser Leben. Und so viel wir darüber auch reden und uns gegenseitig Vorwürfe machen, es bleibt alles wie gehabt, nichts ändert sich. Ich fürchte, die junge Generation hat nicht einmal eine Ahnung davon, daß sich der Mensch von Geburt an um seine Behausung zu kümmern hat. Den jungen Menschen kommt es so vor, als sei alles fixfertig vorhanden. Sie sollen uns nur die Schlüssel übergeben! . . .

Das zweite Problem ist das Transportwesen. Von Jahr zu Jahr wird es bedrückender. Ich beginne mit der weitreichendsten Beförderung – mit der Luftfahrt. Ich bin in anderen Ländern herumgekommen und habe Flugzeuge der unterschiedlichsten Fluggesellschaften benutzt, mir ist wohlbekannt, was ein gutes Flugwesen ausmacht. Nun denn, ich kann in unserem Service keinen Fortschritt feststellen. Das ist heute eine dürftige, beengende und entnervende Beförderung von Menschen unter sehr unzureichenden Bedingungen. Im Sommer sieht es auf dem Flughafen »Domodjedowo« so aus, als finde eine ungeordnete Evakuierung von Menschen statt, die vor Naturkatastrophen oder einem Krieg flüchten. Unsere Flughäfen und auch die Bahnhöfe haben sich in einen düsteren, wimmelnden, chaotischen Auflauf von Reisenden verwandelt. Wo sind da die Merkmale der hohen Zivilisation? Und hier wird Aeroflot, so denke ich persönlich, für sich selbst niemals etwas verbessern können. Es muß eine Konkurrenzfirma geschaffen werden. Vielleicht kann man die Aeroflot in zwei Teile trennen, einem jeden die Mittel und Möglichkeiten einräumen, somit den Wettbewerb stimulieren und es so einrichten, daß der Lohn des gesamten Flug- und Dienstpersonals von der Qualität ihrer Arbeit abhängt. Noch mehr bedrückt mich zu sehen, daß der Flugzeugpark veraltet, es wird wenig erneuert. Ich könnte viele Beispiele anführen. Die Asienflüge Frunse–Moskau, Alma-Ata–Moskau. Über viele Jahre sind die Flüge auf dem gleichen Stand geblieben. Der Maschinenpark erneuert sich sehr langsam. Aber der Andrang der Fluggäste nimmt stürmisch zu.

Die Flugzeuge verkommen immer mehr. Sogar äußerlich. Ich urteile als Fluggast. Fliegen und Schaben haben sich in den Flugzeugen vermehrt wie in Kommunalgebäuden. Ich habe einmal eine Stewardess gebeten: »Warum bekämpft ihr nicht die Küchenschaben, sehen Sie nur, die krabbeln überall herum!« »Was erwarten Sie denn von uns«, antwortete sie, »wir schaffen es nicht, die Flugzeuge zu desinfizieren, sie sind ständig in Betrieb. Die Mannschaften wechseln, auch die Fluggäste, aber die Maschinen bleiben und werden herumgejagt.« Und da kam mir der Verdacht auf: Kann man unter solchen Bedingungen die nötige Flugsicherheit gewährleisten? Es kommt noch hinzu, daß die Flugzeuge überlastet sind und vollgestopft wie nirgendwo in der Welt. So ein schonungsloses Vollpacken habe ich in Flugzeugen anderer Fluggesellschaften nicht gesehen.

Und wenn wir davon reden, daß in der kapitalistischen Produktion die Hauptsache der Profit und die Jagd nach Profit seien, dann sehe ich hier, offen gestanden, keinen Unterschied: Bei denen ist es die Jagd nach dem Profit, bei uns die nach der Planerfüllung, das heißt, nach dem Gewinn, koste es, was es wolle.

Aber bis in die jüngste Zeit war Aeroflot eine Art Eliteorganisation, die ein einfacher Sterblicher unmöglich kritisieren durfte. Das tut weh, denn wir alle kommen mit dem Flugwesen in Berührung. Ohne Luftfahrt kommt der Mensch von heute nicht zurecht. Es ist in unser Fleisch und Blut übergegangen, in unsere Lebensweise und Alltagsplanungen. Nur mit Hilfe des Flugwesens kann man etwas bei dem angestrengten Tempo der modernen Lebensweise erreichen. Und eben auf diesem so lebenswichtigen Gebiet verspüren wir eine immer größere Schwäche.

Und jetzt zum städtischen Verkehrswesen. Dessen Zustand ist schon jenseits jeder Kritik. Alles ist überladen: Metro, Busse, Trolleybusse, Straßenbahnen. Nicht nur in Moskau, sondern überall und allenthalben. Der Strom der Fahrgäste schwillt an, aber die Mittel der Beförderung bleiben auf der Strecke. Die Streßsituationen im Verkehr beeinflussen die Arbeitsfähigkeiten der Menschen, ihre Stimmungen und Beziehungen zueinander. Der Westen ist mit ähnlichen Problemen konfrontiert, doch dort hilft ein gigantischer Individualverkehr aus der Klemme, der in keiner Weise mit dem unseren vergleichbar ist.

Und unsere Straßen? In den Städten, zwischen den Städten, die Nebenstraßen und die Dorfstraßen im ganzen Land. Verglichen mit den Verkehrswegen in anderen Teilen der Welt sind das keine Straßen. Hier gibt es noch eine ganze Menge zu tun.

Tagaus, tagein passen wir uns alldem an, wir besänftigen und ärgern uns, und doch gewöhnen wir uns daran, erdulden und nehmen es hin als ein unausweichliches Los. Warum eigentlich?

Die Schulbildung ist in vielem in jämmerlichem Zustand, die medizinische Versorgung in schlechten Händen, der Handel auf dem Niveau der Steinzeit . . .

Ich murre nicht. Ich denke nach und möchte Besseres erreichen. Wo ist der Ausweg? Viele meinen, die Arbeit müßte besser organisiert werden, man müßte besser arbeiten. Ich verstehe, das ist sehr wichtig, meine aber, daß das nicht die Hauptsache ist. Am wichtigsten wäre: Woher nehmen wir die Mittel, um das zu bewältigen, für einen Aufschwung des Lebensniveaus? Der Staatshaushalt ist ja nicht aus Gummi. Die Gehälter im Dienstleistungssektor erhöhen? Unmöglich. Die Preise für Lebensmittel und Dienstleistungen erhöhen? Wahrscheinlich. Aber dann müssen auch die Löhne angehoben werden. Ein Teufelskreis, aus dem wir um jeden Preis heraus müssen. Denn keine Generation ist ewig, wie auch keiner von uns. Der Mensch sollte aber unter menschenwürdigen Bedingungen leben können.

Gott sei Dank, wie man so sagt, ist kein Krieg. Warum bleiben aber so viele lebenswichtige Probleme des Staates und der Gesellschaft ungelöst, ja, vertiefen sich sogar?! Wahrscheinlich denken wir darüber zu wenig nach. Und machen wir uns darüber Gedanken, dann zeitigt das nicht immer Ergebnisse. Warum nur? In jedem von uns sitzt ein Dogmatiker, ein jeder von uns war in gewissem Maß durch die Epoche des Stalinismus betäubt, hat verlernt zu denken und zu handeln – ohne den Segen von oben.

Etliche meiner Kollegen versuchen, eine Antwort in scholastischen Politdiskussionen zu finden. Es ist einfach festzustellen, daß der Sozialismus potentielle Vorteile hat, aber um wieviel schwieriger ist es, diese in der Praxis anzuwenden. Wie soll das geschehen? Darauf bleiben viele die Antwort schuldig. Wie gut wäre es, sich von der lähmenden Demagogie und dem Konservatismus zu befreien, die sich in den Köpfen unserer Gelehrten, Theoretiker und Praktiker, Soziologen und Ökonomen eingefressen haben.

Ich meine, daß die Perestrojka viele dieser Probleme lösen müßte. Jedenfalls hoffe ich, sie wird sie lösen helfen.

Medwedjew Das Wort »Glasnost« entstammt der Wurzel »glas«, »golos« – also »Stimme«. Folglich sollten heute die vorangehen, die über eine Stimme verfügen: Schriftsteller, Literaten, Journalisten. Das heißt alle, die diese Stimme verlauten, vernehmen, verbreiten können.
Aitmatow Natürlich ist Glasnost in der Literatur so nötig wie die Luft zum Atmen. Aber ich begreife »Glasnost« nicht nur als »Stimme«. Ich entschlüssle dies auf eigene Weise. Glasnost ist eine Komponente der Freiheit. Die zweite Komponente sind die Bilanz und Erträge der Glasnost, das heißt die Meinungen und Wünsche der Mehrheit. Daraus ergibt sich die Freiheit. Und ohne den Faktor Freiheit lassen sich in der heutigen Welt keine Spitzenleistungen der Produktivität entwickeln, vervollkommnen und erzielen. Journalistik und Publizistik sind freilich die primäre Reaktion auf das Geschehen und der direkteste Versuch, auf die Realität einzuwirken. Das Buch und die große Literatur erfüllen ihre eigenen Funktionen, hier liegen völlig andere Möglichkeiten vor als bei Publizistik und Journalistik. Und bisweilen kann die Publizistik mehr bedeuten als die Belletristik. Ich denke, wir haben es derzeit mit einem solchen Zeitabschnitt zu tun. Die Zeitungen sind derart populär geworden, daß sich die Leute schon am frühen Morgen anstellen. Bei einer solchen Nachfrage in der Gesellschaft wächst die Verantwortung der Journalistik um ein Mehrfaches. Gewöhnlich begreifen wir Verantwortung als eine gerichtliche, parteiliche, dienstliche Sache. Das heißt: Verantwortung bedeutet Beschränkung und Verbot. Ich fasse Verantwortung auf andere Weise auf, nämlich als Verantwortlichkeit dafür, daß mit deiner eigenen Meinung die der anderen Menschen mitgestaltet werde.

Fortschritt hat sich immer gegen gewisse Hindernisse

durchsetzen müssen. Fortschritt ist unmöglich, wenn man etwas unterschlägt, verbietet, totschweigt und tabuisiert. Besser ist es, den Schwierigkeiten entgegenzutreten, sie auszuhalten und so zu meistern, daß dabei das Bewußtsein der Gesellschaft weiterkommt. Ich denke, wenn unsere Publizistik von all den Topoi des Verschweigens Abschied nehmen kann und die Kraft findet, frisch, neu, klar, sauber und wahrhaftig den Menschen und seine Zeit darstellen, fiele es uns allen leichter, uns selbst in der Umgestaltung wiederzufinden.

MEDWEDJEW Ehrlich gesagt, haben Sie sich, Tschingis Torekulowitsch, vor der Epoche der Glasnost für »transparent und offen« gehalten?

AITMATOW Mehr oder weniger . . .

MEDWEDJEW Warum?

AITMATOW Mir ist es immer so vorgekommen, daß ich mich grundsätzlich aufrichtig dem nähere, was ich darstelle. Aber jetzt scheint es, daß ich in die Romane *Ein Tag länger als ein Leben* und *Der Richtplatz* neue Szenen einfügen könnte, die ich gezwungen war, nicht zu schreiben oder aus dem Werk aufgrund von Erwägungen der Zensur oder anderen Verbotsgründen hatte herausnehmen müssen. Ja, ich könnte heute einiges erneuern, zuspitzen und verstärken . . . Aber das werde ich nicht mehr tun. Was geschaffen wurde, soll auch so bleiben.

Also noch einmal: Heute ist für die Schriftsteller eine großartige Zeit angebrochen, über alles zu schreiben und zu sprechen, was notwendig ist. Und ich möchte das unbedingt tun. Schreiben, ohne zurückblicken zu müssen.

MEDWEDJEW Meinen Sie nicht, daß in unserer Presse zu viele kritische Artikel und Verallgemeinerungen erscheinen, oder ist das die Norm der heutigen Zeit? Liegt hier keine Verzerrung vor?

AITMATOW Ich sehe keine Verzerrung. Die Gesellschaft braucht die Selbstironie wie auch die Selbstkritik. Bis vor kurzem haben wir über uns nicht lachen können, das ist als Lästerung empfunden worden. Die Selbstkritik fehlte, und wir wurden immer selbstzufriedener, denn wir wollten Lob über Lob hören, Eigenlob, nicht als respektvolle Selbstzufriedenheit. Obgleich wir angeblich wußten, daß Taten wichtiger sind als Worte. Mit Deklarationen kommt man nicht weit, wir haben es ja versucht. Wir haben das ausprobiert mit dem Resultat, daß die Arbeitsproduktivität, die im letzten Jahrzehnt fast den kritischen Punkt erreichte, jetzt katastrophal auf unsere Wirtschaft zurückwirkt. Deshalb sollten wir mutig und entschlossen über alle negativen Erscheinungen des Lebens sprechen, laut und vernehmlich. Am besten ist, sich selbst die ganze Wahrheit zu sagen . . .

MEDWEDJEW Können Sie sich vorstellen, daß der Demokratisierungsprozeß der Gesellschaft gestoppt und alles zurückgedreht wird?

AITMATOW Was denn, wieder zu einem Personenkult? Zu den innerhalb der Gesellschaft verborgenen Krankheiten? Den Verletzungen der elementaren Menschenrechte? Zur Stagnation? Nie und nimmer. Das darf nicht geschehen. Die Lebenslogik besagt, daß nur die Vorwärtsbewegung die Entwicklung garantiert. Wenn wir stehenbleiben, bedeutet das, wir bewegen uns aufs neue rückwärts. Oder nicht?

MEDWEDJEW Ja, Stillstand tötet alles ab.

AITMATOW Und das wäre die Katastrophe für alle. Ich denke, in unserer Gesellschaft gibt es keine Kräfte, die so sehr am Stillstand und einer Rückkehr zur Vergangenheit interessiert wären. Sogar die Bürokratie, die wir heute, wie man so sagt, an Schwanz und Mähne niederzerren und in der wir die Wurzel des Übels erkennen, ist daran nicht interessiert. Ich meine, sie ist kein Feind an und für sich.

MEDWEDJEW Und wie denken Sie darüber, ob es Grenzen der Demokratie gibt?

AITMATOW Grenzen der Demokratie? Freiheit und Disziplin. So paradox das klingt, ich kann mir Freiheit ohne Disziplin und Disziplin ohne Freiheit nicht vorstellen. Wie verschieden sind doch diese Begriffe, aber wie sehr brauchen sie einander. Freiheit ist ebenso herrlich wie gefährlich. Wenn man sie entstellt. Fehlt die Freiheit, fordert man sie ein, ist sie vorhanden, wird sie verzerrt. Ich halte das für ein Zeichen der Undankbarkeit gegenüber allen, die diese Freiheit gaben oder erkämpften.

MEDWEDJEW Besteht darin keine »Zügellosigkeit der Demokratie«, wenn eine Organisation wie »Pamjat« existiert und aktiv ist, die ihrem Ursprung nach eine sozusagen nützliche und nötige Organisation war, in der letzten Zeit jedoch zum Instrument des Chauvinismus und Antisemitismus geworden ist?

AITMATOW Zügellosigkeit ist schon keine Demokratie mehr. Ich meine, wir haben noch nicht gelernt, die Früchte der Demokratie zu ernten. Zum Beispiel ist die Konkurrenz bei Kandidatenwahlen für leitende Posten und Funktionen eingeführt worden. Gewählt wird natürlich ein Kandidat, ebenso klar ist, daß der zweite ausscheidet. Nun stelle ich fest, daß der zweite, der beim Kandidatenwettbewerb durchgefallen ist, auf der Stelle das Rüchlein bekommt, nicht vollwertig, ja, verachtungswürdig zu sein. Warum denn das? Er hätte soeben noch an der Spitze eines Kollektivs stehen können und wird auf einmal zur Seite gefegt, seine Autorität auf ein Minimum reduziert. Ist das etwa gerecht? Kandidaten, die das Finale nicht erreicht haben, sind würdige Menschen, wir müssen in ihnen die Kader der Perestrojka sehen. Man muß sie unterstützen, aber nicht gleichgültig behandeln wie Leute, die sich ihrer Herkunft schämen.

MEDWEDJEW Sie haben gesagt, gewisse Änderungen verspürt zu haben, bevor sie am *Richtplatz* zu arbeiten anfingen. Was für eine Vorahnung haben Sie jetzt? Ist das mit Ihrem neuen Werk verbunden? Wovon handelt es, oder ist das ein Geheimnis?

AITMATOW Mir fällt es schwer, dieses Vorgefühl zu formulieren, aber es ist vorhanden. Vielleicht liegt es daran, daß wir allem zum Trotz die Prüfung bestehen, die uns jetzt auferlegt ist. Eine gewaltige Selbstprüfung. Der Test durch die Zukunft. Mir ist der Preis klar, den es kostet, sie zu bestehen. Es ist ja nicht leicht, sich von gewohnter und ungestrafter Selbsttäuschung zu verabschieden, von der Lüge und all dem, was die Augen von der Wahrheit abwenden läßt. Unvoreingenommene Kritik und die Verurteilung der Mängel sind fast immer mit Spannung und Erschwernissen verknüpft. Zu lange schon haben wir uns um eine Selbstprüfung gedrückt.

Wenn ich jetzt etwas schreibe (und ich habe den neuen Roman schon begonnen), dann wird dies mit meinem Vorgefühl verbunden sein. Mit dem Preis der Prüfung …

MEDWEDJEW Zu den vielen Sperrzonen, deren öffentliche Erörterungen verboten war, gehörten vor kurzem noch die Fragen der binnennationalen Beziehungen der Völker unseres Landes. Wir fürchteten uns, darüber laut zu sprechen, weil irgend jemand denken könnte, das sei ungut. Doch bei dem kürzlich abgehaltenen Plenum des Schriftstellerverbandes der UdSSR haben viele Redner die nationale Frage recht offenherzig behandelt. Voller

Beunruhigung sprachen sie davon, wie etwa in den Republiken die Zahl der Schulen und Lehreinrichtungen abnimmt, in denen in der Muttersprache unterrichtet wird. Man sprach über den sogenannten Provinznationalismus.

AITMATOW Diese Frage ist tatsächlich für unser multinationales Land von allerhöchster Wichtigkeit, sie duldet keinerlei Unklarheit und Aufschub. Ich will damit beginnen, daß wir in der letzten Zeit seltener über die echten und nicht nur scheinbaren Werte der sozialistischen Ordnung schreiben und reden. Das halte ich für richtig. Die Leistungen des Sozialismus sind der ganzen Welt manifest. Man kann sie nicht abstreiten. Zu diesen Werten rechne ich vor allem die gleichen Möglichkeiten der Nationen in der ökonomischen und kulturellen Entwicklung.

Dabei ist schon der Begriff »Mensch« unter dem Sozialismus im Ansehen gestiegen und gewachsen, er ist zu einem allgemein anerkannten sozialen Kriterium geworden. In den Jahren der Sowjetmacht haben wir auf der einen Seite eine herrschende Schicht, auf der anderen Seite die der Leibeigenen verloren. Der Mensch verspürte sein Recht und seine Bedeutung auf Erden. Und mich erfreut am meisten – darauf bin ich stolz, wir sollten das alle sein –, daß im Verlauf von siebzig Jahren eine unermüdliche Arbeit stattfand, damit sich in dem riesigen multinationalen Staat alle Völker ohne Ausnahme als vollwertig empfinden können.

Wenn ich mich im Ausland aufhalte, dann kann ich da und dort nicht damit angeben, was bestimmte technische Erzeugnisse und materielle Produkte betrifft, aber ich spreche immer mit Stolz davon, daß wir, die Sowjetmenschen, gelernt haben, menschlich zu leben.

Natürlich gebrauchen wir das Wort »Internationalismus« nicht selten an falscher Stelle. Wir sollten diesen kostbaren und heiligen Begriff hüten. Man kann neue Fabriken aufbauen, neue Erfolge in der Produktion erzielen, man kann vieles in der materiellen Sphäre erreichen, aber ist einmal die innere Einheit unserer Völker zerstört, läßt sich die sehr schwer wiederherstellen. Deshalb sollte ein jedes der Völker und jede Völkerschaft, die die Sowjetunion besiedeln, sorgsam mit der Freundschaft und Brüderlichkeit der Völker umgehen.

Im allgemeinen halte ich die sogenannten nationalen Probleme für ein Spiegelbild unserer Spießerwelt. Wir haben eine Spezialschule in Frunse besucht, aus Anlaß der Begegnung eines englischen Schriftstellers mit Schulkindern. Wir haben in engelsgleiche Gesichter geblickt, voller Neugier, etwas Neues über neue Menschen zu erfahren, im besonderen über England, mit welchem Vertrauen und welcher Schönheit glänzten ihre Augen – und da bin ich erschrocken, das geschah unwillkürlich: Was wäre, wenn in die Seelen dieser Kinder nicht jene Samen gesät werden, nicht die lautere Wahrheit, sondern eine entstellte, was wäre das für eine Tragödie. Und ich dachte mir: Wieviel Anstrengungen sind nötig, damit die heranwachsende Generation durch diese umstrittenen nationalen Probleme nicht aus dem Konzept gebracht wird, ganz gleich, ob es dabei um die internationale oder die heimatliche Ebene geht. Man kann sie schlicht in einen Irrgarten führen, die dünnen Fäden des Umgangs von Menschen verschiedener Nationalität sind leicht zu zerreißen.
Das Problem der internationalen Erziehung ist eines der verwickeltsten, es ist getränkt von Klischees, besteht nur noch aus stereotypen Formeln, Beschwörungen und Parolen. Wir überhäufen die Kleinkinder und Schüler, die al-

les von den Erwachsenen erfahren möchten, mit einem Ballast von Phrasen, ohne ihnen das Wesen und die lebensnotwendige Bedeutung allein des Begriffs »Internationalismus« anhand konkreter Beispiele und Situationen zu verdeutlichen, die sie persönlich, ihre Familien, die Umgebung, Stadt, Region, Republik berühren. Was unsere Erzieherlinge hier anstellen, bleibt für Kinder verschwommen und unverständlich. Rapporte, Ehrungen, Parolen und dröhnende Phrasen statt des lebendigen, frischen Beispiels.

Nun zur Literatur. Es gibt keine Literatur außerhalb des Nationalen. Ein jedes Wort hat seinen Ursprung in einer nationalen Quelle. Der eine kann verschiedene Sprachen beherrschen, ein anderer nur die Muttersprache, viele beherrschen zwei Sprachen. Schon immer haben Völker, die miteinander verkehrten, Länder, Regionen in aller Welt einander beeinflußt und sich bereichert. Aber unsere Zeit und unser Land befinden sich in einer besonderen Lage. Wir sind gleichsam das Übungsgelände eines großen Experiments geworden und haben dabei Erfolg gehabt. Dieses Experiment halte ich – vor dem Hintergrund dessen, was in der ganzen Welt geschieht – für eine der wichtigsten Errungenschaften unserer Gesellschaft. Wohin man blickt, überall ungelöste, ausweglose Problemkomplexe wechselseitiger Feindseligkeit: Terrorismus, Morde, Geiselnahmen, Erbitterung, Haß. Im Nahen Osten, in Afrika, in Europa. Und die Ursache für all das sind sprachliche, rassische Vorurteile.

Gott sei Dank, daß dieser Kelch an uns vorübergegangen ist. Haben wir doch die größte multinationale Struktur auf Erden geschaffen. Man fragt: Aber China und Indien? Das stimmt, doch dort leben Völker, die sich im kulturell-ethnischen und ökonomischen Lebensniveau nahe sind. Bei uns ist es zur Vereinigung der unterschiedlichsten Sprachkulturen und Völker gekommen, die sich auf den verschiedensten gesellschaftlichen Entwicklungsstufen befanden, und für all diese nationalen Elemente mußte ein allgemein annehmbarer Nenner gefunden werden. Derzeit vollzieht sich bei uns eine »Angleichung« der potentiellen Chancen verschiedener Völker und Nationen. Dennoch wäre es naiv anzunehmen, wie uns das in früheren Jahrzehnten weisgemacht wurde, daß es keinerlei Probleme mehr gäbe. Jedes Volk macht seine Evolution durch, es entwickelt sich, und sein nationales Selbstbewußtsein wächst immer mehr. Ich sage es so: Man sollte davor keine Angst haben. Fürchten muß man sich vor unnötigen und schädlichen Interpretationen dieses Wachstums, vor den ausgeklügelten Verdächtigungen und den eigennützigen Versuchen einiger Personen, die Lage der Dinge zu übertreiben, weil sie bestrebt sind, Wohlwollen zu ergattern.

Natürlich ist ein Hauptaspekt des Internationalismus die Sprachpolitik. Früher haben wir den Gedanken nicht bis zu Ende ausgesprochen, aber jetzt muß man klarlegen, daß künftig die Zweisprachigkeit für eine ganze Reihe von Regionen, darunter vor allem für die turkestanische, nötig ist – der Bilingualismus als der produktivste Entwicklungsweg. Alle Nationen, welche die turkestanische Region besiedeln, sind eng untereinander verbunden, gerade darin drückte sich die Rolle der russischen Sprache aus. Unser Leben ist wirtschaftlich und geistig dermaßen verflochten, daß wir uns im täglichen Umgang nicht nur auf eine Nationalsprache beschränken können, ob nun im Rahmen der Region oder der Nationalrepubliken. Das ist unzweckmäßig und ineffektiv. Andererseits wäre es auch eine unvollständige und einseitige Lösung, wenn wir die

Nationalsprachen beiseiteschieben und uns nur mit einer, im vorliegenden Fall mit der russischen Sprache ausrüsten.

In diesem Sinn hat die Geschichte selbst einen vortrefflichen Zug gemacht, der in gewissem Grad schon erprobt ist – die Zweisprachigkeit. Nach meiner Ansicht sollte in allen Regionen die vollwertige Koexistenz der Sprache des Ursprungsvolkes parallel zur russischen Sprache verfassungsmäßig verankert werden. Was heißt vollwertig? Das bedeutet, daß die heimische Sprache, die neben dem Russischen wirkt, alle für ihre Anwendung und Entwicklung nötigen Bedingungen braucht. Selbstverständlich nicht nur die Infrastruktur wie Presse, Funk, Fernsehen und Information. Das versteht sich von selbst. Doch weitaus wichtiger ist es, in die Tiefe zu blicken: Wo formt sich die Sprache und in welchem Alter? Es müßten Kindergärten und Schulen organisiert werden, wo die Nationalsprachen als Grundlage und zugleich die russische Sprache von Kindsbeinen an gelehrt werden. Die Zweisprachigkeit sichert auf der einen Seite Erhalt und Entwicklung der Nationalsprache und auf der anderen die Kenntnis des Russischen. Ein solcher Vorgang ist durchaus realisierbar, das schaffen sowohl die Kinder als auch die Erzieher. Die Zweisprachigkeit sollten wir als ein neues historisches Phänomen ansehen, als kulturelle Errungenschaft des ausgehenden 20. Jahrhunderts. Die Kultur der Bilingualität verschafft uns neue Möglichkeiten in der geistigen Entwicklung unserer Völker. Das werden die zwei Flügel eines Vogels ein ... Wie beim Vogel mit den zwei Flügeln wird jeder Mensch in den Nationalrepubliken der Träger von zwei Sprachen sein – seiner Muttersprache und der fürs ganze Land allgemeinen, der russischen Sprache.

Aber ich wiederhole, diese Frage ist kompliziert. Viele

dogmatisch denkenden Menschen möchten dies nicht akzeptieren und begreifen. Weder am Ort noch in Moskau. Leider gibt es Kräfte in einem Volk – und dies geschieht oft –, die sich selbst ablehnen, sie praktizieren Selbstverleugnung. Ich bezeichne das als Nationalnihilismus. Dieses Phänomen ist ebenso reaktionär wie der Nationalismus. Da aber der Nationalnihilismus in der Presse nicht erwähnt und erörtert wird, da diesbezüglich niemand Vorwürfe zu hören bekommt, nehmen wohl etliche an, daß sie ein gewinnsicheres, ungestraftes Spiel treiben. Mancher dieser »Spieler« verschafft sich aus eigennützigen Zielen den Nimbus des »Superinternationalisten«.

Die normale und rationale Lösung der Frage liegt in der Kombination der Sprachen und – wie ich sagen würde – in der Schaffung eines Protokolls des Internationalismus. So wie es ein Protokoll in den diplomatischen Beziehungen gibt, wo im voraus gesagt wird, wie was sein sollte. Im Protokoll des Internationalismus müßte in Gesetzesform, in offiziellen Rundschreiben, in der Methodik des Unterrichts und der Erziehung, in der Praxis des gesellschaftlichen Lebens folgendes vorgesehen sein: Gleichberechtigung, Gleichwertigkeit und Gleichbedeutung der angewandten Sprachen. Heute können wir das noch nirgendwo beobachten. In den einen Republiken findet man keine russische Schrift, kommt man in andere, sucht man völlig vergeblich nach nationalen Zeichen und Symbolen. Scheinbar Bagatellen, aber daraus ergibt sich ein häßliches Mosaik.

Ich meine, man sollte sich gegenüber allen Problemen und Schwierigkeiten der nationalen Beziehungen völlig normal und tolerant verhalten, nicht mehr und nicht weniger, aber nicht sofort nationalistische Phänomene wittern. Mit diesem Gespenst werden viele erschreckt:

Man schüchtert die Leute ein, verdächtigt und verfolgt sie. Viele führende lokale Funktionäre fürchten sich davor, in der Muttersprache aufzutreten, sie haben Angst vor einer gegenseitigen Beschuldigung des Nationalismus. Aber es geht ja gar nicht darum, in welcher Sprache du redest, sondern worüber du sprichst, worauf deine Gedanken und Ideen gründen . . .

Alle wissen das sehr wohl. Aber die dreißiger, die stalinschen Jahre sitzen bis auf den heutigen Tag in den Knochen; daher versucht sich jeder vor allem abzusichern.

MEDWEDJEW Ich habe den Ausdruck »Nationalplanke« gehört. In jeder Republik soll es Schriftsteller geben, die diese »Nationalplanke« nicht überwinden können. Und die Leser akzeptieren diesen Schriftsteller wie den Propheten im eigenen Land. Weder der Autor noch seine Leser möchten ihren Horizont erweitern und in größeren Dimensionen denken. Für sie ist das Eigene, das Blutsverwandte allemal wichtiger. Es muß nicht gerade großartig sein, aber was Eigenes . . .

AITMATOW Das ist eine künstliche Aufstellung von Kriterien. Vielleicht gibt es solche Leute, aber ich bin sicher, daß sich junge Kräfte finden, die alle künstlichen Schwellen übertreten.

MEDWEDJEW Tschingis Torekulowitsch, warum haben Sie damit begonnen, in zwei Sprachen zu schreiben?

AITMATOW Was mich dazu gebracht hat? Da gibt es einige Gründe. Anfänglich war es einfach der unbewußte Instinkt der Selbsterhaltung, auf russisch zu schreiben. Da die lokale Kritik an Engstirnigkeit und Aggressivität krankt, hat es ein Autor in diesem Milieu manchmal gar nicht leicht. Man haftet ihm sofort Etiketten an, eine ungerechte Kritik setzt ein, es kommt zu Überarbeitungen. Im Moskauer Literaturmilieu geht man offener an die

Dinge heran, die Ansichten sind aufgeklärter. Wenn ein hochgestellter Anführer der Republik allen Ernstes bei einer Versammlung die Erzählung des jungen Autors über das unglückliche Los eines Dorfhundes als Novelle über das Schicksal eines Sowjetmenschen interpretiert und eine Bestrafung verlangt, wie soll man da noch weiterreden ... Und so habe ich mit den Moskauer Redaktionen zu arbeiten begonnen ... Mich im Zentrum zu behaupten, war der ursprüngliche Impuls.

MEDWEDJEW Aber mir scheint, daß der kirgisische Leser Ihre Werke tiefer, subtiler begreifen müßte, ist ihm doch alles, wovon sie handeln, nahe und vertraut.

AITMATOW Nimmt man den gewohnten, ordentlichen und gewissenhaften Leser, entspricht er vollauf dem russischen. Er liest gerne Dinge, die inspiriert und kunstvoll geschrieben sind. Das spüre ich. Ich vertraue sowohl dem kirgisischen als auch dem russischen Leser. Aber da ist noch das Milieu um die Literatur, das ständig nach Gründen für Negativwertungen sucht und diese nicht selten mit einem politischen Stempel versieht. Indem ich meine Sachen in Moskau veröffentlichte, konnte ich solchen Einschätzungen ausweichen.

MEDWEDJEW Tschingis Torekulowitsch, will Ihnen nicht scheinen, daß einige Ihrer Werke zu ihrer Zeit den Tageserfordernissen gemäß abgefaßt waren und dem Test der Zeit nicht standhielten?

AITMATOW Ich kann wohl gestehen, daß meine Publizistik, Diskussionsbeiträge und Interviews für den Tag entstanden sind. Wie man so sagt – was ist, das ist. Aber im Maß meiner Möglichkeiten habe ich begriffen, daß man sogar in der Publizistik für eine lange Zeit die Wärme erhalten muß. Ich habe trotz alledem versucht, mich auf »eine möglichst lange Zeit« einzustellen ...

Medwedjew Und wie lange kann ein Kunstwerk leben?

Aitmatow Das ist eine sehr komplizierte Frage. Und ich denke, daß kaum jemand genau beantworten und vorhersagen kann, welches Werk lange leben und welches schnell sterben wird. Jedes konkrete Werk hat sein Schicksal, wie auch der Schriftsteller sein Schicksal hat. Zugleich gibt es allgemeine Gesetze der Kunst, Literatur und Kultur. Und jede Epoche hat ihre Gesetze. Ein grundsätzlich neuer Versuch der Literaturbewertung wurde schon in unserer, der sowjetischen Epoche unternommen. All das, was geschaffen wurde, hat man nach einer Methode bemessen, die wir den sozialistischen Realismus nannten. Ich habe nichts gegen diesen Terminus, es geht nicht um einen Begriff, sondern um das Wesen der Sache. Man kann über den sozialistischen Realismus, den kritischen Realismus, den magischen Realismus, über jeden beliebigen Realismus reden. Wichtig ist, daß das Kunstwerk vollwertig ist. Aber wie dieser oder jener Roman, ein Poem, ein Drama entsteht und wie sich sein Schicksal in der Zukunft entfaltet, das kann keiner voraussehen.

Ich halte nichts von den Festreden und dem Siegesjubel darüber, daß wir mit den Methoden des Sozrealismus eine neue Epoche, eine neue Ära der Kunst eingeleitet hätten, daß unsere ganze Literatur und Kunst angeblich etwas vollkommen Einzigartiges und Ungewöhnliches sei. Dem ist nicht so. Ja, wir haben einen sehr tiefen, starken Versuch unternommen, Wesen und Bedeutung der Kunst zu verändern. Ich denke, es gibt bestimmte Zeitabschnitte, wo die Kunst auf gewisse Schichten und Klassen, auf eine bestimmte Kulturschicht zielt. Das ist der Milieuroman, der Roman, der Ereignisse beschreibt, die den Menschen bekannt sind, und die Leser erscheinen gleichsam als Zeugen und Teilnehmer der historischen Tatsachen und Episoden. Doch läßt sich die Kunst auf eine andere, wie mir scheint, höhere Ebene heben, wo sie eine universelle Bedeutung erlangt. Das ist dann schon ein neuer Horizont. Und dann hält sie sich nicht nur an Einzelheiten des Milieus und die wirklichen Ereignisse, sondern sie wendet sich dem Mythos, der Legende und gewichtigen philosophischen Verallgemeinerungen zu, bedeutsamen historischen Vorstellungen, sie verbindet damit das Dargestellte nicht nur mit der Realität einer kleinen Region und einem definierten Milieu, sondern versucht dies auf die ganze menschliche Substanz auszuweiten. Vielleicht unternimmt unsere Literatur erst jetzt den Versuch, diese Stufe zu betreten. Damit lösche ich nicht die Vergangenheit unserer Kunst aus. Wir haben interessante und große Leistungen aufzuweisen. Doch man sollte auch ehrlich und offen sagen: Wir haben sehr viele Anstrengungen wohl ins Leere gehen lassen. Obwohl das auch nicht ganz stimmt. Was sich in unserer Kunst abgespielt hat, gehört zu den großen Experimenten. Und nicht jedes Experiment krönt ein absoluter Sieg. Es hat hier Erfolge und Fehlschläge gegeben. Und diese Fehlschläge bereichern jetzt unsere Erfahrung.

Es ist schwer abzumessen, was sich nicht nur linear messen läßt. Obgleich sozusagen auch in der Literatur eine Frist des Absterbens existiert ... Sie können es ja selbst sehen, alles altert. Vieles von dem, was wir in den fünfziger und sechziger Jahren gelesen und gefeiert haben, das entschwindet bereits heute ins Vergessen. Andere Schriftsteller sind aufgekommen, sie haben eine andere Psychologie und andere Lebenserfahrungen. Mir ist klar, daß ich mit dieser Behauptung viele Vorwürfe von seiten der Gelehrten und Literaturwissenschaftler auf mich ziehe, sie leben in diesen Begriffen und haben sie in ihre Krankengeschichte aufgenommen, ihre Lehren überzeugen mich indes nicht immer. Und sie sollen mir deswegen auch nicht gram sein. Zweifellos sind wissenschaftliche Theorien nötig, um die Vorgänge, die sich vollziehen, irgendwie auf einen Begriff zu bringen. Die tiefgreifende innere Revision und Erneuerung, die wir derzeit durchmachen, sollte auch, so scheint mir, die Literaturwissenschaft erneuern, verändern und umgestalten. In der Literatur sind vor allem unsere Literaturwissenschaftler die Konservativen.

MEDWEDJEW Können Sie Werke der vierziger und fünfziger Jahre nennen, die der Prüfung der Zeit nicht standgehalten haben?

AITMATOW Ich meine, jeder von uns zieht seine eigenen Schlußfolgerungen.

MEDWEDJEW Dann anders: Was ist nicht veraltet?

AITMATOW Sehr wenig. Vieles ist durch das Sieb der Zeit im Nichts verschwunden. Was ist geblieben? Natürlich der *Stille Don,* eine kraftvolle Etappe in der Entwicklung unserer Literatur und unserer künstlerischen Idee. Das ist der Pol der Volksepik, die aus den Wurzeln des Lebens wächst. Am anderen Pol, würde ich meinen, befindet sich eine verfeinerte, aber intellektuell gesättigte Prosa – vielleicht liegt eben darin ihre Leistung: Bulgakow. Zwischen diesen Polen läßt sich anordnen, was den Leser weiterhin bewegt.

MEDWEDJEW Und Twardowskij?

AITMATOW Nun, über die Poesie fällt mir das Urteil schwerer. Natürlich ist Twardowskij bedeutend, als Meister seines Faches und als ein Mensch, der großes soziales Erleben zum Ausdruck gebracht hat.

MEDWEDJEW In den Literaturbetrieb und die Rüstkammer der Leserrezeption ist Nabokov eingetreten. Wie bewerten Sie das?

AITMATOW Ich sehe das so: Nabokov und andere, die dem Leser zurückgegeben werden, sind alle Ähren von derselben Garbe. Das Garbenbündel der russischen Literatur. Sogar das, was Nabokov in englischer Sprache geschrieben hat, bleibt russische Literatur. Dem einen gefällt es, dem anderen nicht. Wir sind ja nicht daran gewöhnt, solche Art russische Literatur zu lesen. Übrigens scheint mir, daß wir unsere internationalen Maßstäbe gefunden und sie benutzt haben, auch wenn diese Kriterien mit dem allgemeinen Verständnis nicht zusammenfielen. Ausgehend davon gibt es viele Ansprüche hinsichtlich Nabokov, mir erscheint, daß er ein bedeutender Künstler des Wortes ist, ein äußerst interessanter Stilist.

Aber Bunin gefällt mir mehr, er steht mir näher, ist mir vertrauter. Da ist mehr Wohlklang, die Wärme seines Wortes empfinde ich fast körperlich. In Nabokov ist Auserlesenheit. Jedoch ersetzt das eine nicht das andere, es schmälert es auch nicht. Je vielfältiger die Palette, desto reichhaltiger die Literatur. Deshalb meine ich, daß man Nabokov zurecht in den Schoß unserer Literatur zurückgeholt hat.

MEDWEDJEW Meine Lieblingsfrage. Gauguin hat gesagt: »In der Kunst habe ich recht.« Können Sie das über sich selbst sagen?

AITMATOW Ja, das kann ich. Ich möchte damit nicht behaupten, ich hätte gewisse Höhen der Kunst erlangt, und was ich mache, seien nun ausnahmslos Meisterwerke, aber recht habe ich darin, daß ich das Schöne für gerecht und das Böse für niederträchtig halte.

MEDWEDJEW Haben Sie eigene Gesetze der Kunst?

AITMATOW Darüber habe ich nicht nachgedacht, worauf meine Gesetze gründen und wie ich sie für mich anordne. Aber es gibt etwas Ursprüngliches, ein bestimmtes, allgemeinmenschliches Verständnis dessen, was gut ist und was schlecht.

MEDWEDJEW Gibt es Qualen des Schaffens für Sie?

AITMATOW Für mich sind das rein subjektive Angelegenheiten, reden wir von etwas anderem.

MEDWEDJEW Worüber?

AITMATOW Ich beneide sehr Rasputin. Er verteidigt den Baikal-See, allein das ist würdig, daß ihm die Nachkommen für immer dankbar sind. Nur schon deshalb, ganz abgesehen davon, daß er ein talentvoller Schriftsteller ist. Unser Issyk-Kul-See erfordert auch beschleunigte Entscheidungen und höchste Anstrengungen, weil die wirtschaftlichen Zwänge den letzten Tropfen Wasser abzapfen lassen, der in den Issyk-Kul fließt und ihn auffüllen sollte. Mehr als sechzig Flüsse und Flüßchen, die zuvor in den See mündeten, erreichen inzwischen sein Ufer nicht mehr. Und der See versandet dabei unwiderruflich. Wir alle sind uns dessen bewußt, reden und schreiben darüber, darunter auch ich, aber wir können die eigenen Wirtschaftszwänge nicht meistern. Niemand trägt sozusagen die persönliche Verantwortung für den See. Während die Menschen es persönlich zu verantworten haben, wenn sie den Plan nicht erfüllen. Darin liegt der Widerspruch zwischen Alltagsnöten und Ökologieproblemen. Sie stecken bei uns in der Sackgasse. Wenn ich auf den See blicke und sehe, wie er versandet und kleiner wird, fällt mir noch ein See ein – die Sprache, sie ist auch ein heiliger Ort des Volkes. Wenn keine neuen mächtigen Ströme in Gestalt frischer Generationen in die Sprache einmünden, wenn sie sich ihre Muttersprache nicht aneignen können, wenn die dafür nötigen Einrichtungen – Kindergärten, Schulen –

fehlen, so bewirkt das auch eine Versandung der Sprache, das ist dann kein ökologisches, sondern ein nationales Elend. Über solche Dinge zu sprechen, war bisher nicht üblich, wir konnten darüber nicht reden. Und als wir darüber laut nachdachten, haben wir empfunden, wie gewaltig die Trägheit der Vergangenheit ist. Und noch ein Problem, das bereits zur Katastrophe geworden ist – der Aral-See. Ich trenne hier nicht den Aral vom Issyk-Kul, ebensowenig wie ich den Baikal-See von diesen gigantischen Wasserreserven des Landes abtrenne, aber ich bin froh, daß der Baikal seine Fürsprecher und Verteidiger hat. An der Katastrophe des Aral-Sees ist hauptsächlich der Mensch schuld, unsere Wirtschaft, die Baumwoll-Monokultur, die zur ökologischen Verwüstung geführt hat – schon lange tötet die Jagd nach der Ernte und dem Bruttoertrag den Aral. Es heißt ja, viel Baumwolle ging und geht in den Export. Ich begreife wohl, wie dringend der Staat die Devisen braucht. Doch so oder so hat sich eine riesige ökologische Katastrophe ereignet: Das Meer verschwindet, es ist bereits um mehr als vierzig Kilometer von seinem Ufer zurückgegangen. All dies hat sich in eine zerstörte Zone verwandelt, in eine Wüste. Das hat klimatische Änderungen hervorgerufen und soziales Elend. Krankheiten und vergiftete Luft. Wir haben die verantwortlichen Organe immer zu warnen versucht. Doch ohne Erfolg. Der kasachische Schriftsteller Nurpeisow, bedeutender Prosaiker und Kenner des Aral-Sees, hat eine kleine Skizze geschrieben, drei Jahre lang wurde das Material nicht gedruckt, es ist noch immer unveröffentlicht. Unterdessen ist vieles unwiderruflich versäumt worden.

Und ich möchte noch etwas zu den Reaktionen auf den *Richtplatz* sagen. Bis vor kurzem war es doch so, daß die Werkrezeption dieses oder jenes Schriftstellers nicht selten mit der Verabreichung eines Kritikerlobes einsetzte und dann gleichsam auf der gleichen Welle weiterging. Irgendeiner stieß in ein Horn, und alle Presseorgane ließen die Meinungen in Reih und Glied antreten.

Der Vielklang der unterschiedlichsten Stimmen und die Mehrstimmigkeit künden uns davon, daß die Zeit der breiten demokratischen Erörterung eines Werkes angebrochen ist. Und hier denke ich, daß *Der Richtplatz* der Probeballon war. Eine Lawine der unterschiedlichsten, mitunter diametral entgegengesetzten Lesermeinungen hat ihn buchstäblich zugeschüttet. Aber ich erkenne auch, was von einem tiefen und aufrichtigen, was von oberflächlichem und tendenziösem Verständnis herrührt. Das heißt, ich sehe hinter alldem die unterschiedlichsten Absichten, darunter auch böswillige, zugleich jedoch Höhenflüge der kritischen Idee. In professioneller Hinsicht ist mir das recht, vor einer breiten Erörterung und einem Überschäumen der Leidenschaften habe ich keine Angst.

Es kommen auch Leserbriefe, die man nicht in einem Zug durchliest. Sie enthalten unseren Schmerz, unsere Sorgen und Vorschläge. Sie handeln davon, worüber es bei uns in vielen Jahren unangebracht war zu reden.

MEDWEDJEW Tschingis Torekulowitsch, in diesen Tagen setzt das »Issyk-Kul-Forum« seine Arbeit fort. Heute gehören zu seinen Teilnehmern David Roberts und John le Carré. Nicht all unsere Leser wissen über das Forum Bescheid, über diese neue Initiative im Kampf um die Zukunft der Menschheit. Erzählen Sie uns etwas darüber.

AITMATOW Unsere Reise hierher gehört zu den Keimen und Sprößlingen des »Issyk-Kul-Forums«. Zuvor geschah es selten, daß sich offizielle Kontakte in gute persönliche Beziehungen verwandelten. Und dies ist schon keine bloße Bekanntschaft mehr, sondern ein Vorgang wechselseitiger Bereicherung und der Zuwendung zu gemeinsamen Sorgen und Ängsten. Ich bin davon sehr angetan, daß John le Carré, der mir als Persönlichkeit wenig bekannt war, Beobachtungen und Ansichten äußerte, die in vielen Fällen mit meinen übereinstimmten. Ja, wir sind keine Philosophen und Gelehrten, aber wir meinen, der Staat ist gegenwärtig derart allmächtig, daß sich der Mensch völlig unter dessen Diktat befindet. Freilich bleiben Kollektiv und Persönlichkeit als etwas Dauerhaftes bestehen, da ja der Mensch für sich allein nicht leben kann. Diese Beziehungen bilden sich in unterschiedlichen sozialökonomischen Strukturen auf verschiedene Art und Weise heraus. Nichtsdestoweniger existiert noch nirgendwo die ideale Grundlage, die ihrem Wesen nach auf dem Glück des Einzelindividuums beruht. Darauf gründen aber das verborgene Ziel, der Sinn des Daseins und die Würde des Menschen. Wie ist das zu erlangen? Ein Künstler ist verpflichtet, darüber nachzudenken und Wege vorzuschlagen, wie dieses Ziel zu erreichen ist: So lautete das Thema eines Gesprächs mit John le Carré. Das zweite Gespräch kreiste um das Phänomen der Geheimhaltung in der modernen Welt. Darüber hat dieser Schriftsteller einen Roman geschrieben. Was heißt Geheimhaltung? Wer braucht sie? In welchen Dimensionen? Wir verstehen, daß Staatsgeheimnisse unvermeidlich sind, da unterschiedliche politische Systeme existieren. Aber schlimm ist, wenn sich die Geheimhaltung verselbständigt. Mir scheint, daß wir manchmal überflüssige Geheimniskrämerei betreiben. Es gibt Leute, die sich daraus ein Privileg schneidern und damit in eine besondere Lage versetzen. Und dann muß es um die Geheimhaltung einen speziellen Apparat geben, um diesen Apparat hinwiederum einen weiteren Apparat und das alles ohne Ende. In jeder Gesellschaft gedeiht auf so einem Boden eine ganz bestimmte Schicht von Menschen, die ihre eigennützigen Vorteile und Ziele verfolgen ... Ich rede offen darüber, möglicherweise finden sich Leute, die mich wegen dieser Offenheit hassen. Es ist aber sehr schade um die Energie und die Mittel, die wir für die Geheimhaltung aufwenden. Ich erinnere mich daran, daß wir bis vor kurzem alle Weltraumflüge geheimhielten. Man hat uns Leute von hinten gezeigt, wie da ein Kosmonaut einem anderen Meldung erstattete oder sich von einem verabschiedete, von dem wir aber nur den Umriß des Rückens sahen. Ich denke aber, daß das nur für uns ein Geheimnis blieb, die es erfahren wollten, haben wohl alles schon gewußt.

MEDWEDJEW Wann und wo wird das nächste Treffen des »Issyk-Kul-Forums« stattfinden?

AITMATOW In diesem Herbst, auf Vorschlag von Peter Ustinov, in Genf.[1] Die Initiatoren des »Issyk-Kul-Forums« haben ja vereinbart, mindestens einmal im Jahr zusammenzutreffen. Die Tagesordnung ist offen, wir legen sie nicht im voraus fest und wollen unser Gespräch nicht vorwegnehmen. Jeder läßt seine Haltung gegenüber den wunden Punkten von heute ausreifen. Und in den Diskussionen bringen wir vor allem uns selber zum Ausdruck.

Ich meine, das »Issyk-Kul-Forum« ist ein Wahrzeichen von Glasnost. Niemand mengt sich ein, niemand kontrolliert uns, was und worüber wir reden sollen. Und worüber wir nicht sprechen sollten. Ich halte das für eine

[1] Dieses Treffen fand statt vom 20. bis 21. Oktober 1987 in Wengen, Schweiz. Gastgeber war Peter Ustinov. Unter den Teilnehmern waren – außer Tschingis Aitmatow – Friedrich Dürrenmatt, Arthur Miller, Alexander King (Präsident des Club of Rome), Lisandro Otero, Giuseppe Santomaso u. v. a. (nach: »The Second Issyk-Kul Forum«, Typoskript 1987).

große Errungenschaft, eine neue Bestimmung der Freiheit unserer Tage. Es gibt Leute, die viel über Freiheit reden, aber nichts dafür tun. Mir scheint, viele können sich gar nicht vorstellen, was Freiheit ist. Manche denken, Freiheit ist, wenn alles erlaubt wird, was einem in den Sinn kommt, was immer man tut und sagt. In Wirklichkeit ist das gar nicht so, Freiheit ist die Aneignung immer mehr neuer, geistiger Räume, eine neue Stufe in der moralischen und sozialen Vervollkommnung der Menschen.

Ogonjok, Nummer 28, Juli 1987.

Werden die Fundamente ausgehöhlt?

Nun sind seit jener Zeit drei Jahre verflossen . . .

Es wird nicht wenig davon gesprochen, was das Land und die Gesellschaft auf den Wegen der Perestrojka und Glasnost erreichen konnte. Die Gespräche über Mängel und die schwierigen ökonomischen Probleme brechen nicht ab, denn sie sind für uns aktuell wie nie zuvor. Darüber nicht zu reden bedeutet, etwas sehr Wichtiges in sich abzuwürgen . . .

Und mich dünkt, daß im Nachdenken über die Umgestaltung eine neue Stufe erreicht ist, wo es ebenso unerläßlich wie lebenswichtig ist, sich über alles zu äußern, was uns bewegt, und zwar bis auf den Grund und sehr ehrlich. Das gilt besonders für die strittigen Momente der Vergangenheit und die Fragen der Geschichte, die uns als unschätzbare Lektion für die Zukunft dienen müssen, und es betrifft in erster Linie den finsteren Schatten des Stalinismus.

Darüber möchte auch ich mich äußern.

I.

Schon die Tatsache allein ist bezeichnend, als Ausdruck jener Zeit sogar äußerst betrüblich, wenn nicht beschämend, daß wir viele Jahre nach dem 20. Parteitag, diesem kühnen Durchbruch der Blockade des Personenkultes, der unmerklich in die politische Vergessenheit verdrängt, oder, genauer gesagt, stillschweigend annulliert wurde, daß wir seither nicht versucht haben, darüber nachzudenken, sondern uns in unbekümmerter Selbstzufriedenheit wiegten und pflichtschuldigst die Pseudostabilität im Land demonstrierten. Jedenfalls hat niemand laut darüber nachgedacht, ob wir etwa weiterhin dem Kultgeist anhängen, der das Land den krassesten sozialökonomischen Deformationen und allen negativen Folgen für unsere Ideale ausgesetzt hat? Wir haben nicht beachtet, ob unsere Parolen der Wirklichkeit entsprachen, inwieweit der Stalinismus mit Demokratie, dieser Losung der Jahrhunderte, korrespondiere? Der zentralisierte, künstliche Stil jener Epoche paßte mitnichten zu einer glaubwürdigen, vollwertigen Demokratie mit ihren Rechten und der Würde der Persönlichkeit, zur umfassenden sozialen Gerechtigkeit für die Kollektive und Bürger der Völker und Nationen, zur Respektierung der sozialistischen Gesetzlichkeit und den elementaren Werten von Freiheit und Glück der Menschen.

Und die Tatsache, daß die Geschichte der sowjetischen Gesellschaft trotz alledem eine Wende durch Perestrojka und Glasnost vollzogen hat, bestätigt nur den Ausgangspunkt: Perestrojka und Glasnost treten als die Regeneratoren der Leninschen Revolution, als Erneuerung ihrer gewaltigen Impulse auf. Gerade deswegen haben sich die Perestrojka und der Stalinismus als unvereinbar erwiesen, wie Wasser und Feuer.

Dennoch ließen sich von den ersten Tagen der Perestrojka an, zunächst in dumpfen Anspielungen, sodann immer deutlicher und nun in offener Diskussion die Stimmen vernehmen, nicht mehr und nicht weniger finde statt als eine Aushöhlung der Grundlagen des Sozialismus, ein Verlust seiner Prinzipien und epochalen Errungenschaften... Selbstverständlich hat jeder das Recht auf seine

Meinung. Um so mehr entsteht die Notwendigkeit, ohne Umschweife darüber zu sprechen.

Ich beginne weit weg, also mit dem, was mir nahesteht und was ich auf meinem Lebensweg erfahren konnte. Es gab da einmal ein Gespräch mit Landsleuten (ich war in den Ail gefahren, um die letzte Schwester meines Vaters zu beerdigen). Als beim Leichenschmaus der Tee gereicht wurde, wie das eben zu sein pflegt, als über dies und das, über Zaren und Weise geredet wurde, unter anderem auch über Stalin, da erzählte einer der Alten eine interessante Baikoo, eine Anekdote mit moralischer Pointe. Stalin habe seine nächsten Mitstreiter um sich geschart und gesprochen: »Ihr zerbrecht euch alle den Kopf, sagt er, wie man das Volk regiert, damit alle Menschen, wie viele ihrer auch unter der Sonne sein mögen, damit alle wie einer mir in die Augen blicken. Werde ich blinzeln, werden alle blinzeln, öffne ich die Augen, öffnen auch sie die Augen, so daß ich für alle wie ein lebender Gott bin, denn seit langem wird gesagt: Der Zar ist zwar nicht Gott, aber geringer als Gott ist er auch nicht. Jetzt will ich euch lehren, wie man mit dem Volk umzugehen hat.« Und er befahl, ihm ein Huhn herbeizuschaffen. Dann rupfte er vor ihren Augen dem lebenden Huhn die Federn aus, bis zum letzten Federchen, bis aufs rohe, rote Fleisch, wie man so sagt, nur der Kamm auf dem Kopf der einstigen Henne blieb noch übrig. »Und jetzt schaut her«, sagte er und ließ die nackige Henne frei. Sie müßte eigentlich davonstürzen, einfach der Nase nach, aber sie rennt nirgendwohin – in der Sonne ist die Hitze nicht auszuhalten, im Schatten friert sie. Und so schmiegt sich das arme Luder an die Schäfte der Stiefel von Stalin. Da warf ihr der Führer eine Prise Körner hin, sie hinter ihm her, wohin er auch geht, sie folgt ihm treu, sonst würde das Hühnchen, klarer Fall, vor Hunger umkommen. »So muß man das Volk regieren«, dies und nicht mehr sagte er zur Belehrung.

Wie ich mich erinnere, trat danach eine Pause ein. Es war der scherzhafte Schwank eines Alten und nicht mehr, die Anwesenden begeisterten sich herzhaft an dem Lügenmärchen, schnalzten mit der Zunge und fanden wohl für sich ihre eigenen erstaunlichen Analogien – das sieh mal einer, was es alles gibt auf der Welt ... Und wie der weitsichtig war, der Stalin! So was muß man sich erst mal ausdenken! Ja, ja, der Schah-in-Schah höchstpersönlich, nichts dagegen zu sagen. Und mit dem Huhn ist es ihm toll gelungen ...

Einer der Gesprächsteilnehmer in der Runde ließ indes einen Satz fallen, worauf sich ein weiteres Gespräch entspann, das alles andere als anekdotisch war.

»Alles stimmt, auch wenn's ein Märchen ist«, sprach er und wiegte den Kopf hin und her. »Damit haben sie angefangen, uns und unsere Väter zu entkulakisieren, daß wir dem Huhn ähneln. Hätten wir uns denn sonst die Flügel stutzen lassen? Niemand anderer als die Sowjetmacht hat uns Land gegeben und die Freiheit, haben uns vorgesehen, nur die Felder liebevoll beackert, nur die Ernten eingefahren, nur Frondienst geleistet, das Vieh vermehrte sich, aber was hast du dafür abgekriegt? Für deine Arbeit, für deinen Schweiß von früh bis spät hat man dich bestraft. Als Feinde standen wir da, ausgeplündert, ins Elend gestürzt, eingelocht, durch Sibirien gejagt und wie viele gar erschossen? Als ersten hat's getroffen, wer am besten wirtschaftete. Hatte einer die Wut auf dich oder nagte ihn der Neid, weil's dem andern gutging, denunzierte er den. Und der Tamascha kam auf, der alte Witz: Gestern warst du noch dein eigener Herr, in einer Stunde aber ohne Pferd und Pelz, ohne Dach überm Kopf, ohne Land und

Brunnen. Und die Kinder verreisten, wer weiß wohin, nur möglichst weit weg aus deinem Blickfeld. Das restliche Volk ab in Kolchosen, dort kriegst du vor Arbeit den Kopf nicht hoch, und ein Lohn, als trägst du das Wasser in einem Sieb heim. Zwei Jahre verstrichen, dann saß, wer dich zuvor einen Kulaken schimpfte, selber in den Lagern und faulte mit den Kulaken so vor sich hin. Also, meine Verehrten, wenn man der Sache auf den Grund geht, hat er sich nicht ums Volk bemüht, sondern darum, alle auf einmal an der Kehle zu packen und einen nach dem andern niederzustoßen, sollen sie vor Angst an seinen Stiefelschäften kleben und sich um den besten Platz drängeln . . .«

Ein Wort ergab das andere, und schon war ein hitziger Streit im Gang. Wieviel bittere Erinnerungen schwappten über: Wer damals wen einlochte und denunzierte, und um keinen Groschen war einer glücklicher geworden, ob einer das Pferd eines anderen nahm, einen Schaffilz, Teppich oder Samowar. Aber wieviel an Hab und Gut, wieviel Vieh ist umsonst draufgegangen, und daß nur aus diesem Grund die Hungersnot ausbrach (daran erinnere ich mich selbst, an das Jahr 1932, ich war Augenzeuge). Und von der kasachischen Seite her, wo massenhaftes Elend, Seuchen und Dürre herrschten, trieb es die verjagten landlosen Menschen her, die für ein Stück Brot Kleinkinder und Mädchen feilboten: So oder so mußten sie in diesen Höllenzeiten zugrunde gehen, ganze Friedhöfe lagen an den Straßenrändern. Plötzlich war einem alles eingefallen, ein beiläufig gesprochenes Wort hatte es aufgewühlt. Und in allem Mißgeschick stand er, Stalin, im Mittelpunkt, als sei er der Unruhestifter im Ail gewesen und nicht der Führer der allergrößten revolutionären Partei, die als ihr Ziel das Glück des werktätigen Volkes verkündet hatte.

Es hatte damit sein Ende, daß ein alter Frontsoldat, ein Leben lang dazu verdammt, auf Krücken zu gehen, es nicht mehr aushielt, zu brüllen anfing und mit Tränen in den Augen allen androhte, er würde sie mit den Krücken zusammenschlagen, wenn sie nicht aufhörten, den großen Mann zu verleumden, mit dessen Namen auf den Lippen er in die Attacke gegangen war. »Wo seid ihr denn früher gewesen? Vor Chruschtschow? Und jetzt wetzt ihr die Zunge?« Und auch er hatte mit seinen Vorwürfen recht.

Wozu allerdings trage ich das vor? Wegen der Frage nach der Geschichte, die totgeschwiegen worden ist, noch mehr: Sie wurde zurechtgebogen, gerechtfertigt und als ein einziger Triumph ausgegeben, überstrahlt von einem wunderwirkenden Namen, obgleich die Wahrheit ganz anders war.

Gerede, sagt man, sei kein Dokument, das Gespräch fand auch nicht bei einer Parlamentssitzung statt, sondern unter Bauern, aber in dieser offenherzigen, naiven Vorstellung über den Einbruch Stalins ins bäuerliche Leben offenbarte sich weitaus mehr Wahrheit als in den geschniegelten Untersuchungen von Wissenschaftlern, die auf eine Vorruhestandsregelung in Permanenz spekulieren (diese Rente gab und gibt es). Hat nicht das Volk im Gleichnis vom Huhn eine seiner größten Tragödien eingefaßt, einen der katastrophalsten Konflikte, den es je erleben mußte und dessen mörderische Konsequenzen bis auf den heutigen Tag zu verspüren sind? . . .

Versuchen wir uns daran zu erinnern, wer und wann im Volk, dem Ernährer, in der lebenstragenden Bevölkerungsschicht, die geschicktesten und umsichtigsten Landwirte vernichtete. Wozu mußte man die Kolchosen – bäuerliche Genossenschaften – in staatliche Monopolwirtschaften verwandeln, auf einer mittelalterlichen Basis von

Zwangsarbeit (ich erkläre das, weil mein Bruder und ich selber in dieser Eigenschaft gearbeitet haben, im Kolchos »Dshijd« des heutigen Manas-Rayons, und dies nur für den Lebensunterhalt bei Feldarbeiten, wer sich weigerte, auf den Acker zu gehen, wurde disziplinarisch bestraft)? Wozu das führte, ist allgemein bekannt, nämlich zur Entfremdung des Landwirts vom Land, zum Verlust des Verantwortungsgefühls für das vergesellschaftete Eigentum, also der persönlichen Interessiertheit an den Ergebnissen der Produktion, zu kontinuierlicher Landflucht, insbesondere in den Zentralgebieten Rußlands, zum ständig anwachsenden Ungleichgewicht zwischen den Kategorien der Beschäftigten, zwischen denen, die unmittelbar die materiellen Güter erzeugten, und jenen, die in dem jährlich sich aufblähenden Apparat für Kontrolle und Leitung tätig waren. Der alte gehässige Spott – über den einen mit dem Hakenpflug und den sieben mit dem Löffel – nahm sich dagegen aus wie ein harmloser Anachronismus. Seit Stalins Zeiten haben sich die mit dem Löffel, die aufpassen und befehlen, beträchtlich vermehrt.

Aber das ist auch nur halb so schlimm. Die absurde fixe Idee Stalins vom reichen Staat mit einer armen Bevölkerung, was es noch nie gegeben hat und auch nie geben wird, beherrschte bis zur Perestrojka die Gemüter der Spitzen, Nikita Chruschtschow mit eingeschlossen, der dieser Verführung nicht standhielt. Man kann bis heute nicht begreifen, wozu die zentralen und örtlichen Machtorgane so verbissen verhindern wollten, daß auf einem Bauernhof ein zusätzliches Schäfchen oder Wägelchen gehalten wurden – das würde doch die Prinzipien des Sozialismus verletzen (freilich nicht, wie sich herausstellte, die Prinzipien des Sozialismus, sondern das stalinsche Verständnis dieser Prinzipien). Unter dem Vorwand einer vertraglichen Abmachung und für einen jämmerlichen Preis wurde all das konfisziert, was die Kolchosbauern auf der Privatparzelle über die von oben festgelegten Normen hinaus angebaut hatten, das Anlegen von Gemüsegärten und Gärten wurde eingeschränkt bis auf winzige Flächen und die nur ungenutzten Hinterhöfe und Gärten, wo nur Gestrüpp von Unkraut wuchs – da kann man schönfärben, wie man will, objektiv war das die Hinrichtung des Dorfes. Nicht zufällig folgte man demselben fehlerhaften Weg in China, und wiederum gingen die Opfer des Experiments in die Millionen von Menschenleben. Gott sei Dank hat die chinesische Führung die Zusammehänge erkannt und einen Weg zur landwirtschaftlichen Rettung des Landes eingeschlagen, über Verträge, Pacht, Kooperativen und andere Formen einer modernen Bewirtschaftung. Über die chinesischen Erfolge wissen jetzt alle Bescheid. Und dort trauert niemand den Kommunen nach, die sich nicht bewährt haben. Ich denke, daß auch das Pol-Pot-Regime, das am eigenen Volk ein beispielloses Genozid verübte, in der Hinsicht ein recht eindeutiges Beispiel vorführte. (Auch an die verheerende stalinsche Umsiedlung gegen Ende des Krieges von Tschetschenen, Inguschen, Kalmyken, Karatschaiern, kaukasischen Türken, Krimtataren, Kurden und anderen Völkern sollte erinnert werden. Bis in die Gegenwart – bald ist es ein halbes Jahrhundert her – zieht sich diese Schleppe von Unglück und Leiden.)

All diesen unheilvollen Erscheinungen, die der Stalinismus und dessen fernöstliche Ableger hervorbrachten, liegt die ungeheuerlichste Deformation der Ziele des Sozialismus zugrunde: Die Ideen dienen nicht den Völkern, sondern die Völker werden zu Werkzeugen dieser Ideen gebraucht, wie Holzscheite fürs Feuer. In welchen dunklen Zeiten kam es zum ersten Präzedenzfall für die Unmoral, beliebige Mittel anzuwenden, um das Ziel zu erreichen? Zu allen Zeiten litt und leidet die Menschheit an diesem Prinzip des Bösen. Dank Stalin ist auch der Sozialismus diesem Los nicht entgangen.

Doch kehren wir zurück zu den Kolchosen. Wenn diese trotz alledem als sozialistische Agrarwirtschaften zustande gekommen sind, dann geschah dies entgegen der stalinschen Willkür, denn die Menschen, die in so unbegründet harte Bedingungen gestellt waren, versuchten trotz allem zu überleben, sich anzupassen und ihr Geschlecht zu erhalten, dies läßt sich aber nur durch Arbeit erreichen. Freilich konnten die Kolchosen nicht um diesen Preis und trotz der titanischen Anstrengungen und Kämpfe zu einem Musterbeispiel für eine fortschrittliche Landwirtschaft werden. Die Arbeitsproduktivität, Ernteerträge und Produktivität der Viehzucht in unseren Kolchosen und Sowchosen können mit den Kennziffern der hochentwickelten Länder keinerlei Vergleich standhalten. Kann deshalb unser Land, das über die umfangreichsten Ressourcen an Land und Wasser auf dem Planeten verfügt, sich nicht mit Getreide versorgen und kauft es am anderen Ende der Welt, unter anderem in Amerika und Kanada? Schwer zu sagen, wie wir überhaupt zu Rande kämen, wenn wir nicht Gas, Öl, Gold oder Wald zu verkaufen hätten, obgleich dies wiederum vom verschwenderischen urgroßväterlichen Zustand unserer Exportwirtschaft zeugt.

Die stalinsche Willkür hat die potentiellen Möglichkeiten der Kolchosen und Sowchosen so tief und langfristig vernichtet, der Landmann wurde so hoffnungslos der Initiative und Selbständigkeit beraubt wie auch als selbständige Persönlichkeit unterdrückt, daß dies für uns und unser Land zum Problem Nummer eins geworden ist. Viele von uns lassen sich selten eine Gelegenheit entgehen, sich selber und andere mit geschwellter Brust daran zu erinnern, daß wir das Land der Weltraumentdeckungen sind. Das stimmt, so ist es. Aber was sind die Probleme des Weltraums im Vergleich zu den Nöten des täglichen Brotes? Ein unfaßliches Paradox! Nebenbei bemerkt, die Weltraumforschung, alle Industrien wie auch alle Wissenschaften liegen historisch auf den Schultern des Landmannes. Und wo ist die Rückkoppelung? Was geben wir als Ersatz zurück, wie lautet unsere wissenschaftliche, intellektuelle und technische Antwort? Fördern wir den sozialen und demokratischen Fortschritt im Dorf? Sind wir in der Hinsicht nicht egoistisch und heuchlerisch? Wie viele Feuerwerke aus Worten hat es doch um das »Aufblühen« der Kolchosmacht gegeben, doch das Dorf war und blieb leidgeprüft und größtenteils arm. Aber es ist doch die ursprüngliche Grundlage der Gesellschaft. Bevor wir das Dorf, das noch unter Stalin und seinen Nachfolgern verkrüppelt und zerrupft wurde, auf kein realistisches, verläßliches Wirtschaftsniveau, einfach gesagt: auf das Niveau nüchterner Rechnungsführung angehoben haben, können wir alles übrige, die wechselbedingten ökonomischen Aufgaben der Gegenwart nicht lösen. Eine neue, klare und gerechte Perspektive für Kolchosen und Sowchosen auf den Wegen der Perestrojka würde die Landwirtschaft retten und das Dorf vom stalinschen Erbe befreien.

Sollte man nicht die Vergangenheit und Gegenwart im Geist von Glasnost ehrlich überdenken? Sich von den Eisenketten der Vergangenheit zu befreien, bedeutet keineswegs die Aushöhlung des Sozialismus, keine »Abkehr von den Prinzipien« und dergleichen, wie das die Menschen darzustellen belieben, die sich noch immer unter dem »Zauber« des stalinschen Kultes befinden. Wollen wir immer noch die Verbrechen an Bauernschaft, Intelligenz, Partei- und Militärkadern rechtfertigen, die der Gesellschaft den unersetzlichen Verlust in den dreißiger, vierziger und fünfziger Jahren gebracht hat, und behaupten, die Ursache hierfür sei die Zuspitzung des Klassenkampfes im Sozialismus gewesen? Wollen wir wirklich diesen berüchtigten Gaul der Demagogie wieder durch die Zirkusarena jagen und ihn noch mit der raffinierten Peitsche des modernen Zynismus antreiben?

Man erinnert immer wieder an die jesuitische Redensart: Wo gehobelt wird, da fallen Späne. Es ist gut, wenn man selbst durch eine Gnade des Schicksals nicht zu Spänen wurde unter dem Hobel, wenn einem das Los zufällig erspart blieb, zu den Erschossenen der Abertausenden flammenden Enthusiasten zu gehören, die sich in der Morgenröte der Revolution erhoben hatten, um eine neue Gesellschaft aufzubauen, aber in ihrem Feuereifer und ihrer Ehrlichkeit den imperialen Ansprüchen des machthungrigen Führers entgegenstanden. Es ist schön, wenn man nicht selbst in den stalinschen Lagern saß, auf den Inseln und in der Tundra nicht hinter Stacheldraht in Eiter und Geschwüren mit erfrorenen Händen und Füßen gehen mußte, nicht an Skorbut starb, den Verstand verlor und durch Selbstmord endete, als man sich unter Hunderttausenden ehemaligen Frontsoldaten in den Lagern des Vaterlandes wiederfand – nach der Kriegsgefangenschaft in den Konzentrationslagern des Feindes ... dies war die stalinsche, unmenschliche Grausamkeit und die aufreizende Verachtung von Menschenleben, sie verurteilten die Frontsoldaten zu Tod und Verbannung dafür, daß sie das Schicksal so hart getroffen hatte; war ihm denn unbekannt, daß es keine Kriege gibt ohne Getötete, Verwundete und Gefangene? Wer konnte vorhersehen, welches Los er zieht . . .

Nur wer so hochmütig ist, daß ihn das alles kaltläßt, nur wer vergessen hat, daß ein jeder von uns in jener Zeit (die Jungen können sich in Gedanken in diese Lage versetzen) durchaus ein Opfer des stalinschen Terrors hätte werden können, nur der kann ihn noch rechtfertigen.

II.

Wer Stalin in Schutz nimmt, glaubt eine Reihe unwiderlegbarer historischer Argumente auf seiner Seite zu haben. Eines davon ist verknüpft mit der Industrialisierung des Landes in den dreißiger Jahren. Man führt als Beispiel DneproGES und Magnitka, das Dneprwasserkraftwerk und das Großbauprojekt Magnitogorsk als die Kennzeichen »seiner Epoche« an. Trotzdem bleibt es das Volk, das eine Epoche in ihrer Gesamtheit erschafft und damit auch die ökonomischen Bedürfnisse der Zeit erfüllt. Ich bin felsenfest überzeugt, daß Projekte wie DneproGES und Magnitka auch ohne Stalin auf den Plan gekommen wären, sie entstehen aus der historischen Notwendigkeit der Entwicklung. Einige Länder hören rechtzeitig den Ruf der Zeit und preschen voran, andere holen sie ein, nicht selten wechseln Ränge und Plätze. Auch ohne Stalin wäre Rußland nicht auf dem Niveau des Jahres 1913 geblieben, es hätte sowieso mit allen Kräften die Industrialisierung durchgesetzt. Man sollte lieber sagen: Der Oktober hat neue Perspektiven eröffnet, und das Volk hat sie genutzt. Aber wirklich in vollem Maß?

Ich meine, daß das industrielle wie auch jedes andere Wachstum nicht nur nach dem allereinfachsten Schema vorzunehmen ist: Was war da, was wurde daraus, dies hat es nicht gegeben, jetzt ist es vorhanden, das und das ist erbaut worden, schlecht hat man gelebt, jetzt ist es besser geworden – sondern nach umfassenderen historischen Kriterien: Was stellt diese oder jene Leistung im Vergleich zu den besten Leistungen an anderen Orten, in anderen Ländern dar? Die Sache so darzustellen, als seien die unter Stalin erbauten DneproGES und Magnitka die außergewöhnlichsten Ereignisse, und nicht davon zu sprechen, daß derartige Anlagen und sogar noch mächtigere zu jener Zeit auch in anderen Ländern errichtet worden sind, niemand hatte ja die Hände in den Schoß gelegt, dies heißt also, das Erreichte einseitig zu übertreiben und das darüber hinaus Mögliche aus den Augen zu verlieren, also das, was sein könnte und nicht gelungen ist. Übrigens gilt das auch für die Landwirtschaft.

Natürlich sind Kolchosen und Sowchosen im Vergleich mit dem vorrevolutionären alten agrarischen Rußland eine Stufe in der ökonomischen Entwicklung. Wer will das bestreiten? Aber wenn man das Kolchos- und Sowchosniveau im Lichte all dessen sieht, was in derselben Periode auf diesen Gebieten in anderen hochentwikkelten Staaten erreicht worden ist (Produktivität der Arbeit, Ernteerträge, Agrartechnologie), erst dann kommt alles auf seinen richtigen Platz . . .

Darum geht es also; alle Leistungen dieser Periode Stalin zuzuschreiben und zu behaupten, ohne ihn hätte das angeblich nicht stattfinden können, bedeutet eine Fetischisierung seines Namens und seiner Rolle. Aber bekanntlich ist der Fetisch ein Aberglaube . . .

Man sagt, Stalin hat den Krieg gewonnen. Als habe er Schach gespielt. Auch hier liegt dieselbe Fetischisierung vor. Ja, der Oberkommandierende ist die höchste Person. Natürlich sollten seine Rolle und sein Beitrag im Krieg gewichtig sein, aufgrund seiner Position ist er verpflichtet, sich in Strategie und Taktik wie auch in anderen Fragen der Kriegführung qualifiziert zurechtzufinden. Das liegt in der Natur der Dinge. Aber wer kann denn beweisen, daß das Land den Krieg verloren hätte, wenn der Oberkommandierende nicht Stalin, sondern einer von den Militärbefehlshabern gewesen wäre? Die Kritik an Stalin ist keine Minderung oder ein Auslöschen des Sieges als solchem, der Sieg ist eine gemeinsame Sache, Sache des ganzen Volkes und nicht nur das unermüdliche wache Auge, selbst der genialischsten Person. Schließlich ist ein gewonnener Krieg kein Sündenablaßzettel für soziale und politische Kritik. Und nach dem Krieg mußte man weiterleben, sich entwickeln und vorankommen. Den Sieg zu rühmen ist gut und schön, der Becher des Ruhmes ist etwas Angenehmes, aber danach das Leben in zivilisierte Bahnen zu lenken und den Wohlstand des Volkes anzuheben, ist noch wichtiger. Und recht hat, wer meint: Wenn man vom Krieg spricht, muß man vor allem den gewaltigen Patriotismus im Sowjetvolk betonen, der das Land von Jung bis Alt beseelt hat, der den Feind unter unermeßlichen, dem Verstand unfaßlichen Opfern und Entbehrungen niederrang, die im übrigen so groß nicht hätten sein müssen, wenn Stalin tatsächlich der unübertroffene Feldherr aller Zeiten und Epochen gewesen wäre. Dem würde ich noch etwas hinzufügen, worüber man bei uns, denke ich, unter Rücksicht auf Stalin, bis heute ohne besonderen Enthusiasmus redet: Die Hilfe der mit uns verbündeten USA und England im Zweiten Weltkrieg sollte von uns auf den gebührenden Platz gerückt werden. Amerikanische Piloten haben uns nach dem Land-Lease-Act allein 14 795 Kampfflugzeuge zur Verfügung gestellt, ohne hier die übrige Technik und die Nahrungsmittel zu erwähnen. Die Hilfe des amerikanischen Volkes kam zur rechten Zeit, man sollte das nicht vergessen.

Einer einzigen Person den Sieg zuzuschreiben, wie einer Gottheit, aus ihr eine pompöse, unfehlbare Figur zu machen, wie Stalin in manchen Filmen dargestellt wird, ist wohl kaum gerecht, vernünftig und pädagogisch sinnvoll. Die Mythologisierung einer Persönlichkeit noch zu deren Lebzeiten, die an religiöse Verehrung grenzt (so war das ja bei ihm der Fall), zeugt von der Krankheit dieser Persönlichkeit und dem Mangel an Kultur in der Gesellschaft. Wir möchten uns heutzutage von dieser Krankheit der »patriarchalischen Rangverehrung« freimachen. Darauf sollten die Kräfte der Glasnost gerichtet sein.

Mitunter kommt es einem in den Sinn, dem gegenüberzustellen, wie rasch und kraftvoll nach Kapitulation und Demontage die BRD und Japan und das aus dem Krieg nicht besser hervorgegangene Finnland in ihrer Wiedergeburt nach dem Krieg führende Positionen des Lebensstandards und der Industrie eingenommen haben. Aber das Sieger-Land, das verkündete, wie es unter der Führerschaft Stalins aufblühte, und dies sogar in der offiziellen Nationalhymne, die in seiner Anwesenheit ständig abgespielt wurde, konnte sich aus den immer größer werdenden Mißverhältnissen in Industrie, Landwirtschaft und folglich auch im ganzen Leben des Volkes, verglichen mit anderen Ländern, nicht herausfinden. Zur Erklärung und Rechtfertigung dieses Phänomens lassen sich zahllose Anlässe und Ursachen finden, von politischen bis zu klimatischen (obgleich ja in Finnland das Klima keine Spur besser ist), aber Tatsache bleibt Tatsache. Ich denke, daß an der Regression nicht zuletzt der stockfinstere stalinsche Isolationismus schuld ist, dieser Hang zur Feindseligkeit und Entfremdung gegenüber der uns umgebenden Welt. Mit den Nachbarn in Feindschaft und Bedrohung zu leben ist keine Leistung, weitaus mehr Verstand und Elastizität sind erforderlich, um die Wechselwirkungen der unterschiedlichen Weltstrukturen zu begreifen, mit dem Ziel, beiderseits Vorteile daraus zu gewinnen.

Auf der Suche nach Argumenten für Stalins Größe versuchen manche Leute, ihn mit Peter I. zu vergleichen. Eine Ähnlichkeit besteht vielleicht darin, daß beide Autokraten waren (Peter in Erbfolge, Stalin jedoch faktisch), der Unterschied indes ist der, daß Peter für das Rußland der Bojaren das Fenster nach Europa öffnete, Stalin jedoch uns von ebendiesem Europa, das durch sowjetische Soldaten vom Faschismus befreit wurde, abgeschnürt hat.

Noch lange werden die Vergewaltigungen, die er den Völkern angetan hat, in Herzen und Seelen der Sowjetmenschen als unheilvolles Echo dröhnen. Das Schrecklichste in »seiner Epoche« ist die doppelte Arithmetik: Vor den Blicken der gesamten ehrlichen Welt haben wir den Antidemokratismus als die größte Stalinsche Demokratie ausgegeben. Eine derartige Selbsttäuschung gebiert immer tragische Folgen.

Demokratie ist die Kunst der Massen, sie ist aufgerufen, die Freiheit der Gedanken und des Selbstausdrucks für jedes Mitglied der Gesellschaft zu gewährleisten, selbstverständlich nicht deformiert zur Herrschaft des Pöbels und chaotischem Brüllen auf Straßen. Es ist kein Zufall, daß uns sofort die Meinungsverschiedenheiten einholten, als wir mit der Notwendigkeit konfrontiert waren, die Demokratie in ihren echten Formen zu entfalten. Und dies insbesondere bei der Frage nach Stalin. Jeder ist natürlich frei, seinen Standpunkt darzulegen. Wenn einer aus einem Mangel an Wissen den Sozialismus mit dem Stalinismus gleichsetzt, ist das sein Pech, wenn er bewußt die Begriffe verwechselt, wird er immer Opponenten finden, die mit ihm aus Prinzip nicht einverstanden sind. Zu hoch war der Preis, um zu dieser Wahrheit zu gelangen.

Und ein letztes. Stalin gibt es seit langem nicht mehr. Aber erst jetzt, 35 Jahre nach seinem Tod, kommen bei der Überwindung des Syndroms der Götzenverehrung in der Presse, bei Versammlungen für alle hörbar – und, was charakteristisch ist, ohne die früheren kläglichen Zweideutigkeiten und das »Knieschlottern« –, die ersten Spuren der ganzen Wahrheit über ihn zum Ausdruck. Es ist furchtbar zu gewärtigen, wie tief unsere Gesellschaft durch die Stalinschen Repressionen und sein autoritäres Regime gelähmt war.

Geistige Sklaverei kann freiwillig sein, ja sogar erwünscht, wollüstig und beflissen, als Resultat des patriarchalisch liebdienerischen Kultes um eine Person, eingepflanzt durch totalitäre Mittel. Sind die Menschen viele Jahre lang erniedrigt und unfähig, der staatlichen Willkür und Brutalität zu widerstehen, werden sie geneigt, dieses Böse selbst zu vergöttern, und sie finden darin eine gewisse innere Kompensation für ihre Ohnmacht, eine bestimmte Vereinigung mit diesem vorgegebenen Supermann, dessen Verehrung für sie zur Lebensnorm wird. Und deshalb ist es mitunter schwierig, die Apologeten des Stalinismus umzustimmen, erst recht jedoch ihnen Vorwürfe zu machen. Man muß ihnen gegenüber Duldsamkeit an den Tag legen wie gegenüber jeder Art religiöser Leidenschaft.

Nur auf den Wegen von Demokratie und Glasnost kann sich die vollwertige Kultur eines frei denkenden Menschen entfalten.

Die älteren Generationen treten allmählich von der Arena des aktiven Lebens ab. Das Wort gehört jetzt den

Jungen. Die heutige außerordentlich komplizierte Welt orientiert sich am Humanismus als dem höchsten Sinn auf Erden, darin ist die gesamte Erfahrung der Menschheit verkörpert. Einen anderen Weg gibt es nicht. Ich bin tief davon überzeugt: Nur das Bewußtsein, das sich vom stalinschen Denken befreit hat, kann die neue Welt verstehen und vervollkommnen.

Iswestija, 3. Mai 1988.

Kasat Akmatow

Tschingis Aitmatow bei sich zu Hause

In meinem Gedächtnis bewahre ich eine kindliche, bis heute verborgene Erinnerung an meine erste Begegnung mit *Dshamilja* auf. Knapp über zehn Jahre war ich gewesen, als ich einmal feststellte, wie meine beiden älteren Schwestern sich klammheimlich vor unserer recht strengen Mutter in einer Zeitschrift festgelesen hatten. Sie weihten mich nicht in ihr Geheimnis ein, ich wurde wütend und verpfiff sie bei Mutter. Die sperrte die Zeitschrift auf der Stelle ein, wie sich zeigte, war darin die Novelle *Dshamilja* abgedruckt. Unsere Mutter konnte nicht lesen, aber am Erschrecken der Töchter konnte sie lebhaft ablesen, daß *Dshamilja* für Schülerinnen ein gefährliches Stückchen sein mußte. Bei uns hat man sich das damals ja so gedacht: Erst einmal heiraten, und dann über die Liebe lesen. Deshalb haben sich Mädchen wie Burschen insgeheim etwa die Märchen von »Tausend und einer Nacht« beschafft und sie von Hand zu Hand weitergereicht. Eines dieser verbotenen Bücher war für meine Schwestern auch *Dshamilja,* die wunderbarste und reinste Liebesgeschichte, wie ich später erfuhr, die in erster Linie doch gerade für die Jugend unerläßlich ist.

Einige Zeit später bekam ich zu lesen und zu hören, wie dieser und jener kirgisische Schriftsteller diese Novelle dafür tadelte, daß ihre Heldin eine leichtlebige Frau sei, die ihrem Mann, Frontsoldat und Vaterlandsverteidiger, untreu geworden war. Auch dem Autor selbst wurde übel zugesetzt, er hatte nicht nur Dshamilja nicht verurteilt, sondern auch seine Sympathien für sie unverhüllt bekundet. In jenen Zeiten war es für Tschingis Aitmatow nicht einfach, diese Novelle zu verfechten, die die Freiheit des Gefühls, die Ehre und Würde der Frau besang. Und zuvor hatte er ja noch die Angriffe wegen der Novelle *Aug in Auge* abzuwehren gehabt, weil darin von einem Deserteur erzählt wurde. Wie denn das nur? sagte man zu ihm. Ein Sowjetsoldat und plötzlich Deserteur? So etwas gibt es nicht.

Aber, Gott sei Dank, konnte man Tschingis Aitmatow nicht zur Ruhe bringen. Obwohl man ihn von verschiedenen Seiten her anrempelte, fuhr er fort, aufrichtig und leidenschaftlich über die schmerzhaftesten Probleme unserer Gesellschaft und unserer Zeit zu schreiben. Als der *Weiße Dampfer* erschien, fing die Kritik wieder zu lärmen an. Der Autor erwecke den Eindruck, tönte es, als würden wir unsere eigenen Wurzeln durchhauen. Ist er denn zu der Behauptung berechtigt, daß das Volk sein historisches Gedächtnis verliert? Und was soll dieser Mord an der Maralmutter, der Urmutter eines Menschengeschlechts? Wird hier nicht die sowjetische Wirklichkeit entstellt?

Man muß sagen, solche Stimmen der Kritik waren häufig. Dennoch gab es welche, die das gewaltige Talent, die Wahrheitsliebe und Lauterkeit des Künstlers gebührend einschätzten. Seine Werke wurden mit den höchsten sowjetischen Preisen ausgezeichnet, darunter auch der Roman *Abschied von Gülsary,* wo Aitmatow bekanntermaßen als einer der ersten in unserer Literatur mit einer scharfen Kritik des Personenkultes und der Bürokratie auftrat, die heutzutage allenthalben so mutig ihres einstigen Nimbus entkleidet wird, inzwischen sind jedoch immerhin zwanzig Jahre verstrichen.

Tschingis Aitmatow hat einmal die Frage, warum er vorwiegend in russischer Sprache schreibe, zum Teil so erläutert, daß die kirgisischen lokalen Kritiker ihm gegenüber zu aggressiv gewesen seien. Und tatsächlich – hätte er die russische Sprache nicht so hervorragend beherrscht, um wieviel schwieriger wäre sein Zugang zur breiten Leserschaft geworden, wegen jener Barriere, die bei uns die heimischen Autoritäten, ihre geistige Trägheit und der primitive Schematismus bisweilen errichteten. Welch ein Glück für sein Talent, daß hier das mächtige Element der russischen Sprache bereitstand! Und dabei sucht der Reichtum seiner kirgisischen Sprache seinesgleichen. Man staunt, welche Ausdruckskraft die beiden unterschiedlichen Sprachen im Werk ein und desselben Künstlers erreichen.

Wollen Sie erfahren, wie unser Tschingis-Aka arbeitet? Er setzt sich frühmorgens an den Schreibtisch, genauer gesagt um sechs Uhr, und verläßt ihn nicht bis etwa um zwei, drei Uhr nachmittags. Nach dem Mittagessen begibt er sich unfehlbar in sein Arbeitszimmer im Schriftstellerverband, wo ihn immer viele Leute erwarten. Sie kommen in die Sprechstunde des Deputierten im Obersten Sowjet, Aitmatow – eigentlich ganz einfach zu Tschingis Aitmatow. Uns, den Sekretären des Schriftstellerverbandes, gelingt es gar nicht so leicht, in Dienstangelegenheiten zu unserem Vorsitzenden durchzudringen. Die Leute lassen uns nicht vor und verlangen, daß auch wir uns in die Schlange stellen. Und woher sie nur alle anreisen – vom Fluß Kolyma in Nordostsibirien, von der Stadt Kuschka an der afghanischen Grenze, von Brest im westlichen Belorußland, aus den entferntesten Winkeln unseres Landes. Offen gestanden, sind die Gesichter dieser Menschen meist gar nicht heiter. Vielen Augen sind

Kummer, Leiden, Schmerz und eine Spur von Hoffnung abzulesen. Bei dem einen ist der einzige Sohn oder Neffe ins Gefängnis geraten, einen anderen haben im hohen Alter die Kinder verlassen, mit diesem ist man ungerecht umgesprungen, mit jenem sind Bürokraten Schlitten gefahren, hier fehlt eine Wohnung, weil der Mann ein Säufer, dort, weil der Nachbar ein Despot ist. Ein Schriftsteller ist kein Machthaber, kein Staatsanwalt oder Richter, vielen kann er gar nicht helfen, nicht einmal als Deputierter des obersten gesetzgebenden Organs des Landes. Aber er muß jeden anhören und ist wenigstens zum Versuch einer Hilfe verpflichtet, wenn nicht durch die Tat, dann durch einen Rat. In der Mehrzahl der Fälle wendet er sich an die örtlichen Behörden der »Bittsteller«. Seine Telefonate fliegen in alle Ecken des Landes. Und am Ende eines jeden Monats hat unser armer Buchhalter alle Mühe, wie er mit dem bescheidenen Telefonbudget des kirgisischen Schriftstellerverbandes zu Rande kommt.

Wenn Aitmatow in Frunse ist, empfängt er seine Besucher praktisch jeden Tag. Einmal waren wir, die hauptamtlichen Sekretäre, darüber aufgebracht, daß uns die »Außenstehenden« daran hindern, zu ihm zu gelangen. In unserer Erregung haben wir beschlossen, dieselbe Ordnung einzuführen wie bei den Ministerien – Besuchersprechstunden nur mittwochs und freitags, zu streng festgelegten Zeiten. Wir haben den Beschluß ohne Aitmatow gefaßt, dachten aber, er würde ihn billigen. Anfänglich schien das auch zu klappen. Nachdem er an der Tür zum Arbeitszimmer die entsprechende Bekanntmachung gelesen hatte, klopfte er seinem Assistenten Turat Sadykow auf die Schultern und sagte: »Ordnung muß sein. Warum sind wir nicht früher darauf gekommen?«

Aber die neue Regelung hielt nicht mehr als eine

Stunde, und dies nur dank der unglaublichen Anstrengungen des Assistenten, der, den Tränen nahe, den Andrang der Besucher zurückhielt. Aber die wollten nicht weichen.

»Ich bin eigens aus Magadan angereist, ganz krank bin ich, kann als Frau kaum noch stehen und euren Mittwoch nicht abwarten.«

»Am Mittwoch muß ich doch schon in Moskau sein, bei der Sitzung des Wissenschaftsrates, der meine neue Arbeit über das ›Igorlied‹ diskutiert; die erwarten dort eine Meinung von Aitmatow...«

»Ich komme zum Deputierten Aitmatow! Einen ganzen Waggon Baumaterial hat man mir vorenthalten, die wollen den einfach nicht für unser Gebiet abfertigen...«

Und alle haben ihre unaufschiebbaren Angelegenheiten, bei allen brennt's, da kann man niemanden abweisen. Wir haben noch am selben Tag kapituliert, und Aitmatow hat danach kein einziges Mal mehr an die neue »Ordnung« erinnert.

Dieser endlose und bunte Besucherstrom hat eine bemerkenswerte Besonderheit. Ein guter Teil davon erneuert sich mit jedem Werk des Schriftstellers. Ich führe lediglich zwei Beispiele an. Als der Roman *Ein Tag länger als ein Leben* erschien, zog es zu Aitmatow Schriftsteller des Phantastischen aus aller Welt, Gelehrte und Futurologen, aus Moskau und Leningrad kamen ganze Gruppen junger Enthusiasten angereist, die außerirdischen Zivilisationen nachforschen.

Dann kam der Roman *Der Richtplatz* heraus. Einer seiner Helden ist Awdij Kallistratow, ein Kauz, Eigenbrötler und Heilkundiger für verirrte Seelen, verkrachter Priesterseminarist, der über Probleme der Sittlichkeit und einen neuen Gott reflektiert. Es regnete Briefe von Kirchendienern, ein hoher Würdenträger versicherte sogar, Gott höchstpersönlich habe dem Autor bei den Hauptideen des Romans die Feder geführt. Und an einem Herbstabend tauchten im Empfangszimmer Aitmatows gleich vier Mönche aus Frunse auf. Anfänglich war er etwas unsicher und wußte nicht, worüber man sprechen sollte, dennoch fanden sich die gemeinsamen Interessen ziemlich schnell – das Gespräch drehte sich um die Werke des Protopopen Awwakum, die kurz zuvor von einem Moskauer Verlag veröffentlicht worden waren. Die Unterredung dauerte dann mehr als vier Stunden, wonach die Gesprächspartner als Freunde schieden.

Und selbstverständlich finden in Aitmatows Arbeitszimmer vielerlei Begegnungen mit Kulturschaffenden aus unterschiedlichsten Ländern und Kontinenten statt, mit Gelehrten und Journalisten. Aber Kinder lieben Aitmatow ganz besonders. Nie lehnt er Begegnungen mit Kindern ab. In unseren Tagen sieht man bei den Erwachsenen, die bis über beide Ohren in ihren Geschäften und Sorgen stecken, nicht häufig eine so rührende Beziehung zu Kindern. »Die einzig zuverlässige Wahrheit für mich ist die Welt der Kinder«, hat er einmal gesagt.

Bekannte Schriftsteller sagen gewöhnlich, daß sie sehr viel Post haben. Aitmatow erhält jeden Tag rund fünf Briefe. Ich weiß nicht, ob man so eine Korrespondenz für »sehr viel« hält, aber wenn er einige Wochen lang von Frunse abwesend ist, häufen sich solche Bündel ungeöffneter Umschläge, daß er nach der Ankunft nicht imstande ist, die Lektüre aller Briefe in ein oder zwei Schüben zu bewältigen. Dabei gibt es verhältnismäßig wenig offizielle Korrespondenz, die Leserbriefe sind in der Überzahl. In jungen Jahren hat Aitmatow sie niemand anvertraut, er hat es geschafft, alle zu lesen und zu beantworten. Jetzt betraut er seine engsten Assistenten, unter anderem mich, die Umschläge zu öffnen, mit Ausnahme derer, die den Vermerk »persönlich« haben. Ohne Übertreibung kann ich sagen, Aitmatows Post ist das reichhaltigste und farbigste Mosaik menschlicher Gefühle, Leidenschaften, Erlebnisse und Gedanken. Natürlich löst das Erscheinen eines jeden neuen Werkes eine Lawine an Briefen aus. Niemand hat darüber genau Buch geführt, aber ich denke, *Der Richtplatz* hat in dieser Hinsicht alle Rekorde gebrochen. Man liest diese Briefe und kann nur staunen, mit welcher Tiefe und Intensität der einfache Leser über diesen Roman urteilt. Wie weit entfernt davon stehen »Experten« wie beispielsweise Kryweljew, der in der Tageszeitung *Komsomolskaja Prawda* den Artikel »Kokettierend mit dem lieben Gott« veröffentlichte (der Titel sagt schon fast alles über sein Urteil). Nebenbei bemerkt, hat sich in der letzten Zeit das zentrale Komsomolzenblatt auf Aitmatow ziemlich scharf eingeschossen.

Man schickt Arbeiten über Politik, Wirtschaft, Kultur und Religion an Aitmatow, bisweilen ganze philosophische Traktate, sogar Zeichnungen, Bilder, Skizzen für Skulpturen und architektonische Pläne ... Und die literarischen Werke? Schafft es Aitmatow, sie alle zu lesen? Natürlich nicht. Dafür reicht kein Menschenleben. Aber Manuskripte sind durchzusehen. Die Leute haben ja ihre Hoffnung. Diese extreme Situation hat bei Aitmatow offensichtlich einen erstaunlichen Spürsinn wachsen lassen, eine unerklärliche Methode für die augenblickliche Beurteilung. Man ist verblüfft, wenn man sieht, wie er aus der Fülle der Briefe und Manuskripte auswählt und auf der Stelle eben das durchliest, worauf es ankommt. So hat Aitmatow schon am folgenden Morgen, nachdem er das umfangreiche Manuskript des Poems *Fuku* von Jewgenij Jewtuschenko erhalten hatte, die Redaktion der Zeitschrift *Nowyj Mir* angerufen, um zu helfen, daß dieses Werk gedruckt wird, das nur mit großen, ja außerordentlich großen Schwierigkeiten durchkam.[1]

Wir haben mit dem Bericht begonnen, wie unser Tschingis-Aka jeweils an seinen Werken arbeitet. Dieser Fragenkreis ist weit gespannt. Zum Beispiel ist da die Vorbereitung der Materialien für die künftige Arbeit. Viele Schriftsteller führen Tagebuchnotizen oder spezielle Notizblöcke, in die sie systematisch alle nötigen Daten, Gedanken, möglicherweise auch Ziffern und Berechnungen eintragen, die für ein Kunstwerk nötig sind. Wenige, sehr wenige von der schreibenden Zunft benutzen dieses Mittel nicht. Zu ihnen gehört auch unser Tschingis-Aka. Nie haben wir gesehen, daß er sich etwas notierte oder in Archiven und Bibliotheken Angaben zusammensuchte oder ein Tagebuch führte. Sein einziges Taschenbüchlein enthält die Telefonnummern, die er braucht. Und auch dies trägt er häufig nicht bei sich, es ist handgeschrieben und schlecht geführt, mitunter kann er seine Eintragungen selbst nicht entziffern. Und damit er das Notizbuch nicht mit sich herumtragen muß, ist es schon besser, sich die Telefonnummern zu merken. Schreib es doch in den Notizblock, mach deinen Kopf frei von so unnützen Sorgen. Aber nein, Tschingis-Aka speichert Telefonnummern wie ein Computer. Mir scheint, hier dient ihm vorzüglich das einfache mechanische Gedächtnis, das seinem Besitzer keinerlei Schwierigkeiten bereitet.

Um jedoch ganze Linien eines Stoffes zu behalten, sagen wir den von dicken Romanen oder gar gigantischen

[1] Aitmatow gehört dem Herausgeberkreis dieser renommierten Moskauer Literaturzeitschrift an. Jewtuschenkos Poem *Fuku* wurde in Heft 9/1985 von *Nowyj Mir* veröffentlicht.

Sagen wie unser Epos »Manas«, oder um fürs ganze Leben die Riesenmenge nötiger Kenntnisse, Ideen und Gedanken aufzubewahren, braucht der Mensch einen komplizierteren Mechanismus als sein Gedächtnis. Auch hier kommt Aitmatow nicht in Verlegenheit. Er erinnert sich gut an Einzelheiten wie etwa an seine Dolmetschertätigkeit im Alter von vier Jahren, und er behält sich ebenso eine so unglaubliche Masse von Ideen und Gedanken aus dem vielfältigsten einmal gelesenen, gesehenen oder gehörten Quellen. Dabei ist in solchen Fällen sein Gedächtnis außergewöhnlich rationell. Meist läßt er wie absichtlich Details weg und speichert dafür recht gut die Substanz. Das muß wohl so sein, denn Aitmatow ist Künstler, Philosoph und Denker, aber nicht Forscher und Statistiker.

Zu unserem Thema gehört wohl auch die Lektüre Aitmatows. Was liest er – etwa jetzt, am Vorabend seines Sechzigsten?

Üblicherweise nimmt die Lektüre zum Alter hin deutlich ab. Und dies nicht aus dem Grund, weil Schwäche oder Unlust zum Lesen auftritt, sondern weil sich der Mensch einer verantwortungsvolleren Etappe seiner Aktivität nähert, da er mehr von sich abzugeben als in sich aufzunehmen hat. Wie mich dünkt, ist Tschingis Aitmatow hier keine Ausnahme. Er liest schon deutlich weniger Belletristik. Dabei mußte er sich ohnehin, das Schreiben zurückstellend, mit Pflichtlektüre befassen: *Doktor Shiwago, Die Baugrube, Kinder vom Arbat, Weiße Gewänder* – und anderes, das man heutzutage einfach nicht verpassen darf. In der jetzigen Phase kommt man auch nicht um unsere Tagespresse herum. Darin erscheinen derartig sensationelle Sachen, daß Tschingis-Aka, den nichts zu verwundern schien, bisweilen bis aufs äußerste erregt ist. Ich erinnere mich daran, wie er mich mitten in der Nacht anrief, nachdem er gerade das Material der *Literaturnaja gaseta* über einen kranken Sadisten gelesen hatte, der einige Dutzend Frauen ermordet hat, über viele Jahre bei bester Gesundheit vor sich hinlebte und nicht gefaßt wurde. »So etwas Unheimliches habe ich im Leben noch nicht gelesen«, erhitzte er sich und begann, Schreckenshandlungen des Mörders nachzuerzählen.

Überhaupt wird Tschingis-Aka in der Regel von den menschlichen und schicksalhaften Aspekten einer Information gepackt, seien sie politischer, ökonomischer oder sozialer Natur. Welches Material ihm auch unterkommen mag, er betrachtet es vor allem durch das Prisma des menschlichen Lebens und Schicksals. Das ist wohl eine Regel, die den Humanisten und Schriftsteller von den anderen unterscheidet, er ist den Leiden und Freuden des Menschen nahe. Es gibt Augenblicke, da du in einem Gespräch beiläufig erwähnst, was dir oder anderen zugestoßen ist, Aitmatow wird dann nicht deinen Zustand oder den des anderen zerpflücken, wenn das Geschilderte weh getan hat oder schwergefallen ist. Das Los von Kindern bewegt ihn ganz besonders, mitunter sogar zu viel. Ich habe mehrfach erlebt, wie er beklommen aufschrie oder mit dem ganzen Körper hinstürzte, wo ein Kind an einem gefährlichen Ort spielte. Diese Eigenschaft tritt bei ihm mit den Jahren immer mehr zutage. Seine Kinder aus der zweiten Ehe sind noch in dem Alter, wo man sie in jeder Sekunde beaufsichtigen muß. Und dieser Umstand läßt Tschingis-Aka um das Leben der Kinder noch mehr bangen.

Doch dies nur am Rande. Wir haben ja davon zu reden begonnen, wie und was Aitmatow jetzt liest. Anfang der siebziger Jahre ist er, wie ich feststellen konnte, mit lebhaftem Interesse zu den Werken Hegels zurückgekehrt und hat sich in sie richtiggehend hineingewühlt. Ich weiß noch, wie er weitherum um die Übersendung der Werkausgaben dieses Philosophen bat, die bei uns nicht erhältlich sind. Sodann konnte man auf den Tischen oftmals die Arbeiten westlicher Philosophen sehen, insbesondere von Futurologen. Rein ökonomische Bücher liest er nicht, obgleich es bei ihm in dieser Hinsicht ziemlich viel Überlegungen gibt. Aber zu den Arbeiten unserer Philosophen, die nach hiesigen Maßstäben ziemlich populär sind, habe ich bei Aitmatow keine sonderliche Begeisterung bemerkt. Er verhält sich zu ihnen freilich mit gehörigem Taktgefühl, sagt nichts Schlechtes über sie, aber er liest sich nicht ein in sie.

In den achtziger Jahren hat ihn die biblische Literatur stark angezogen. Wie wir wissen, ist ihre Mannigfaltigkeit gewaltig. Und Aitmatow hat, wie ich annehme, mit einem recht erklecklichen Teil ernsthaft gearbeitet. Dafür nur ein Hinweis: Etwa im Jahr 1982 fuhr ich zu ihm in die Stadt Tscholpon-Ata, wo er gern in der Sommerzeit arbeitet. Da er sich nicht in seinem Arbeitszimmer befand, erfreute ich mich an seiner Bibliothek. Er hatte sie aus Frunse mitgebracht, und diese stattliche Buchauswahl bestand aus nicht weniger als fünfzig Titeln, vorwiegend zum Thema christliche Religion. Und auf dem Schreibtisch lag geöffnet die Bibel selbst. Ich wußte, damals arbeitete er am Roman *Ein Tag länger als ein Leben,* hatte sich wohl dafür entschieden, aus Stoffen oder Themen der Bibel etwas hineinzunehmen. Aber es stellte sich anders heraus. Er hat sich damals, freilich erst vorläufig, auf den künftigen *Richtplatz* vorbereitet. Hat übrigens der Autor damals gewußt, daß der zukünftige Roman *Der Richtplatz* heißen würde? Natürlich nicht. Und überhaupt quält sich

Aitmatow mit seinen Buchtiteln sehr lange ab, so daß einige seiner Werke bis heute zwei, sonst auch ganze drei Titel haben. Beispielsweise hieß die Novelle *Der Weiße Dampfer* ursprünglich »Nach einem Märchen«. Diese tragische Ballade über den Jungen mit dem zweiten Titel zu versehen, sagt man, setzte der unvergessene Alexander Twardowskij durch, als Chefredakteur der Zeitschrift *Nowyj Mir* befürchtete er die Nörgelei der damaligen Zensur an der Novelle und wollte deren Wachsamkeit wenigstens durch einen Titel mit optimistischem Klang einschläfern. Wer sich daran erinnert, wird wissen, daß die Novelle in der Zeitschrift unter zwei Titeln herauskam: *Der Weiße Dampfer* und, in Klammern darunter, *Nach einem Märchen.* Man muß annehmen, daß auch der Autor auf seinem ursprünglichen Titel bestand.

Der Roman *Ein Tag länger als ein Leben* hieß ursprünglich »Das Stahlband«, was sehr genau das Wesen des darin Erzählten ausdrückte. Jedoch hat wiederum die Furcht vor einem Verbot die Redaktion von *Nowyj Mir* zu einem weniger scharfen Titel veranlaßt. Aber das »Stahlband« hatte dieselbe Bedeutung wie der »Schiri«, den man den Gefangenen um den Schädel spannte, um sie in Mankurte zu verwandeln, hier bedeutete das auch die gemeinsame Operation der beiden Großmächte, die den Erdball mit ihren todbringenden Raumschiffen umzingelten.

Der Verlag »Molodaja Gwardija« ging in seiner Überwachsamkeit noch weiter und erbat vom Autor noch einen dritten Titel: »Schneesturm-Haltepunkt«, der schon nicht mehr vom Tag sprach, der länger währt als ein Jahrhundert, und schon gar nicht vom Stahlband der Propaganda, der Bearbeitung der Menschenhirne, die sie zu Tölpeln macht, ihre Wurzeln vergessen läßt, ihre Geschichte und Kultur, nicht einmal die Namen ihrer Vorfahren wissen sie mehr, so wie der Mankurt aus Ana-Beit.

Und schließlich *Der Richtplatz*. Dieser herausragende Roman wurde ursprünglich »Ailampa« getauft. Unter diesem Titel hatten Zeitungen unserer Republik die ersten Abschnitte des Werkes veröffentlicht. In einer Fußnote hieß es da: »Ailampa« – »Kreislauf«, »kreisförmige Drehung«. Und in der Tat ist das ein erstaunliches, dichtes kirgisisches Wort, das den dialektischen Kreislauf des Daseins verbalisiert, den Wechsel des universellen Lebens durch den universellen Tod kann man nicht in einem einzigen russischen Wort ausdrücken. Und im ersten Interview über den neuen Roman hat Tschingis Aitmatow versichert, daß er den Titel des Romans »Ailampa« ohne jede Änderung in allen Ausgaben belassen wird, in welcher Sprache der Welt er auch herauskäme. Dennoch haben spätere Umstände diese Meinung des Autors geändert. Nachdem die Leute von *Nowyj Mir* in Moskau den Roman ganz durchgelesen hatten, tauchte plötzlich beim Autor, der sich in Moskau befand, der neue Titel *Placha* auf. Was ist das nur? Eine Erleuchtung? Ich mache mich nicht anheischig, über die Entstehungsgeheimnisse großer Ideen und Worte zu urteilen, aber ich möchte bekunden, wie ich erschüttert war, als ich erstmals übers Telefon aus Moskau diesen neuen Titel hörte. *Placha* ist ein gewöhnliches russisches Wort, aber als Leitbegriff der Salve Aitmatowscher Gedanken und Leidenschaften im neuen Roman nahm es auf der Stelle eine überwältigende, magische Bedeutung an. In seiner Dichte und schonungslosen Genauigkeit verdrängte dieser Titel sofort die frühere Bezeichnung aus meinem Kopf, obgleich »Ailampa« nicht weniger dicht war. Im Titel *Placha* liegt mehr Glut, darin ist der Schrei der Seele zu vernehmen, das tönt äußerst kompromißlos. Das ist das Wort! Das ist der Titel! Schon drei Jahre sind es nun her, daß er auf die Welt gekommen ist, ich höre und spreche über ihn jeden Tag, höre aber nicht auf damit, über die genaue Entsprechung zum Material zu staunen. Wahrlich grenzenlos ist die Kraft des Wortes!

Auf diese Weise nimmt im Verlauf der Arbeit die Taufe der neuen Werke einen besonderen Platz ein. Und sie durchzieht die gesamte Zeitspanne von der Niederschrift des Romans bis hin zum Tag des Druckbeginns. Das ist qualvoll, wie der Autor selbst gesteht, weitaus leichter sei es, das Werk zu schreiben, als dafür den nötigen Titel zu finden.

Aber nun will ich erzählen, welche Probleme Kirgisiens Tschingis Aitmatow am meisten bewegen.

Da ist vor allem das Schicksal des Issyk-Kul-Sees und der Weideplätze. Der Wasserspiegel des Sees ist jäh gesunken, mit jedem Jahr gibt es auch weniger Alpenwiesen. Was wäre zu tun? Man müßte einfach die wirtschaftliche Habgier zügeln, den natürlichen Zustrom in den See nicht zurückhalten, den Abfluß an Wasser für den Wirtschaftsbedarf verringern, den Viehbestand einschränken und, wenn möglich, eine Methode finden, wie das Seebecken wieder aufzufüllen ist. Der Deputierte Aitmatow hat diese Fragen bei den Sitzungen des Obersten Sowjets der UdSSR aufgeworfen, er ist damit auch bis zum Politbüro gegangen. Vor kurzem traf eine positive Antwort ein. Eigentlich gibt es in Volkswirtschaft wie Kultur Kirgisiens nicht wenig lebenswichtige Probleme. An den angesehenen Schriftsteller und maßgebenden Vertreter der Öffentlichkeit wenden sich viele um Unterstützung. Zu einem beträchtlichen Maß ist es Aitmatows Beharrlichkeit zu verdanken, daß ein neues Gebäude für die Filmstudios und die Philharmonie, einige Kulturpaläste und Dorfschulen gebaut, Straßen asphaltiert, eine Zeitschrift für Kinder herausgegeben, ein Trickfilmstudio eingerichtet, ein Verlag für Kinderliteratur gegründet, die mehrbändige Ausgabe des grandiosen Volksepos »Manas« usw. realisiert worden sind. Überzeugter Internationalist, widmet Tschingis Aitmatow viel Kraft auf die Entwicklungsprobleme der kirgisischen Kultur und dem Kampf gegen den Nationalnihilismus. Und das ist tatsächlich ein Kampf, was um so trauriger ist, als die Zentralpresse seine Gegner unterstützt, wie das unlängst in der *Komsomolskaja Prawda* mit der Veröffentlichung des extrem unobjektiven Artikels *Ohne Argumente* geschehen ist.

Natürlich rauben ihm all diese Angelegenheiten ein gerüttelt Maß an Zeit, Energie und Nerven. Aber ich habe kein einziges Mal bemerkt, daß sich Aitmatow dadurch bedrückt fühlte. Und wenn es ihm gelingt, in diesen Fragen etwas durchzusetzen, verschafft ihm das nicht weniger Befriedigung als die literarischen Erfolge. So ist nun mal sein Naturell – energisch und sehr beharrlich. Besonders hartnäckig wird Aitmatow, wenn das Ziel am Horizont aufblinkt. Mitunter genügt aber auch schon die leiseste Hoffnung, die Andeutung eines möglichen Erfolgs, daß er sich unermüdlich einsetzt, bis die Sache zum erfolgreichen Ende geführt wird. Uns, seine Mitstreiter, verwundert immer wieder die unbändige Energie. Er hält uns alle in Trab und läßt niemand abschlaffen. Woher rühren bei ihm diese Organisationsader, die Unermüdlichkeit und die hohen Anforderungen? Ein großes Talent ist doch ziemlich oft eher zerstreut und unorganisiert? Aber hier ist alles umgekehrt.

Wer sind Aitmatows Freunde in der Heimat? Mit wem

verkehrt er und verbringt die Stunden der Freizeit? Wer besucht ihn, wen lädt er zu sich ein?

Erzählungen von Altersgenossen zufolge war Aitmatow in der Studentenzeit ziemlich verschlossen, laute Gesellschaften mied er, ihnen zog er Bücher vor. Wenngleich er auch das Fach des Zootechnikers studierte, zog es ihn doch zur Belletristik hin, zu Philologie und Philosophie. Dauerhafte freundschaftliche Beziehungen bildeten sich später heraus, als die literarische Arbeit begann. Man sagt: Freunde erkennst du in der Not. In den ersten, für den Schriftsteller schwierigen Diskussionen um *Dshamilja* zeigte sich erstmals, wer was ist. Das Neue an dieser Novelle diente als Katalysator, der junge kirgisische Schriftsteller und Kritiker die brachliegenden Möglichkeiten ihrer Nationalkultur erkennen ließ. An dieser Stelle wären beispielsweise Kritiker wie Keneschbek Asanalijew, Asis Salijew und Kambaraly Bobulow zu erwähnen.

Mit einem Wort, bei Aitmatow tauchten echte Freunde auf, schöpferisch Gleichgesinnte. Mit jedem neuen literarischen Werk, jedem publizistischen Beitrag und jeder starken Bewegung seines heißen Herzens und durchdringenden Verstandes eroberte er sich Liebe und Anerkennungen bei einem großen Kreis von Menschen, und er nimmt zu seinem sechzigsten Geburtstag – ich scheue das Wort nicht – den Platz eines geistigen Vaters seines Volkes ein. Aber Aitmatow hat natürlich wie jeder Mensch auch seine nahen, seine Busenfreunde. Unter ihnen sind Vertreter der Literatur und Kunst, Gelehrte, Ärzte, Arbeiter und Kolchosbauern. Ich riskiere es nicht, Namen zu nennen, um niemanden auszulassen. Persönlich bin ich mit ihm fünfzehn Jahre befreundet. So lange führe ich auch ein Tagebuch über unsere Begegnungen und unseren Umgang.

Meine erste nahe Bekanntschaft mit ihm fand 1973 statt, als wir in seinem Wolga von Frunse bis Taschkent fuhren und uns während der ganzen sechs Stunden Fahrt unterhielten. Am folgenden Tag trat er vor den jungen Schriftstellern Asiens und Afrikas mit seiner berühmten Rede auf, wo er erstmals so ausführlich seine Gedanken über die Zweisprachigkeit ausdrückte und die Rolle der Bilingualität für die Sowjetmenschen erläuterte. Seither ist die Familie Aitmatow recht häufig bei uns zu Gast und wir bei ihnen. Zwischen uns ist ein Altersunterschied von dreizehn Jahren, aber das störte unsere Gespräche nie, welche Themen sie auch berühren sollten. Ich möchte dazu anmerken: Aitmatow spricht über die erhabenste Materie sehr einfach, ich würde sogar sagen, daß sein Gesprächsstil in lexikalischer Hinsicht bescheiden ist. Keinerlei Wissenschaftsgetue und Kompliziertheiten, hier fehlen auch jene verwickelten stilistischen Wendungen, die für seine Prosa charakteristisch sind. Seine Ansichten spricht er knapp, wie nebenbei gesagt, aus, ziemlich oft von einem Lächeln bezüglich der eigenen Worte begleitet. Er bleibt sich auch in Gesprächen mit Vertretern der intellektuellen Weltelite treu. Dagegen braucht er aber nur die Feder zu ergreifen, und der Stil Aitmatows wird auserlesen und subtil, wovon man sich an jeder Seite seiner Bücher überzeugen kann.

Einer Sitte gemäß werden bei uns Gäste mit einem Nationalgericht bewirtet, das Mahl beschließt gewöhnlich der »Beschbarmak«. Das ist feingeschnittenes, mit Nudeln und Zwiebelröhrchen vermischtes, gekochtes Hammelfleisch, das mit heißer Bouillon übergossen wird. Vor dem »Beschbarmak« wird heißes Fladenbrot mit frischem Sauerrahm gereicht. Das dürfte wohl Aitmatows Lieblingsgericht sein. Heißes Fladenbrot, ausgebacken im

Tandyr, dem lehmgebrannten Ofen, ist schon für sich ein Leckerbissen. Aber mit dem frischen »Kam Kajmak«, dem Sauerrahm, der nicht durch den Separator gelassen wird, sondern von der frisch gekochten Milch geschöpft wird, ist wahrlich eine Köstlichkeit, die mit nichts in der Welt zu vergleichen ist. An scharfen Getränken nimmt Aitmatow nur Wodka zu sich, aber nicht mehr als zwei, drei Gläschen am Abend. Das ist das »Adat«, das unverbrüchliche Gesetz.

Wenn schon von Vorlieben die Rede war, dann will ich ergänzen, daß Aitmatow keinerlei Hobbys hat. Er spielt weder Schach noch Billard, weder Tennis noch sonst was. Seine einzige Zerstreuung in freien Minuten sind Spaziergänge und Gespräche mit dem Weggenossen. Das dürfte aber unzureichend sein, um sich nach der physischen und nervlichen Ermüdung des Tages voll zu entspannen. In den letzten Jahren hat er freilich damit begonnen, zu joggen oder eine halbe Stunde zu schwimmen. Und er krault im übrigen gar nicht übel. Man mag es sich selber vorstellen: Der Kurort Tscholpon-Ata am Issyk-Kul (dort arbeitet unser Tschingis-Aka besonders gerne) liegt an einer Bucht von rund dreieinhalb Kilometern Breite. Wenn sich Aitmatow hier aufhält, dann schwimmt er täglich die Strecke hin und zurück, wofür er rund zwei Stunden braucht. Gar nicht so schlecht, oder?

In den Jahren 1984 bis 1986 hat Aitmatow besonders herzliche Beziehungen an den Tag gelegt, er rief mich ständig an und lud mich zu sich nach Hause ein, kurzum, wir trafen sehr oft zusammen. Und als er mir einmal im Foyer des Parteihauses für Politische Aufklärung begegnete, wo eine außerordentlich wichtige politische Veranstaltung stattfand, faßte er mich unterm Arm und ging mit mir vor den Augen der ganzen Obrigkeit auf und ab.

Er hat dies vorsätzlich getan und demonstrativ, denn die Parteiinstanzen hatten mich seinerzeit entlassen, drei Jahre sah ich mich praktisch auf die Straße gesetzt, bevor mich Aitmatow aufforderte, als Sekretär des Schriftstellerverbandes Kirgisiens zu arbeiten. Später begriff ich das Gesetzmäßige an Aitmatows Beziehungen gegenüber Freunden wie auch generell zu Menschen: Je schlechter es einem ging, um so besser war sein Verhältnis zu ihm. Eine Eigenschaft, die vielen abgeht.

Soeben bin ich aus dem fernen Sri Lanka zurückgeflogen, wo ich zehn herrliche Tage im freundschaftlichen Umgang mit Schriftstellern dieser märchenhaften Insel verbringen konnte.

Werke wie seine *Dshamilja,* sein *Erster Lehrer, Der Weg des Schnitters* und *Abschied von Gülsary* sind in die singhalesische Sprache übersetzt und werden an Schulen studiert. Besonders nah ist ihnen die Geschichte von Djuschen. Mit großer Liebe zum ersten kirgisischen Lehrer erzählen einem Kommunisten von Sri Lanka, wie sehr er den ersten Lehrern des befreiten Volkes von Sri Lanka ähnelt.

Bei einer Begegnung mit jugendlichen Kulturgruppen in der Stadt Matara entbrannte eine heftige Diskussion über Dshamiljas Entschluß, mit Danijar fortzugehen. Die eine Seite hat das Verhalten der Heldin der Novelle eindeutig mißbilligt, die den Prinzipien der Gesellschaft, die ihr ja abverlangte, dem Vaterlandsverteidiger eine treue Frau zu bleiben, untreu geworden war. Mit verblüffender Ähnlichkeit wiederholte man damit die Ansichten kirgisischer Schriftsteller der fünfziger Jahre. Die andere Seite indes trat für das Recht auf ihre Liebe zu Danijar aus freier Entscheidung ein. Mich persönlich interessierte die Meinung von zwei jungen buddhistischen Mönchen, die an der Begegnung teilnahmen, einer von ihnen schrieb Gedichte, der andere war Verfasser mehrerer Bücher über Archäologie.

»Wir Mönche haben keine Meinung über die fleischliche Liebe, da uns dieses Gefühl fremd ist«, antwortete, so schüchtern wie ein Mädchen, der sympathische Bursche.

»Es kommt auch vor, daß sich Mönche in Mädchen verlieben«, warf ein ortsansässiger Schriftsteller ein, »und unter ihnen gab es welche, die Dshamilja nachfolgten, sie verließen ihren Tempel und gingen fort mit der Geliebten.«

Was für eine unerwartete Analogie! »Sie verließen ihren Tempel und gingen fort mit der Geliebten.« Wenn man berücksichtigt, was für Dshamilja und andere kirgisische Frauen die Grundpfeiler von Familie und Moral der Kriegsjahre bedeuteten, und dies bei den patriarchalischen moslemischen Sitten der Rechtlosigkeit der Frau, dürfte einem der Grad der Kühnheit ihrer Nachfolger – jener buddhistischen Mönche – klar werden. Ich erzähle das, um zu betonen, wie eng die Ideen eines Kunstwerkes des fernen kirgisischen Schriftstellers mit der Lebenspraxis der Völker auf der Insel von Sri Lanka verflochten sind. Und als ich von Colombo nach Moskau zurückflog, überkam mich der wohltuende Gedanke, wie gut es doch ein kleines Volk wie das meinige hat, einen solchen Sohn zu besitzen, dessen Namen du jedem lesenden gebildeten Menschen, ob in Colombo, New York oder Berlin, mit Stolz vorstellen kannst.

Am Vorabend seines Jubiläums ist Tschingis Aitmatow voller schöpferischer Pläne und Kräfte. Seine kernige Gesundheit, das kraftvolle Talent werden ihn wohl noch viel für die Literatur gestalten lassen, die in seinen Worten »... aufstören und im Menschen das Gewissen, den Mut und Humanismus wecken und vor ihm die ganze Welt erschließen kann, damit er nicht vergißt, Mensch zu sein, daß sein geistiges Befinden einer der Hauptfaktoren eines würdigen Lebens auf unserem Planeten wird«.

Der Verfasser von acht hervorragenden Novellen und zweier weltbekannter Romane hat den Titel seines dritten Romans bekanntgegeben: *Madonna in den Schneewehen.* Übrigens ist dies der erste Fall, daß Aitmatow schon im voraus den Namen seiner künftigen Schöpfung genannt hat. Die Zeit wird richten. Warten wir ab, ob dieser Titel bleibt oder ob das Werk selbst einen anderen verlangt, wenn es vollendet sein wird.

Die Leser sind schon daran gewöhnt, daß jedes neue Werk von Aitmatow eine Entdeckung neuer Ideen, Gestalten und künstlerischer Gedanken bedeutet. Mir scheint, anders kann es gar nicht sein. Uns ist das Gefühl der Nachsicht oder des Bedauerns über einen Aitmatowschen Mißerfolg unbekannt. Das hat es einfach noch nicht gegeben und, man will es glauben, wird es nicht geben. Der Garant dafür ist die unermüdliche Bewegung und Vervollkommnung des künstlerischen Denkens bei Aitmatow. Es hat noch kein Werk bei ihm gegeben, das nicht erweitert, vertieft und voranbewegt hätte, was er im vorausgegangenen gesagt hatte. Wenn man nur die eine Linie verfolgt, die Linie der Tugend, werden wir, angefangen von Djuschen, den ungebildete Menschen erniedrigen und beleidigen, weil er versucht, den Kindern des Ails einfach Lesen und Schreiben beizubringen, direkt zu Awdij Kallistratow gelangen, der danach strebt, das Böse in den Menschen um den Preis des eigenen Lebens zu bändigen.

Die Besonderheit des Aitmatowschen Talents liegt eben in seiner beständigen Sehnsucht nach immer neuen künstlerischen Entdeckungen, in seiner Sensibilität für die keimenden Merkmale und Symptome des morgigen Tages. Viele seiner Ideen und Gedanken, die früher in Werken wie Essays und Reden geäußert wurden, werden in unseren Tagen als zukunftsweisend bestätigt.

Auf diese Weise dient der 60. Geburtstag des Schriftstellers wohl als ein Rastplatz eigener Art für einen Zuruf an die Karawane mit den Aitmatowschen Kunstwerken, die aus unseren Tagen zu den Tagen unserer Nachkommen hinzieht und den Tagen der Nachfahren unserer Nachkommen . . .

Friedrich Hitzer

Jeden Pfad will ich betreten, von der Wüste zu den Städten

Es ist ein ungewöhnlicher Teppich, den er sich an eine Wand im großen Zimmer der Wohnung in Frunse gehängt hat. Farbenreiche Muster jener alten Kunstfertigkeit aus den Ländern, wo es nach dem Willen des Propheten keine Bildnisse und kein Theater hat geben dürfen. Wo mag dieser Teppich nur herstammen? Er scheint dicht geknüpft, doch das übliche Gütemaß zählt hier nicht, außergewöhnlich ist das Bildnis, streng genommen ein Sakrileg, der Mensch soll sich ja kein Ebenbild von sich und seinesgleichen machen. Aber der Mann, der dem Betrachter gleichsam entgegenragt, heraus will aus den Mustern des bloß Dekorativen und der ihn kaum noch haltenden farbigen Wollknoten, hält mich im Bann, dabei bräuchte ich mich gar nicht mit der Kopie auf dem Teppich zu begnügen, der Abgebildete sitzt ja neben mir, hat mich an seinen Tisch zum Essen eingeladen, da gibt es allerlei Lekkeres, speziell die vergorene Stutenmilch: Der Kumys aus dem Heimatort Scheker, den ihm ein Landsmann mitbrachte, der Kumys hat, wie sich das gehört, in der Nacht zuvor gegärt. Aber ich lasse mich von dem Orientteppich ablenken, von dieser ausgefallenen Gestaltung des Erzählers Tschingis Aitmatow, denn was er trägt, fällt sonst nicht auf – die übliche europäische Kleidung: Anzug, Hemd und Krawatte. Was soll aber diese Darstellung, ja, dieser Stilbruch, bedeuten? Eine Ohrfeige für den orthodoxen Muslim? Den Teppichknüpfer hat das wenig gekümmert. Er verknüpfte mit seinen Knoten eine Spannung zwischen dem Morgenländischen und dem Abendländischen . . .

Aitmatow hat meine neugierigen Blicke aufgefangen. »Das ist ein Geschenk aus dem Kaukasus«, meint er. »Ich mag das gerne, für den orientalischen Teppichknüpfer ist das ein Symbol.« Und ich ertappe mich dabei, ob ich das schon mit der leichtfertigen Ironie des Europäers beäuge, und dann bin ich mir plötzlich fast sicher: Die Geschichte ist es, die hier ihre Ironie einbringt, und sie hat mit uns Europäern zu tun. Die naive Darstellung des kaukasischen Teppichknüpfers bringt Verehrung an den großen Erzähler aus Kirgisien zum Ausdruck, und der Betrachter aus Europa hat zu erkennen, daß Tschingis Aitmatow für den Kaukasier aus dem Traditionsgefüge des Orientalischen ausgebrochen ist, Aitmatow tritt ihm im Gewand des Abendländers entgegen und haftet dennoch in bewährten und festen Mustern. Aber wie steht es mit unseren Sichtweisen? Verstellen uns nicht die angelernten Spielregeln des Eurozentrismus den Blick für das Wesen einer zunächst anders erfahrenen und anders gestalteten Welt, weil wir sie nämlich so gut wie gar nicht kennen? Weshalb man sich den Erzähler Tschingis Aitmatow so oft als etwas Exotisches zurechtschneidert, er hat uns die Träume aus Scheker zu liefern, die Legenden, Mythen und Märchen aus dem orientalischen Faszinosum zu bieten, wie man das von *Dshamilja* und dem *Weißen Dampfer,* von *Frühe Kraniche* und *Abschied von Gülsary* gewöhnt ist. Und wehe, der Erzähler verläßt die erträumte Exotik, wie in den jüngsten Prosawerken, dann ziehen die Wächter des Abendlandes auf. Getreu dem Spruch »Schuster bleib bei deinem Leisten« mahnen sie: Tschingis, bleib bei deinen Schafen und den Tschabans, bleib bei den alten Strickmustern. Und da ist die Reaktion fast gleich, ob in Moskau oder Köln, ungehalten wird angekreidet, wer auf welche Weise welches Thema berühren darf oder nicht. Doch zumeist lassen solche Verdikte nur durchblicken, wie wenig sich ihre Verkünder an die Zeilen im Buch des Unmuts aus dem westöstlichen Divan erinnern mögen:

> Wer nicht von dreitausend Jahren
> sich weiß Rechenschaft zu geben,
> Bleib im Dunkeln unerfahren,
> mag von Tag zu Tage leben.

Wollen wir uns also etwas in des Dichters Land umblikken.

Kirgisien. Oder Kirgisstan. Und auch Kirgisistan. Aitmatow-Land würden heute gar nicht wenige sagen. Immerhin sind seine Erzählungen, Novellen und Romane in rund 90 Sprachen der Welt übersetzt. Er teilt mit einem Wahlverwandten vom anderen Ende des Globus, mit Gabriel García Márquez, eine weltweite Leserschaft, die zunächst ohne Kritik und Philologie ihren Erzähler entdeckt hat. Hier haben nicht das Feuilleton und der Literaturbetrieb die Kunst zum Publikum gebracht, sondern umgekehrt haben die Lesenden die Bücher vor dem Betrieb in Besitz genommen. Es erwies sich, was Alfred Andersch immer wieder betonte: Das kundige Lesepublikum ist allenthalben besser als der Literaturbetrieb. Noch 1985, als Tschingis Aitmatow erstmals die Bundesrepublik Deutschland bereiste, fragten leitende Redakteure von Funk, Fernsehen und Presse, verwundert über die fiebernde Anteilnahme an Tschingis Aitmatow: Wie bitte? Wer soll das sein? Nie gehört. Und woher ist der?

Kirgisistan. Noch vor wenigen Jahrzehnten kaum mehr

als ein geographischer Begriff. In den letzten zwei Jahrzehnten ist es Tschingis Aitmatow mit seinem Werk gelungen, den geographischen durch einen kulturell-geistigen Begriff zu ersetzen. Von Anfang an hat seine Prosa die Gemüter erhitzt und heftiges Für und Wider hervorgerufen. Ist uns jedoch voll bewußt, was hier geschah? Ahnen wir die Dimensionen der Zeit und des Raumes, in denen Aitmatows Werk und Wirken angesiedelt sind? Wie verhält sich seine wirkliche Welt zu der Welt unserer so mannigfaltigen Phantasie? Wo Danijar und Dshamilja zu Hause sind. Der erste Lehrer seine Schule immer wieder aufbaute. Wo der Maral und der Milan die Menschen wie Menschenkreaturen beobachten. Wo der Paßgänger Gülsary leidet, als sei er ein abgehalfterter Arbeitsloser. Wo auch eine Wölfin träumen kann und blaue Augen hat, was bei Wölfen aber tatsächlich nicht vorkommt. Wie sah die Welt dort aus, wo der Gestalter jener markanten Wesen, die auch Teil unsrer Welt geworden sind, als Sohn des Torekul geboren wurde, im Dorf Scheker am Fuß des ewig schneebedeckten majestätischen Manas-Ata? Wo Torekul Aitmatow den ersten Tunnel in schwer zugängliches Gebiet miterbaute, ohne zu ahnen, was das alles nach sich ziehen würde, nämlich die stürmische Veränderung der Lebensweise, die scheinbar über Jahrtausende unverändert geblieben war. Wo aber das Gedächtnis nicht weniger Menschen unglaublich geschärft blieb, wie auch ihre Gabe zu erzählen. Wo Torekul Aitmatow dem Sohn den Namen Tschingis gab, der einst so viel Schrecken verbreitet hatte unter den Stämmen zwischen dem Tschienschan und dem Alatau, dem Issyk-Kul und dem Talas-Tal. Auf jeden Fall hatten weder der Vater noch die Mutter vor so einem Namen Scheu gehabt, denn unter Kirgisen wußte man ja sehr wohl, daß der zweite Sohn des Tschingis

Khan im 14. Jahrhundert vergebens versucht hatte, das Gebirgsvolk zu unterjochen, wie es so viele andere über die Jahrhunderte ebenso vergeblich unternommen haben, den Kirgisen ihre Freiheit und ihr Selbstbewußtsein zu nehmen.

Sind wir uns all dessen gewärtig, wenn mir mit den Figuren der Welt Aitmatows umgehen, mit ihnen Freud und Leid teilen? Denke ich daran, wenn ich meinen Hausberg, die Benediktenwand der Tölzer Alpen und ihre rund 1900 Meter Höhe erwandert habe, daß dort, im Aitmatow-Land, das Gebirge bei dieser Höhe erst anfängt? 93 Prozent Kirgisistans bestehen aus Gebirge, die halbe Fläche liegt über dreitausend Meter hoch, drei Viertel des steinigen, steppigen, trockenen Bodens liegt höher als eintausendfünfhundert Meter – da liegt das kirgisische Flachland also knapp unter meinen nahen bayerischen Alpengipfeln. Und was für ein Gestein bergen dort die Gebirgsmassen! Schwarzen und grauen Schiefer, Marmor so weiß und rein wie der von Carrara, Gneis, Granit und Porphyr und kostbare Metalle wie Quecksilber und Zinn, Wismut und Antimanit. Betörend rauh ist die Oberfläche. Trokkene Bergsteppen, die sich hinziehen bis zu viertausend Meter Höhe in Übergängen von subalpinen und alpinen Wiesen, denen dann die Welt der Firne und Gletscher folgt. Selten entdeckt dort das Auge des alpengewohnten Wanderers über den eiskalten, blaugrauen Gebirgsflüssen den zusammenhängenden Waldgürtel aus Fichten, Tannen, Föhren, nein, nicht mal Wiesen mit Latschen, hier breitet sich statt der sanften Almen und des rauschenden Bergwaldes von Adalbert Stifter weglose Unendlichkeit aus, in die wie von Wunderhand da und dort ein saftiger Weidedshajloo für Boston und Ernasar eingesprengt ist. Trunken machende Düfte von Gräsern und Wacholderbäumen würden dich dort, wenn du den Dshajloo je erreichst, umgeben. Und du fragst dich unwillkürlich, wie und wo haben denn Menschen all die Jahrhunderte gehaust? Doch nicht in den Syrten, jenen ebenen Kältewüsten in der Höhe von rund viertausend Metern, wo schon im Spätherbst die Temperaturen auf 35, 40 Minusgrade Celsius fallen. Doch wohl auch nicht in den Halbwüsten, den Gras- und Buschsteppen. Was bleibt also den rund vier Millionen Bewohnern Kirgisistans, den rund zwei Millionen Kirgisen, den Kasachen, Russen, Ukrainern, Deutschen, Usbeken, Tataren, Tadschiken und den Menschen anderer Nationalitäten, die sich dort, in einem schwer zugänglichen Teil des mittelasiatischen Subkontinents, niedergelassen haben? Täler, nur eine Handvoll Täler. Rund 25 Prozent der Einwohner Kirgisiens leben und arbeiten in den Städten, davon wieder über die Hälfte in Frunse und Umgebung, das ist der Norden. Dann finden sich Siedlungsgebiete im Südwesten, im Ferganabecken und schließlich im nordwestlich gelegenen Talas-Tal, wo in Scheker, dem Ail mit seinen heute rund dreitausend Menschen, Tschingis Torekulowitsch Aitmatow vor sechzig Jahren, nämlich am 12. Dezember 1928, geboren wurde. Mit dem Tschuja-Tal sind diese drei Täler die einzigen Gebiete Kirgisiens, die eintausendfünfhundert Meter Höhe nicht übersteigen. Sie stellen das Terrain für die Bewirtschaftung, heute rund 40 Prozent Landwirtschaft und etwa 60 Prozent Industrie. Die meisten der achtzig Städte, abgesehen von Pischpek, dem heutigen Frunse, sind erst in den sowjetischen Jahren entstanden, also seit der Zeit, da 1924 zunächst das Karakirgisische Gebiet, sodann 1926 die Kirgisische Autonome Sowjetrepublik und danach, ab 1936, die Kirgisische Sozialistische Sowjetrepublik ins Leben gerufen wurden.

Wenn wir uns diese Dimensionen vor Augen halten, die von Natur und Entwicklung vorgegeben sind, dann ist es nur zu verständlich, wie stark der Menschenschlag zu sein hatte, wenn er sich dort behaupten wollte. Noch am Anfang unseres Jahrhunderts waren viehzüchtende Nomaden ihre ewigen Wege gezogen, im Sommer hinauf in die Gebirgstäler, zu den grünen Dshajloos, im Winter zurück in die tiefer gelegenen Niederungen. Gebirgsnomaden, ja, aber was heißt das schon? Was wissen wir von diesem alten Volk aus dem Stamm der Saken und Ussunen? Von ihren Kämpfen um Freiheit und sprachlich-kulturelle Identität? Die Stämme sind geschützt und zugleich eingeklemmt von den Bergriesen des Chan-Tengri mit seinen rund siebentausend, dem Pik Pobeda mit den etwa siebentausendfünfhundert Metern. Vom Terskai-Alatau im Süden zu China hin und den Gebirgskämmen des Kokschaaltau.

Nomadenstämme – unter den Gewalten nur Winzlinge – haben inmitten der Berggiganten auch gegen die Feudalreiche zu bestehen, die sie von allen Seiten umgeben und bedrohen. Da gab es das alte chinesische Reich im Süden und Südosten, das türkische Khanat im Westen und Südwesten, das Reich Sogdiana mit Scheherazades Phantasie und der Pracht der seßhaften Kultur von Buchara und Samarkand, und da war das Reich der Karachaniden. Sie alle hätten ihnen ihren Willen, ihre Sitten und Gebräuche aufdrücken, vor allem die eigene Sprache nehmen und die der Eroberer aufzwingen können. Ungezählt sind die Kämpfe über die Jahrhunderte. Und der Schutz dieser gewaltigen Natur fordert seinen Tribut, der Kampf ums Überleben scheint gnadenlos. Aber sie ließen sich nicht zu Mankurts machen: Über Jahrhunderte hinweg erhalten sich die Kirgisen Wunderwerke der Wortkunst. Sie zeugen davon, daß sie den Stürmen über Asien trotzten und auch dann nicht aufgaben, als sich Europa, in Gestalt des imperialen Rußland im 19. Jahrhundert, das Gebiet Fergana im Vertrag von 1868 angliedert. Angesichts all dessen spiegelt, ein halbes Jahrhundert später, die russische Oktoberrevolution einen uns Europäern wenig bekannten Aspekt, denn die heftigen Erschütterungen des russischen Zarenreiches im europäischen Zentrum gehen einher mit denen an der Peripherie, zum Beispiel im mittelasiatischen Aufstand 1916, wo sich die Turkvölker der Kasachen und Kirgisen gemeinsam mit anderen erheben. Und die weißen Truppen des russischen Generals Koltschak, noch ganz in den Traditionen des europäischen, hier des russischen Kolonialismus, mühen sich vergebens ab – wie andere in den Jahrhunderten zuvor –, den »Aufstand der Sanftmütigen« niederzuringen, wie die deutsche Übersetzung des Romans über diese Kämpfe von Muchtar Auesow heißt. In seiner Hommage an Muchtar Auesow, den klassischen Erzähler aus dem Brudervolk der Kasachen und einem seiner wichtigsten Lehrer, hält Tschingis Aitmatow eben das fest als die Voraussetzung für die weitere Existenz der Turkvölker Mittelasiens: »Nur für dieses eine Moment, daß die in Rußland entstandene Oktoberrevolution den imperialen Kolonialismus zerstörte und damit unsere Völker vor dem physischen Verschwinden errettet hat, bin ich bereit, die Revolution bis ans Ende meiner Tage zu rühmen, meinen Kindern und Kindeskindern zu vermachen, was sie für den Ursprung unserer Tage zu halten haben – den Oktober!«

Im östlichen und mittleren Kirgisien gibt es Gegenden, die so dünn besiedelt blieben, daß dort die Vorstellung von einem Einsiedlerhof schon an eine stattliche Menschengemeinschaft denken läßt, so gottverlassen öde ist dort die Erde – nur eine Person zählt die Statistik für den Quadratkilometer. Doch die menschenleere Weite der Gebirge und Schluchten einerseits und die Menschenabgeschiedenheit andererseits lassen erahnen, welch unermeßliche Rolle hier das gesprochene und erinnerte Wort bedeutet haben muß. Welches Bedürfnis nach Mitteilung und Bewahrung des Erlebens vorliegen muß, wenn sich die so weit verstreuten Angehörigen der umherziehenden Stämme zusammenfinden, wenn sie dem Akyn lauschen, dem Volkssänger, der anhebt, stundenlang, tagelang, wochenlang aus den epischen Überlieferungen des Volkes zu rezitieren. Bei brütender Sonne, bei Wind und Regen, bei Graupel und Schnee. In seinem Essay über einen der letzten großen Rhapsoden der Kirgisen, über Sajakbaj Karalajew, der seine Verse mit Mimik, Gesten und wechselnden Lagen der Stimme zu Gehör und Gesicht brachte, teilt Tschingis Aitmatow mit, welche Erzählkultur zur Tradition der Kirgisen gehörte. Dies höre ich als Echo im schlichten Satz von Tschingis Aitmatow: »Die Sprache ist das Selbstporträt eines Volkes.«

Im Zeitalter der elektronischen Medien ist Aitmatows Vertrauen auf das Wort ungebrochen, denn sein Wort ist weitaus mehr als literarische und rhetorische Kunstfertigkeit. Die alten Traditionen mit ihrer Fülle des Dramatischen und Tragischen, des Gedanklichen und Emotionalen verbinden sich schon in Aitmatows Kindheit mit Erfahrungen der neuen Dramen und Tragödien, die den Anhängern der sozialistischen Weltrevolution in der Generation seines Vaters als endgültig überwunden galten. Tschingis Aitmatow hat sich über die Tragödie des Vaters

Torekul und dessen Brüder Ryskulbek und Alemkul erstmals 1987 öffentlich geäußert. Drei kirgisische Brüder – Bolschewiki der Revolution – wurden 1937 gemordet, wie die meisten Revolutionäre der ersten Stunde – es war der wohl tiefste Einschnitt im Leben des damals neunjährigen Tschingis Torekulowitsch, der Mutter, des Bruders, der Schwestern und aller mit ihnen verbundenen Menschen, und ist wohl auch nicht ohne Einfluß auf sein Werk geblieben.

Wie bedrückend der Gedanke, daß schon vier Jahre später die nächste Tragödie folgte, die aus Deutschland kam. Und der junge Tschingis Torekulewitsch mußte die Schule aufgeben, um anstelle der eingezogenen Männer für den Dorfsowjet tätig zu werden. Für mich bleibt die eine Tragödie mit der anderen auf entsetzliche Weise verknüpft.

In der Statistik des puren Fortschritts, die nie erzählt, was Menschen an wertvollem Alten verlieren, wenn sie unverzichtbar Neues gewinnen, lesen wir: Vor rund neun Jahrzehnten bestanden die Kirgisen aus über 95 Prozent Analphabeten, heute gibt es keinerlei Analphabetismus mehr. Aitmatow hat gerade in der jüngsten Zeit die Unzeitmäßigkeit bestimmter, noch vor kurzem vielleicht beeindruckender Relationen des Fortschritts kritisiert, vor allem wenn man damit von neuen Problemen und Konflikten ablenken möchte. Das bedeutet freilich nicht, daß Aitmatow einer Nostalgie fürs Alte anhängt, wie ihn manche auch bei uns sehen möchten und ganz erschrokken reagieren, wenn er sich für seine Heimat bessere Straßen, effektiveren Flugverkehr und mehr Komfort wünscht. Nein, es geht um einen Aspekt zwischen seinem, an die gedruckte Form gebundenen Wort und der mündlich weitergereichten Form des Erinnerten und Gesprochenen.

Die Kirgisen verfügten bis in dieses zwanzigste Jahrhundert über die älteste Form der Literatur in einer unvergleichlichen Fülle von Beispielen. Während das Epos anderswo längst seine Funktion eingebüßt hatte – von Homers *Ilias* und *Odyssee* bis zu den Epen und Sagen Europas wie dem *Parsifal,* dem *Beowulf,* dem *Igorlied,* den *Nibelungen* usw. –, lebten in der Überlieferung der Kirgisen bis in die jüngste Vergangenheit fünfzehn sogenannte kleinere Epen, die an Umfang und Vielfalt in der Weltliteratur ihresgleichen suchen. Um schon gar nicht vom ozeangleichen *Manas* mit seiner Million an Verszeilen zu sprechen. Zu den Kleinepen gehören *Kodshodshasch,* das älteste Epos über den Jägermenschen, seine Ehrfurcht vor der Natur und seinem Ringen mit den Naturgewalten, um sich und seine Art zu erhalten, wo jedoch schon das Thema im Mittelpunkt steht, daß dieser Kampf nie um den Preis der Ausrottung anderer Arten geführt werden dürfe. Da gibt es auch die lyrische Mär von *Odshobaj und Kirchimidshan,* eine Art Steppendrama à la *Romeo und Julia,* dann den *Kedej-Khan,* eine alte Sozialutopie des armen Khan, der sich sein Glück und Recht nicht nur ersehnt, sondern dafür auch den Kampf wagt. Diese Epen liegen in Kirgisien nicht in dunkler Vergangenheit – der *Manas* und zehn der fünfzehn kleineren Epen sind erstmals in den sowjetischen Jahren aufgezeichnet worden –, diese epische Tradition der Kirgisen ist also nicht allmählich aus der literarischen Überlieferung entschwunden, sondern dort hat sie die Woge der Revolution mit dem Schriftgut aus aller Welt mitgenommen. Tschingis Aitmatow hat das noch hautnah zu verspüren bekommen und den Grundgedanken jener Dichtungen über die Schöpfung erlebt: »Alles hängt von allen und allem ab, womit man sich auch befassen mag.« Hier ist jedwede Kreatur mit Leben beseelt und dem »Ailampa« ausgesetzt – den Kreisläufen des Lebenden und des Geschichtlichen.

In Kirgisistan ist das einst nur gesprochene und memorierte Gut der Vorfahren, die noch nicht Mittel und Anlässe hatten, sich über eine Schrift zu verständigen, die deswegen Unglaubliches memorierten, um ja nicht zu vergessen, woher sie kamen und wer sie waren und wofür sie, auch den Nachkommenden zuliebe, da zu sein hatten, dort ist jenes Gut auch gegen Widerstände von linksradikalen Superinternationalisten aufbewahrt worden. Und daher die Empfindsamkeit Aitmatows für das Wort: »Die Welt lebt in einem Sprachenkosmos. Die Ökologie der Sprachen, die einst historisch aufgekommen war, ist ebenso kompliziert und zerbrechlich wie die Natur.«

Tschingis Aitmatow hatte das Glück, ein Weltwunder von mündlicher Sprachkultur zu beerben, das in scheinbarer Abgeschiedenheit heranwuchs, und er hat das Gut in ganz neuer, eigener Weise vermehrt. Er hat es nicht bloß kopiert, Aitmatow ist kein Berufskirgise, kein regionalistischer Eigenbrötler. Wie oft haben ihm selbsternannte Wächter der Turkvölkertradition vorgeworfen, die Volksmythen mutwillig umzudichten. Ganz bewußt hat Aitmatow neu erdichtet und erzählt, auch das Überlieferte. Noch in der Generation des Vaters hatte der Dichter Toktogul gewirkt, ein Genie der kirgisischen Wortkunst. Toktogul wollte andere Aufgaben erfüllen, Toktogul kümmerte sich nicht darum, was mit seinem Werk jenseits der Gipfel des Alatau geschah, Toktogul, geprägt von der vorrevolutionären Phase in Mittelasien, stand noch im Dienst der kulturellen und sozialen Selbstbehauptung eines bedrohten kirgisischen Volkes. Die Revolution hatte ja die erste Rettung des Volkes gebracht, und Aitmatow konnte die Tradition der alten Barden schon nicht mehr genügen. Daran sei erinnert, wenn ihm am Beispiel des Romans *Der Richtplatz* ungehaltene Wächter der europäischen Tradition vorhalten, daß es mit seinem Glauben und seiner Bibelfestigkeit hapern würde. Weitaus heftigeren Angriffen war Aitmatow ausgesetzt, als der *Weiße Dampfer* veröffentlicht wurde, habe er doch angeblich die Mythologie der Kirgisen und überhaupt Mittelasiens mißbraucht. Und die Einwände der Kritiker aus Asien und Europa waren sich nicht unähnlich.

Die jüngsten Auseinandersetzungen in der Sowjetunion lassen erkennen, daß die große Hoffnung, die der Oktober 1917 gebracht hatte, später wiederum in den Kreislauf des Tragischen zurückgeholt wurde, den Tschingis Aitmatow in seiner Erzählkunst, bewußt oder unbewußt, schon früh erfaßt hatte und immer tiefer auslotete. Auch der Publizist Aitmatow hat schon vor der Periode, die mit Glasnost umschrieben wird, auf etliche Widersprüche aufmerksam gemacht, vor allem auf das zerstörerische Zwillingspaar – in den Worten Aitmatows: Auf den »nationalen Nihilismus« einerseits, der alles eigene im Namen des »Superinternationalismus« auslöschen möchte, und dem »nationalistischen Hochmut« andererseits, der sich über alles andere und alle anderen Völker stellt – diese Widersprüche sind uns ja aus so vielen Nachlässen des europäischen Kolonialismus geläufig.

Dennoch bleibt ein Phänomen besonderer Art, das ist die Sprache, der sich Tschingis Aitmatow bedient, worauf er wiederholt selbst hingewiesen hat. In sein Erbe münden nicht nur die Ströme einer uralten Kultur von Seßhaften und Nomaden der Steppen und Städte, der Gebirge und Wüsten Mittelasiens. Mit der Oktoberrevolution setzte für Mittelasien die Erschließung der europäischen Nationalkulturen durch die Brücke Rußland ein. Hier hat die russische Kultur die engste Begegnung zwischen Orient und Okzident geschaffen. Denn erst im 20. Jahrhundert erschloß sich Mittelasien neben der russischen Klassik auch Dante, Shakespeare, Cervantes, Goethe und Balzac, um nur einige Namen zu nennen. Alle publizistischen Äußerungen Aitmatows über Werke und Verfasser der Weltkultur sind immer aufs engste verbunden mit seinen Lehrjahren in russischer Kultur, das bezeugen seine Äußerungen über Tolstoj, Dostojewskij, Gorki, Schostakowitsch.

Die sowjetischen Jahre, die Angehörige seiner Generationen erlebten und durchmachten, umschrieb Aitmatow als »Übungsgelände des Internationalismus«. Das ist bei ihm kein Schema, sondern Teil seines Lebens und seines Wirkens. Aitmatows Weg zur Welt ist nicht denkbar ohne das Tor der großen russischen Literatur und des wißbegierigen russisch lesenden Publikums.

Bei allen bisherigen Begegnungen mit dem hiesigen Publikum wird Tschingis Aitmatow danach gefragt, in welcher Sprache er nun schreibe. Das ist bei ihm nicht nur eine Frage des Handwerklichen. Auch seine Sprache ist ein Selbstporträt. Am Anfang steht die Episode, die Tschingis Aitmatow des öfteren erzählt hat, wie er als Fünfjähriger für die Hirten von Scheker und den von weit her gereisten russischen Tierarzt dolmetschte, da ja niemand außer ihm selbst kirgisisch und russisch sprechen konnte. Dieses Erlebnis setzte wohl einen beherrschenden Akzent für Leben und Wirken von Tschingis Aitmatow. Es ist deshalb auch kein Zufall, daß in seinen Reden, Essays und Dialogen die Zweisprachigkeit eine so herausragende Rolle für sein Verständnis von Nationalkultur und Internationalismus, planetarischem und provinziellem

Denken spielt, dies zieht sich wie ein roter Faden von den ersten öffentlichen Äußerungen bis in die allerjüngste Zeit. Vielleicht finden sich gerade in diesen, in die Tiefe gehenden Gedanken Aitmatows plausible Erklärungen für die Gründe der explosionsartig aufgebrochenen Widersprüche einer bislang als gelöst geltenden Nationalitätenfrage im Vielvölkerstaat Sowjetunion, die er ja in einigen früheren Äußerungen ebenfalls als etwas eher nur Harmonisches dargestellt hat.

Doch zwei Sprachen zu sprechen und in zwei Sprachen gleichermaßen ausdrucksvoll Prosa zu verfassen sind bekanntlich zwei Paar Stiefel. Bei Konferenzen mit Schriftstellern aus Afrika und Asien hat Aitmatow wiederholt auf die Bedeutung der Bilingualität in der Literatur unseres Jahrhunderts hingewiesen und dabei auch bestritten, daß es ein Gesetz gebe, wonach sich ein Mensch nur in seiner Muttersprache künstlerisch ausdrücken könne. Was würde, so fragte er, dann mit denen geschehen, die dank gewisser Umstände die Chance der Bilingualität nutzen könnten? Vor den Teilnehmern der Afro-Asiatischen Schriftstellerkonferenz in Taschkent 1967 äußerte sich Aitmatow dazu folgendermaßen: »Wie soll sich ein Schriftsteller verhalten, wenn er zwei Sprachen vollkommen beherrscht? Soll er prinzipiell an seiner Muttersprache festhalten oder umgekehrt in seinem Werk völlig auf die zweite Muttersprache umstellen? ... Ich schreibe meine Bücher in kirgisischer und russischer Sprache. Wenn das Buch zunächst auf kirgisisch verfaßt wurde, dann übersetze ich es ins Russische wie auch umgekehrt. Dabei beziehe ich die tiefste Befriedigung aus dieser zweiseitigen Arbeit. Es ist eine außerordentlich interessante innere Arbeit des Schriftstellers, die – nach meiner Überzeugung – zu einer Vervollkommnung des Stils und zur Bereicherung der Bildhaftigkeit der Sprache führt.«

Tschingis Aitmatow hat nicht sofort mit dieser Praxis begonnen. Am Anfang hat er das Übersetzen ins Russische anderen überlassen, das gilt zum Beispiel für die Novellen *Aug in Auge, Das Kamelauge, Dshamilja* und *Der erste Lehrer.* Bei allen späteren Werken, sowohl in der Prosa als auch in der Publizistik, trifft das zu, was er erstmals 1967 in Taschkent öffentlich erläutert hatte. Auch zwanzig Jahre später finden wir diesen Gedanken wieder, ja Aitmatow verleiht dem den Charakter einer allgemeinen Erscheinung: »Die Zweisprachigkeit sollten wir«, so Aitmatow im Gespräch mit Sergej Anastasjew 1987, »als ein neues historisches Phänomen ansehen, als kulturelle Errungenschaft des ausgehenden 20. Jahrhunderts. Die Kultur der Bilingualität verschafft uns neue Möglichkeiten in der geistigen Entwicklung unsrer Völker. Das werden die zwei Flügel eines Vogels sein.«

Es bleibt noch zu fragen, ob das Übersetzen von derart bewußt in zwei Sprachen gestalteten Werken in dritte Sprachen all das ausschöpft, womit sein Verfasser umzugehen versteht, und dem spannenden Abenteuer entspricht, das der literarische Übersetzer einer dritten Muttersprache erlebt, der das Werk aus der zweiten Muttersprache des Autors überträgt. Doch darüber wäre erst dann nachzudenken, wenn der Übersetzende gleichermaßen das Kirgisische wie das Russische kennt.

Als gewiß kann gelten, daß sich die Sprache Aitmatows ebenso unerwartet wie die Wahl seiner Stoffe entfaltet hat, von verhältnismäßig schlichten Bildern und Abläufen zu komplexeren Strukturen und Konstellationen. Allein die Spannweite im jüngsten Roman *Der Richtplatz* – zwischen Erhabenem und Gewöhnlichem, im doppelten Sinn beider Ebenen, nämlich in der Ausdrucksweise wie auch in der Moral und den Sprachebenen der dargestellten Figuren, die sich auch erstreckt auf das Politische, Soziale und das Historische, das Milieu von Gesellschaft und die Ökologie von Kreatur und Natur –, all dies ist mit dem, womit Aitmatow einst begonnen hat, nicht mehr zu bewältigen. Wie könnte es anders sein. Aitmatow war sich bei der Evolution seiner Welt und der ihr entspringenden Sprache auch bewußt, bestimmte Leserkreise zu verstören, vielleicht sogar einzubüßen.

Tschingis Aitmatow hat uns jedesmal überrascht, wenn ihn etwas Neues umtreibt, dann gilt für ihn, den Künstler, was Kritik und Wissenschaft auf andere Weise erfahren: »Ich muß mit meiner Sache ins reine kommen und werde nie die Wohlgeneigtheit des Publikums um jeden Preis anstreben.« Er sagte nicht – ich füge es aber hinzu – Wohlgeneigtheit der Kritik, die sich hüben wie drüben bislang vom Leser relativ rasch eingeholt sah. Von *Dshamilja* bis zum *Richtplatz* blieb die Kritik zumeist hinter der Rezeptionsbereitschaft und dem Verständnis des Publikums zurück, dem sich das jeweils Neue eher erschloß als der Kritik.

Doch eines scheint mir sicher zu sein, was unser wißbegieriger Goethe für diese Tradition der Erzählkunst bereits vor über hundertfünfzig Jahren festhielt: »Ferner kostet es dem orientalischen Dichter nichts, uns von der Erde in den Himmel zu erheben und von da wieder herunterzustürzen, oder umgekehrt.«

Zur Auswahl

Die meisten Texte werden hier zum ersten Mal in deutscher Sprache vorgestellt. Die beiden von Charlotte Kossuth übersetzten Texte sind vor Jahren beim Verlag Volk und Welt, Berlin (DDR), erschienen.

Als Quelle diente Band III der dreibändigen Werkausgabe von Tschingis Aitmatow, der 1984 im Moskauer Verlag »Molodaja Gwardija« erschienen ist und 576 Seiten umfaßt. Die Zusammenstellung jenes Bandes besorgte Marija Urmatowa, Aitmatows Lebensgefährtin und Mitarbeiterin. Hinzu kamen Beiträge, die vorerst nur in Zeitungen, Zeitschriften und der Illustrierten *Ogonjok* veröffentlicht worden sind. Sie wurden von Tschingis Aitmatow und Marija Urmatowa zur Verfügung gestellt, nachdem ich sie beide, wie auch Kasat Akmatow, mit der Auswahl vertraut gemacht hatte. Eigens für diesen Band schrieb Kasat Akmatow, kirgisischer Romancier, Freund und Mitarbeiter von Tschingis Aitmatow, seinen Essay, ihm sei dafür herzlich gedankt.

Was die Titel der Novellen und Romane betrifft, verwende ich die der hiesigen Verlage. Wenn sich Aitmatow, wie er das selbst mehrfach äußerte, beim »Taufen« seiner Werke schwertat – Kasat Akmatow berichtet hier erstmals über einige Hintergründe dieser Schwierigkeiten –, so gibt es in der deutschsprachigen Editionspraxis ein Pendant: *Ein Tag länger als ein Leben* bei C. Bertelsmann heißt beim DDR-Verlag Volk & Welt *Der Tag geht den*

Jahrhundertweg – die Übersetzung von Charlotte Kossuth liegt beiden Ausgaben zugrunde. Das russische Original, rhythmisiert wie eine Gedichtszeile, lautet textnah: *Und länger als das Jahrhundert währt der Tag*. Ein anderes Beispiel – die deutsche Übersetzung von Charlotte Kossuth liegt auch in diesem Fall beiden Editionen zugrunde: *Der Junge und das Meer* bei C. Bertelsmann hat das Pendant *Scheckiger Hund, der am Meer entlang läuft* bei Volk & Welt, Berlin (DDR). Aitmatow verdankt den Stoff dem Schriftsteller Wladimir Sangi aus dem Fischervolk der Niwchen, der Erzähler Aitmatow hat seinen Originaltitel an eine rhythmisierte Zeile von fischenden Niwchen angelehnt: *Schekkiger Hund im Lauf am Rand des Meeres*. Inzwischen erklärt Aitmatow, daß er die bekannte Vorlage des Romans *Ein Tag länger als ein Leben* zurückziehe und die vollständige Fassung, deren Finale der Zensur zum Opfer fiel, unter dem ursprünglichen Titel *Obrutsch* – zu deutsch: *Das Stahlband* – herausbringe. Für den zuletzt erschienenen Roman von Tschingis Aitmatow – ursprünglich unter dem Titel *Ailampa* angekündigt, dann jedoch unter *Placha* veröffentlicht (wörtlich: *Der Richtblock*) gibt es zwei deutschsprachige Fassungen: *Die Richtstatt,* übersetzt von Charlotte Kossuth, bei Volk & Welt, Berlin (DDR), und *Der Richtplatz,* übersetzt von Friedrich Hitzer, beim Unionsverlag, Zürich.

Fast alle Beiträge von Tschingis Aitmatow, ob Reden, Zeitungsartikel, Essays oder Gespräche, sind ursprünglich aus einem bestimmten Anlaß angefertigt und in Medien mit verhältnismäßig hohen Auflagen verbreitet worden. Die erste Quelle ist jeweils am Ende des Beitrags aufgeführt: Wer sofort Anlaß und Entstehung des Gelesenen erkennt, kann eher nachvollziehen, daß Tschingis Aitmatow hier im Dialog mit den Zeitgenossen steht, daß er bei der Wahl der Themen und der Art der Akzentsetzung die Situation widerspiegelt, in der er sich befand oder befindet. So entsteht nicht nur ein Querschnitt der publizistischen Aktivität des Autors, seiner Gesellschaft und Zeit, sondern auch ein Mosaik zur Biographie der Person und ihres Werkes.